러시아 연해주의 성(城) 유적과 고대 교통로
−청동기시대부터 발해, 여진까지−

1. 본서의 참고문헌 가운데서, 연도가 별도로 없는 행정용 보고서는 미주로 처리하지 않고 각주로 표기한다.
2. 러시아어 명칭은 최초로 나온 곳에 한국어표기(러시아, 영어)로 표기해 둠을 원칙으로 한다.
3. 본고에서 사용된 구 지명은 20세기 중반까지 사용되었고 지금은 거의 사용되지 않는다. 이 경우 러시아원어명은 밝혀두지만 영어명은 따로 표기하지 않는다.

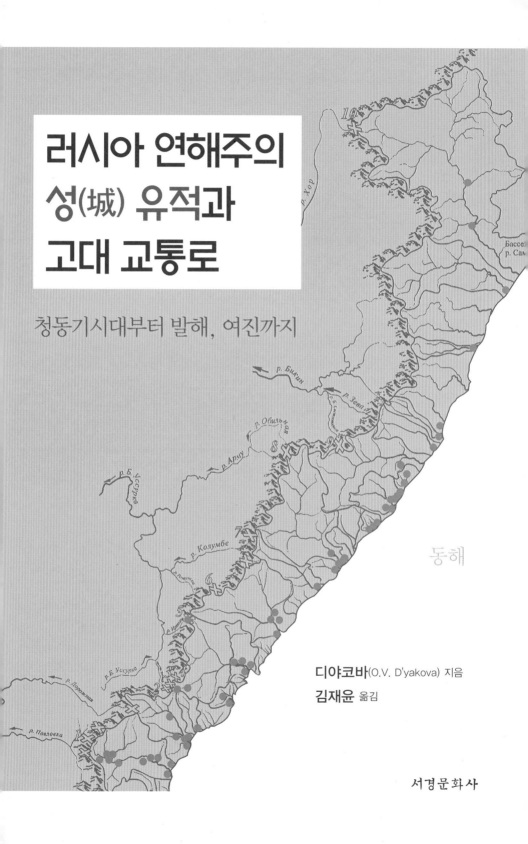

러시아 연해주의
성(城) 유적과
고대 교통로

청동기시대부터 발해, 여진까지

동해

디야코바(O.V. D'yakova) 지음

김재윤 옮김

서경문화사

　필자는 그간 한국에 알려지지 않은 한국과 관련된 역사유적일 가능성이 있는 성 유적에 대한 존재를 알리기 위해서 본고를 번역했다.[1] 특히 한반도 백두대간의 연장선상인 시호테 알린 산맥의 영동지역에 성이 존재했다는 사실은 발해의 교통로 및 영역문제와 관련해서 연구가치가 있다고 생각하기 때문이다. 두 번째는 연해주에는 고구려 유적의 존재가 없는 것으로 알려졌다. 물론 본고에서 소개되는 석성 유적은 고구려 시기의 유적은 아니지만, 필자인 디야코바 박사는 해안가의 석성유적을 고구려전통으로 지목하고 있다. 뒤에서 약간 서술하겠지만, 연해주와 멀지 않은 곳에서 고구려전통의 발해석성에 대한 논문을 발견해서, 번역하는 내내 궁금했던 해안가가 아닌 발해 내륙에서의 고구려전통 석성의 존재에 대한 의문점이 약간 풀리기도 했다. 하지만 풀어야 할 점도 많은 것으로 생각된다.

　본고의 제목은 『러시아 연해주의 성(城) 유적과 고대 교통로』이다. 그런데 이 책에서 설명하고 있는 성 유적은 청동기시대도 포함되어 있다. 그럼에도 발해와 여진시기로 제목에 초점을 둔 것은 청동기시대보다 국가단계의 성이 월등하게 많고, 청동기시대와 뒤 시기인 국가 단계에서 축조된 성의 의미에는 차이가 있기 때문이다.

---

1)　본고의 존재를 한국학계에 가장 먼저 알린 것은 강인욱(2007)이다.

1. 청동기시대 리도프카 문화의 토성과 교통로

시호테 알린 산맥의 동쪽인 영동지역에는 기원전 1천년기 중반에 존재하던 리도프카 문화의 토성이 있는 것으로 알려져 있다. 강이 바다로 흐르는 해안가를 따라서 방어시설들을 축조했는데 현재 11기의 성이 확인된다. 우스티-제르칼노예, 두브로빈스코예, 미스 스트라시느이, 우스테-벨림베, 켐스코예-스칼리스토예, 우툐스노예, 미스 알렉산드라, 데두스킨 클류치, 쿠댜, 사마르가-6, 케드로프카 유적 등이다(그림 135). 청동기시대에 성이 축조된 이유는 이 지역에서 기원전 1천년기 후반에 얀콥스키 문화 사람들과의 갈등 때문으로 파악했다.

필자는 그러한 정황을 연해주의 해안가를 따라서 남쪽에서 북쪽으로 얀콥스키 문화가 이동했고, 접촉한 정황이 있는 유적을 근거로 삼고 있다. 이는 시도렌코가 발굴하고 연구한 바 있는 쿠날레이스코예 유적 등 여러 유적에서 정황이 관찰되는 것으로 보았다. 이러한 분석에는 쿠날레이스코예 유적에서 출토된 토기가 리도프카 문화의 토기와 얀콥스키 문화의 토기가 복합된 특징이라는 것이 바탕이 되었다.

그런데 얀콥스키 문화 사람이 북상하면서 리도프카 문화 사람이 남겨놓은 방어시설과 국가단계의 발해~여진시대의 성 유적과 같은 관점으로 보는 것에 대해서 의문점이 있다. 상기한 토성 유적이 리도프카 문화의 유적이 아니라는 것이 아니라, 발해~여진시대와는 다른 성에 대한 관점이 필요하다. 리도프카 문화의 성은 토벽 혹은 석벽인데, 아주 간단한 시설이다. 성의 크기, 형태, 모양, 성벽의 축조방법이 각양각색이다.

리도프카 문화의 토성 유적과 유사한 성격의 유적은 한국 청동기시대 환호유적과도 비슷한데, 한국은 환호와 함께 목책시설이 있었을 것이지만, 연해주 리도프카 문화에는 흙 혹은 돌로 만든 벽이 남았다고 할 수 있다. 뿐만 아니라 요서지역의 하가점하층 문화에서 확인된 성 유적도 일정한 규칙성이 없기는 마찬가지이며, 리도프카 문화의 성과 같은 용도로 단순한 방어시설로 판단하는 연구(이재현 2009)도 있다.

하지만 이 지역 최초의 국가인 발해의 성 유적은 자연입지를 그대로 살려서 평면형태는 다양하지만, 성벽의 축조방법, 크기, 형태 등 일정한 정형성은 있으며, 정치, 경제의 중심지 역할을 한다. 그러나 리도프카 문화의 토성은 각각 다양하며 규칙성이 없고, 국가 체제하의 교통로와 비교될 수 있는지는 의문스럽다.

동해의 해안가를 따라서 리도프카 문화의 토성 및 석성 유적이 존재하는 것은 사실이지만, 마을을 방어하기 위한 기능이 크다. 같은 문화 혹은 시기이고, 유적 간의 사람이 왕래 했다면 육로를 통한 교통로는 있었을 가능성도 있지만, 배를 이용한 뱃길 기능은 좀 더 증명이 필요하다.

뿐만 아니라 비슷한 시기에 연해주 내륙에서도 토성 및 환호 유적이 존재하는데, 동해안의 유적만으로 교통로를 상정한다는 점도 고찰이 필요할 것으로 생각된다.

2. 연해주의 고구려 기술로 축조된 석성

연해주에는 고구려 성은 없었던 걸로 알려졌으나, 본고에서는 연해주의 가장 동쪽 해안가에 고구려 기술로 축조된 석성유적을 소개하고 있다. 박사는 발해시기에 고구려 유민의 기술로 생각하고 있다.

이 책에서 디야코바 박사가 조사한 연해주 동북해안가를 따라서 있는 성은 모두 6기이다. 그 중 세레브랸카 강(Серебрянка)의 스미르코프 클류치 성, 자볼로첸나야 성, 클류치 성, 세셸레프스코예 성, 야수 성 등 5개의 석성은 시호테-알린 산맥의 중부 타이가 지대에서 동해에 연접한 연해주 동북해안가에 위치한다. 5개의 석성은 산의 정상부에서 비교적 평평한 지역을 중심으로 돌로 벽을 쌓은 것으로 산 정상부의 비탈을 따라 꼬불꼬불한 길을 따라 축조되었는데, 디야코바 박사는 이를 고구려 전통의 축정기술로 판단하고 있다.

본고에서 고구려 축성기술로 소개된 스미르코프 클류치 성, 자볼레첸나야 성, 클류치 성에는 성으로 올라가는 당시의 길이 남아있고, 납작한 돌로만 들여쌓은 점이다. 세셀레프스코예 성, 야수 성은 디야코바 박사가 직접 조사하지 않고, 아르세네예프의 일기장을 참고하고 소개해서 자세하지는 않지만, 입지와 석성인 점은 이들과 상통한다.

연해주 내륙에서는 발해시기의 고구려전통 석성은 아직 확인된 바가 없다. 그런데 연해주와 인접한 목단강, 목릉하, 수분하 유역에서 발해 시기의 고구려 전통을 계승한 산성 유적이 있다. 목능하 유역 과회산산성(鍋盔山山城)은 산비탈에 여러 개의 석성을 쌓고, 꼭대기에 산성을 쌓은 점, 석축산성, 마도라고 불리는 도로가 산 아래에서부터 된다(王禹浪·王宏北 2001). 설명한 점은 연해주 동해안가의 석성과 유사하지만 평면도 및 자세한 유적의 설명이 적어서 불명확점은 있다.

목단강 유역 및 인접한 흑룡강 발해산성에서 확인되는 고구려 기술로 지어졌다고 판단되는 점은 산성의 형태와 구조, 지형선택의 특징, 성벽구조와 건축재료, 성 내의 건축배치와 건축구조 등 때문이다. 고구려 축성기술이 발해시기에도 그대로 이어졌다(王禹浪·王宏北 2001).

그렇다면 러시아 연해주와 중국 흑룡강성의 고구려 전통으로 생각되는 유적을 비교검토 해야 할 것이다. 이 문제는 발해의 고구려 계승성문제, 교통로, 영역문제와도 관련되었을 것으로 보인다.

3. 성의 초축연대

본고에서 디야코바 박사가 소개하고 있는 여러 시대의 성 유적 가운데서, 국가단계의 최초의 성은 발해이다. 그 외에도 동하국 및 여진시대의 유적으로도 설명되기도 한다.

그런데 동하국의 존속한 시기는 1215~1234년까지 매우 짧다. 이 기간 동안 거대한 산성을 초축 할 수 있었을까?

예를 들면 본고에 소개되어 있는 쿠날레이스코예 유적은 두 개의 높은 산

봉우리와 절벽면을 자연방어벽을 삼아서 축조된 유적(그림 48)이다. 일부 구간에는 성벽을 이중으로 쌓았고, 해자, 치, 보루 등이 설치되었고, 성 내에서는 투석기를 설치한 흔적도 보인다. 이런 성을 쌓기 위해서는 시간과 노동력, 경제력이 얼마나 필요할까? 과연 20년 남짓 존재한 국가에서 이런 성을 초축 했을까?

쿠날레이스코예 성 내부를 조사했는데, 구석기시대부터 동하국까지 두터운 문화층이 확인되었다고 설명되었다. 보루, 대형건물지, 동쪽 성벽 등을 조사한 것으로 보인다. 그러나 성에서 출토된 유물은 소개되어 있지 않았다. 투석기의 흔적으로 생각된 돌무더기에서 추출된 탄소연대를 근거로 13세기 유적으로 보고, 동하국과 관련시켰다.

성은 그 특성상 계속해서 초축한 후에 개축해서 사용하며, 초축연대를 파악하기 위해서는 당시의 생활면인 구지표를 확인하고, 기저부 조성방법을 조사하기 위해서 성벽 내외에 트렌치를 넣어 확인하는 것도 가능하다(심정보 2013).

쿠날레이스코예 성에서는 성벽 절개조사를 통해서 성벽의 축조방법은 확인했으나, 이 조사를 통해서 초축연대를 파악하지 않고, 오히려 성벽과 가까운 곳에 설치된 투석기 흔적으로 추정되는 곳에서 탄소연대로 성의 연대를 판단했다. 본고에서 소개된 성벽조사를 하지 않는 다른 유적에서는 대부분 성 내의 문화층을 조사해서 문화층의 유물로 시대성격을 파악하고 있다.

물론 러시아는 발굴이 대부분 학술발굴이고, 발굴시 기계를 사용할 수 없고, 기후 특성상 그 해에 조사할 수 있는 조사일정이 한정적이어서 성벽 절개조사 혹은 트렌치 조사를 하는 것이 쉽지 않다(김재윤 2018). 그럼에도 불구하고 러시아 연해주에서도 크라스키노 발해성은 연차발굴로 구지표를 확인하고, 초축연대를 파악할 수 있었다(동북아역사재단 2011).

하지만 성의 초축연대는 반드시 확인되어야 하며, 그렇지 않은 경우는 성의 연대를 파악함에 있어서 가능성을 열어 두어야 한다. 러시아 연해주의 성의 초축연대를 조사한다면, 발해와 여진시대의 고고학적 해석이 많이 달라질 가능성이 있다.

마무리하면서

본고의 출판은 2018년 5월에 필자에게 직접 출판허가를 받아서, 2019년에야 빛을 보게 되었다. 출판을 준비하면서 필자에게 한국어판서문을 여쭈었으나 한국어판에 붙일 서문은 따로 없다고 하셨다.

번역자 본인에게는 지원없이 번역하고 출판하는 것은 결코 쉽지 않았다. 첫 번째 번역물인 『러시아 연해주와 극동의 선사시대』가 2018년 세종도서 학술부문으로 채택되어서, 번역 출판하는데 더 탄력을 받았다. 필자이신 디야코바 박사, 서경문화사 김선경 사장님, 편집자에게 지면으로 감사의 인사를 대신한다.

참고문헌 ─────────────────────────────

강인욱, 2007, 「연해주 중세시대 성지에 보이는 고구려의 전통」『한국의 고고학』, 주류성, 118~125쪽.

김재윤, 2018, 「러시아의 발굴 -연해주 철기시대 얀콥스키 문화의 바라바시 3유적을 중심으로-」『야외고고학』 31.

동북아역사재단, 2011, 『2009년도 연해주 크라스키노 발해성 한러 공동 발굴보고서 I』.

이재현, 2009, 「하가점하층문화기 방어취락의 성격연구」『요하유역의 초기 청동기문화』, 동북아역사재단, 17~72쪽.

심정보, 2013, 「제1장 성곽문화재 조사의 현재와 미래」『성곽조사방법론』, 사회평론.

王禹浪·王宏北, 2001, 「黑龍江 渤海山城에 나타난 高句麗文化 硏究」『高句麗硏究』 12輯.

01. 부루실로프카 강 유역
02. 부루실로프스코예 성, 남쪽에서 찍은 모습
03. 베뉴코보 고개의 성, 북서쪽에서 찍은 모습

04. 고르노레첸스코예-1 성, 남동쪽에서 찍은 모습
05. 고르노레첸스코예-1 성, 남동쪽에서 찍은 모습
06. 고르노레첸스코예-1 성, 돌이 들어난 성벽

07. 고르노레첸스노예-1 성, 서쪽 문지
08. 시바이고우 성, 전체 모습
09. 시바이고우 성, 투석기용 돌이 쌓여있는 모습

10. 시바이고우 성, 3번 치 주변의 온돌이 있는 집자리
11. 우스티-제르칼노예 성, 북서쪽에서 본 모습, 성벽
12. 루드나야 강 하류

13. 달레고르스코예 자연 방어시설, 남서쪽에서 본 모습
14. 예스톤카 성, 서쪽 성벽
15. 바시코프스코예 성, 북서쪽에서 본 모습

16. 바시코프스코예 성, 석벽
17. 바시코프스코예 성, 석벽
18. 두브로빈스코예 성, 동쪽에서 본 모습

19. 크루굴노예 성, 북서쪽에서 본 모습
20. 드지기토프스코예 성, 도로에 의해 절개된 성벽
21. 드지기토프스코예 성, 성벽의 절개면

22. 쿠날레이스코예 성, 남서쪽에서 찍은 모습, 드지기토프카 강(이오드지헤) 유역
23. 쿠날레이스코예 성, 북쪽에서 찍은 모습
24. 쿠날레이스코예 성, 동쪽성벽
25. 쿠날레이스코예 성, 투석용 돌이 깔려 있는 모습, 동쪽 성벽
26. 쿠날레이스코예 성, 판축 기법으로 축조된 동쪽 성벽

27. 크라스노예 오제로 성, 북동쪽에서 찍은 모습
28. 크라스노예 오제로 성, 남쪽 성벽의 절개면, 판축 기법으로 축조

29. 클류치 성
30. 클류치 성의 석벽, 남동쪽에서 찍은 모습
31. 클류치 성의 석벽, 안쪽에서 찍은 모습, 문지

32. 클류치 성의 석벽,
33. 세레브랸카 강 유역(하류)
34. 자볼레첸나야 성(알타리)(댜코바에 의해서 찍힌 사진)

35. 자볼레첸나야 성(알타리), 석벽
36. 자볼레첸나야 성(알타리), 석벽
37. 자볼레첸나야 성(알타리), 문지

38. 스미르코프 클류치 성, 남서쪽에서 찍은 모습(댜코바 사진)
39. 스미르코프 클류치 성, 석벽, 남쪽에서 찍은 모습(댜코바 사진)
40. 스미르코프 클류치 성, 둥지처럼 푹 들어가나 곳(댜코바 사진)

41. 스미르코프 클류치 성, 바깥에서 찍은 모습(댜코바 사진)
42. 미스 스트라시느이 성, 서쪽에서 찍은 모습
43. 미스 스트라시느이 성, 북서쪽에서 찍은 모습

44. 타요즈나야 강(벨렘베)의 하류 북동쪽에서 찍은 모습
45. 우스티-벨렘베 성, 동쪽에서 찍은 모습
46. 우스티-벨렘베 성, 돌로 쌓은 내부 성벽, 동쪽에서 찍은 모습

47. 우스티−벨렘베 성, 석벽, 남쪽에서 찍은 모습
48. 말라야 케마 성(거의 남아 있지 않음)
49. 케마 강의 하류, 북서쪽에서 찍은 모습

50. 우스티-일모 성, 남서쪽의 성벽, 성의 안쪽에서 찍은 모습
51. 우스티-일모 성, 남쪽 성벽
52. 켐스코예-스칼리스토예 성, 남동쪽에서 찍은 모습
53. 켐스코예-돌린노예 성, 북동쪽에서 찍은 모습
54. 켐스코예-돌린노예 성, 성벽과 문지. 동쪽에서 찍은 모습

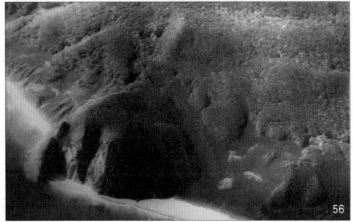

55. 켐스노예-돌린노예 성, 북동쪽의 성벽
56. 우토스노예 성, 항공사진
57. 쿠댜 성, 동쪽에서 찍은 모습

58. 미스 테플리이 성, 남동쪽에서 찍은 모습
59. 미스 테플리이 성, 북쪽에서 찍은 모습
60. 말라야 카리마 성

61. 세셀레프스코예 성
62. 우스티-소볼레프스코예 성, 남동쪽에서 찍은 모습
63. 쿠즈네쵸바 강 유역, 하류
64. 쿠즈네쵸프소코예 성, 동쪽에서 찍은 모습
65. 사마르가-6번 성, 동쪽에서 찍은 모습
66. 쿠르글라야 고라 자연 방어시설, 남동쪽에서 찍은 모습

러시아 연해주의 성(城) 유적과 고대 교통로

머리말

아르세니에프(В.К. Арсеньев, V.K. Arseniev)를 추모하며 …

러시아 연해주 성(城) 유적은 청동기시대부터 발해~여진시대에 걸쳐서 축조되었으며, 고고학 유적 가운데 가장 많이 남아 있고, 연구가치가 있는 분야 중에 하나이다. 성은 경계를 표시하기도 하고, 방어적인 역할도 한다. 성벽에 설치된 치와 투석기가 이를 대변한다. 뿐만 아니라 성이 입지한 곳은 주로 고개에 교통의 길목에 오늘까지도 남아 있어서 역사적 사실들을 이야기하고 있다. 역사는 역사서에 적혀 있는 것 말고도, 사람들의 머릿속에 남아 있는 집단의 사상이나 전설 등 정신적인 부분도 대변한다 할 수 있다.

러시아 연해주의 성은 어떤 측면에서는 군사적인 시설물로 볼 수 있는데, 역사적으로 국가나 도시, 주민들의 안전을 위해서 만든 가장 발달한 시스템 중에 하나로 생각할 수 있다. 세계 역사지도가 바뀔 때 마다 성곽 축조기술의 발달은 국가나 주민의 운명과도 직결된다.

연해주 영동지역인 시호테 알린 산맥의 중부지역은 중국의 역사서에서는 러시아 극동지역의 다른 지역과 마찬가지로 '북쪽의 오랑캐가 살던 땅'으로 위대한 황제 국가의 뒷마당 정도로 기술되었다. 또한 외국의 역사서에는 이 뒷마당에 살던 사람들이 위대한 역사적 사건들이나 역사서에 크게 등장하지 않고, 항상 극동에서 우연히 나타난 존재이거나 혹은 유라시아 대륙에서 항상 허우적 거리는 것으로 묘사되고 있다.

하지만 필자가 소개하는 30여 기의 성은 연해주 동북지역에 위치하고 이곳에 자리잡은 시호테 알린 산맥의 영동지역에 위치한다. 청동기시대부터 발해를 걸쳐 여진시대까지 존재했으며, 그간 인식되어오던 것과는 전혀 다르다는 것을 보여 준다. 이 지역은 역사의 전환점이 되는 사건이나 역사의 중심지는 아니었을지 모르지만, 별개의 지역은 아니었다. 기원전 1천년기 중반부터 기원후 15세기까지는 전쟁 시든지 평화적일 때이든 역사적 반전은 수없이 많이 있어왔다. 이는 군사적 시설물로 남아 있는 고고학 유적인 성을 통해서 알 수 있다.

러시아 극동은 지리적으로 한반도의 동북 및 중국 동북지방과 접하고 있는 지역이다. 이곳에는 선사시대부터 시작해서 많은 민족, 국가 간에 충돌이 있어왔고, 늘 오래된 민족과 새로운 민족이 뒤엉킨 곳이다. 평화적이든 공격적이든지 여러 민족의 이동은 연해주와 아무르 지역에도 있었다. 원래 이곳에 살던 주민인 우데기족, 나나이족 등 퉁구스-만주족들은 내부적으로 이러한 방해요소에 반응하거나 혹은 그에 반대해서 자신의 경계를 만들거나 다른 곳으로 좀 더 평온한 곳으로 가버렸던 것으로 보이는데, 이는 역사서에도 기록되어 있다.

또한 지역주민들 간의 여러 종족이 항상 평화로웠던 것만은 아니다. 이러한 사건들의 한 과정을 보여주는 것이 방어물(성)을 축조하는 것이다. 또한 기억에 대한 것은 고고학 뿐만 남아 있는 것이 아니라 언어로도 남아 있다.

이 책은 35년 전부터 댜코프 박사(В.И. Дьяков, V.I. D'yakov)[1]와 필자가 시베리아에서 극동의 블라디보스톡에 위치한 러시아과학아카

---

1) 역자 주. 필자인 댜코바 박사의 부군. 러시아에서 여성은 결혼 후에 남편의 성을 따라서 개명을 하는데, 남편성의 마지막에 'a'를 붙인다. 하지만 반드시 개명하는 것은 아니다. 특히 연구자나 작가 등 비혼일 때의 이름이 알려진 경우는 그대로 두기도 한다.

데미 극동분소 역사·고고·민속학 연구소(Института истории, а рхеологии и этнографии народов ДВО РАН, Laboratory of Archeology of the Amur Region, Institute of History, Archeology and Ethnography of the Peoples of the FEBRAS)에 처음 와서 흥미를 가지고 연구를 시작했던 주제로 연해주 동북지역의 타아기가삼림 지대의 석성이다. 이 지역의 위대한 자연환경은 필자로 하여금 엄청난 느낌을 가져다 준 곳이기도 하다. 이곳은 아르세니에프가 탐험을 시작하기 이전까지는 고고학적으로 '숨겨진 땅'이었다. 그리고 오클라드니코프(А.П. Окладников, A.P. Okladnikov)는 연해주의 남부에 대해서 흥미가 별로 생기지 못할 정도로 새로운 것이 많은 지역이기도 하다.

시호테 알린 산맥의 영동지역에서 우리는 많은 고고학 유적 가운데서 첫 발굴은 석성조사에서부터 시작하게 되었다. 이미 아르세니에프가 지난 세기에 직접 조사한 것이지만 누가, 언제, 어떻게, 무엇을 위해서 누구로부터 방어하기 위해서 여기에 석성이 존재하며, 어떤 교통로와 관련이 있는지에 대해서는 자신의 야장에 하나도 적지 않고 우리에게 그 답을 구하도록 남겨 놓았다. 그리고 극동 고고학의 후세대들에게도 그 답을 요구하고 있다. 이는 고대와 중세시대의 고고학적 역사내용을 연구하지 않고는 이러한 질문에 답을 구할 수는 없다. 많은 기관에서 여러 분야의 전문가들이 양성되어야만 하고, 동북아시아 고고문화의 편년 및 정치시스템에서 파악해야 할 것이다.

1990년대 초반에 들어와서부터 아무르-연해주 고고학발굴단이 조직되고 이후에 연해주 동북 영동지역의 성 연구가 프로젝트로 본격화되었다. 17년간 연해주 동북지역 영동지역의 20개가량의 강에서 50기의 성지를 조사하였다. 매해 러시아과학아카데미 극동분소 역사·고고·민속학 연구소의 아무르 고고조사실에서 발굴조사를 하였다. 이 발굴조사에는 블라디보스톡 시와 연해주의 북쪽 지역에 있는 중·고등학생들이 참가하였다.

댜코프 박사는 지표조사를 아주 심도 깊게 했는데, 많은 성을 찾는 성과를 올렸다. 1999~2001년과 2003년에 사크마로프(C.A. Сакмаров, S.A. Sakmarov)가 탐험대에 같이 참가해서 유적의 평판과 성곽의 평면도를 작성하였다. 쿠날레이스코예 성과 드지기토프스코예 성 발굴에는 시도렌코(E.B. Сидоренко, Ye.V. Sidorenko) 박사도 참여하였다. 이 책의 그림은 츠간초프(A.C. Цыганцов, A.S. Tsygantsov), 모로스(Г.B. Мороз, G.V. Moroz), 시크랴빈나(E.H. Шкрябина, E.N. Shkryabin)와 필자가 준비한 것이고, 지도는 필자가 직접 작성한 것이다.

그리고 이 책은 여러 사람들의 관심으로 나오게 되었는데, 그 중에 극동연구소의 코진(П.M. Кожин, P.M. Kozhin)도 많은 조언을 하였다. 그는 백과사전과 같은 지식으로 이 책의 여러 가지 문제에 대해서 많은 충고를 해서 필자가 결정하는데 많은 도움을 주었다. 또한 프레트네바(C.A. Плетнева, S.A. Pletneva), 키즈라소프(И.Л. Кызласов, I.L. Kyzlasov), 마카로프(Т.И. Макаров, T.I. Makarov), 프레로프(В.Ф. Флеров, V.F. Flerov)와 다른 고고학자들도 필자의 성곽에 대한 지식과 여러 가지 민족에 대해서 아낌없는 조언을 해 주셨다.

19세기 말에 극동에 대한 연구는 문서국에 보관된 문서나 도서관의 책들로 이루러질 수 밖에 없는데 그 중심에 있었던 것이 아무르 지역연구회이다. 이 연구회는 어려운 기간 동안 후세들을 위해서 엄청난 역사의 문서들을 보관해 왔고, 이를 필자가 이용할 수 있었다.

발굴조사 혹은 실내작업들을 참여한 여러 동지들의 노고가 없었다면 이 책은 결코 출판되지 못했을 것이고, 지면을 통해서 가슴깊이 감사드린다.

제1장
러시아 연해주 발해 · 여진시대의 성(城)연구사

지난 150년 동안 연해주에서는 150개가 넘는 성이 발견되고, 조사되었다. 성, 성벽, 해자 등을 포함해서, 연해주 남쪽의 해안가부터 북쪽의 산악지대와 타이가 지역에 걸쳐 있다.

연해주의 성 연구는 세 단계에 걸쳐서 발전한다. 첫 번째 중국문헌 분석, 두 번째 향토학자에 의한 연구, 세 번째 고고학자에 의한 본격적인 야외조사이다.

첫 단계- 성은 당시에 주위의 적으로부터 자신을 보호하기 위해서 축조한 것이다. 러시아에서 연해주 성 조사는 현대에 들어와서 이루어지게 되었고, 연구 초창기에는 오랑캐를 무찌르는데 익숙한 중국의 문헌정보를 얻으면서부터 성연구가 출발되었다. 이에 대해서는 역사서에 아주 많이 남아 있고, 실제 남아 있는 건축물과 허물어진 성지 등도 이를 방증한다.

실제로 직간접적으로 획득한 인근 주민들에 대한 일상생활, 전통, 민족의 수 나아가서 국가의 지형, 도로, 성지, 마을, 도시, 방어시설 등도 그 국가에 대한 정보이다. 획득된 정보는 지도, 보고서, 연대기 등으로 작성되어지고, 이것들은 그 지역에 대한 정치적 상황 등을 통제할 수 있다.

비추린(Н.Я. Бичурин, N.Ya., Bichurin)(1777~1853)(그림 1), 바실레프(В.П.Васильев, V.P.Vasil'yev), 고르키(В.Горски, V.Gorski), 로조프(Г.М. Розов, G.M. Rozov), 쿠네르(Н.В. Кюнер, N.V. Kyuner) 등이 기술한 『восточных иноземцев』에는 중세

그림 1. 아르히만드리트 이아킨프
(니키타 야코블레비치 비추린)

퉁구스-만주족의 다양한 성에 대한 자세한 기술이 있었다. 그 책에서는 '북사(北史)'의 94편에는 연해주, 아무르, 만주 등에서 사는 물길(勿吉)족에게 성이 있었음을 밝히고 있다. 연해주와 아무르 지역에서 1천년기 전반에 각 도시와 마을은 특징적인 고유성이 있는 것으로 보았다(비추린 1950).

말갈족 및 그들의 성에 관해서는 비추린의 책으로 알 수 있다. 중국의 기록에는 '645년 당과 고구려가 전쟁을 했다. 고구려 쪽에는 말갈인이 참가하였고, 중국 측에서는 투르크인이 이 전투에 참가하였다. 그 곳은 안시성 부근이다. 고구려의 북부욕살 고연수 및 남부욕살 고혜진과 말갈인은 50,000군사를 이끌고 전쟁을 도왔다. 중국 황제는 만약에 그들이 안시에 들어간다면, 높은 산을 파고, 도시로부터 식료품을 조달받아야 한다고 했다. 그러나 말갈인이 우중국의 소와 말을 훔치게 둔다면, 이기지 못할 것이다'라고 하였다(비추린 1950).

여러 역사서에는 여진의 성 축조 기술에 대해서 다음과 같이 기술되어 있다. '그들에게는 강한 조상이 있는데, 안시라 불리고, 성을 축조하였다. 후툰장에서 아무르까지 북쪽으로 80m 떨어져 있다(바실레프 1857)'.

좀 더 늦은 역사서 『명나라(1368~1644) 집의 역사』[1]에서는 행정관청

---

1) История Дома Мин // Архив Института Восточных рукописей Р АН. Ф. 7, оп. 1, т. 16.

중 국가 수입담당기관, 인사기관, 사법기관 등은 성 안에 두도록 하고 도로까지 설치되었다는 기록이 남아 있다. 이 역사서가 기록될 당시에는 성, 도시, 마을, 국경선, 국경의 항구 등이 구분되어 있을 때이다. 군사-정치-경제적 상황 등이 악화될 때는 국가 혹은 민족의 영역 내에서 성을 지어야 했던 것으로 생각된다. '일본 유민이 해안가에 59개의 도시를 짓고 약 58,000명 정도가 살고 있다'는 기록과 함께 '… 군인들은 성벽 위에 터널을 묻었고 …', '밤에 물을 길어서 도시성벽을 다듬었다. 밤에는 얼어붙어서 그곳에 올라가는 것은 금지되었다'고 역사서에 남았다.

10~20세기 극동 사람들은 성 및 마을 축조 뿐만 아니라 방어요새나 도로를 만드는 데 아주 능했다. 말갈, 발해, 여진, 고구려는 성을 축조했는데, 이에 대해서 중국의 역사서에는 아주 정확하게 성 입지에 대한 언급이 있다. 세월이 많이 흘렀어도 러시아 연구자들이 유적을 찾을 수 있을 만큼 잘 보존되어 있다.

러시아 연구자들은 선사시대부터 발해~여진시대 성은 생업과 방어가 용이한 곳에 선택해서 축조 한 것으로 본다. 높은 곳에서 넓게 관망할 수 있고, 봉화대의 역할도 할 수 있었다고 생각했다.

두 번째 단계는 향토사학자가 연구한 것이다. 제정 러시아 때 극동에 대한 정보가 필요해서, 19세기 중반부터 연해주의 발해~여진시대 성에 대한 연구가 이루어지기 시작했다. 처음에는 아무르 주에 파견된 군인이나 기술자가 보고한 것이 중심이었다.

공식적으로 연해주의 성 연구를 최초로 시도한 사람은 러시아의 젊은 장교 베뉴코프(М.И. Венюков, M.I. Venyukov)(1832~1901)이다. 그는 1858년에 정부의 명령에 따라서 이곳에 와서 아무르 지역에 대해서 연구하기 시작하였다(그림 2).

26살의 청년은 아무르 강에서부터 우수리 강을 따라서 해안지대인 동해안까지 탐험했다. 프로의식을 가지고 호기심, 책임감 등을 바탕으로 탐험을 훌륭하게 마무리했던 것으로 보인다. 베뉴코프는 처음 탐험에서 어느

그림 2. 미하일 이바노비치 베뉴코프

것도 쉽게 지나치지 않았지만 아쉽게도 연해주의 사람과는 이야기도 하지 않았다. 필요한 정보를 얻고 그것을 평가하기 위해서 올바른 질문을 할 필요가 있었다. 우수리스크 지역을 직접 보지 못한 사람들을 위해서는 성과 요새를 남긴 사람과의 교류가 반드시 필요한 부분이었다.

그가 죽은 후 1970년 하바로프스크에서 발간된 베뉴코프의 책 『Путешествия по Приамурью, Китаю и Японии』에 대해서 스테파노프(А.А. Степанов, A.A. Stepanov) 러시아아카데미학술위원 막시모비치(К.И. Максимович, K.I. Maksimovich)의 충고에 따라서 베뉴코프는 이 책에서 과거의 저작을 수정했다.

'러시아의 우수리 지역을 관찰하였다. 아주 육중한 시호테 알린 산맥을 지나서 바다에 이르는 고개를 찾았다'고 다소 무미건조한 서평을 했다.

'도비하 강의 하류에서 남동쪽으로 우리는 내려왔는데 그곳에는 아주 드물게 고등교육기관이 있는 큰 취락지역이 있었다. 나는 이곳에서 22~45° 경도로 무너지고 오래된 성터에 대하여 이야기를 들었는데, 아마도 금 혹은 이른시기 청 왕조에 만들어진 12경이 중 한 곳이다'(베뉴코프 1970).

베뉴코프가 왜 오래된 여진의 성을 보았다고 했는지 알 수 없다. 하지만 이 이야기를 베뉴코프에게 전한 지역 주민들의 기억 속에 힘센 여진족에 대한 이야기나 전설 등이 항상 남아 있었던 것으로 생각된다. 이를 제외하고도 베뉴코프는 중국 역사서에 남아 있는 역사적인 사실들을 언급했다.

또 다른 연해주의 고대 성에 대해서 연구를 한 사람은 지질학자인 이노켄티 알렉산드로비치 로파틴(Иннокентий Александрович Лопатин, Innokentiy Aleksandrovich Lopatin)이다. 극동 탐험 당시에 첫 보고서로『아무르 지역의 49개 고대 수혈(49 древних урочищах в Амурской стране)』을 쓰고, 고고학회 회원이 되었다. 이 자료는 현재 상트 페테르부르그(Санкт-Петербург)에 있는 물질문화연구소에 남아 있다(로파틴 1869). 그가 남긴 자료는 현재 우수리스크 시에 남아 있는 성에 대한 것이다. 자파드노-우수리스크(Западно-Уссурийское, Zapadno-Ussuriyskoye) 성으로 평면형태가 방형이고, 12~13세기 초반에 축조되었다. 유즈노-우스리스크(Южно-Уссурийское, Yuzhno-Ussuriyskoye) 성은 부정형 평면형태로 8~13세기 초반으로 생각했다. 크라스노야로프스코예(Краснояровское, Krasnoyarovskoye) 성은 라즈돌나야 강2)의 우안 높은 절벽위에 위치하는데, 평면적은 1,550,000~1,600,000㎡이고, 너비 3~5m, 높이 8m 정도인데, 현존한다. 노보고르디예프스코예(Новогордеевское, Novogordeyevskoye) 성은 노보고르데예프카 마을에서 북동쪽으로 5km 떨어진 구릉 위에 독립적으로 설치되었다. '베르흐네-미하일로프스코예(Верхне-михайловское, Verkhne-mikhaylovskoye) 성'은 우수리 강의 우안에 있는 베르흐네-미하일로프카 마을에서 남쪽으로 3~4km 떨어진 곳에 위치한다. 평면형태는 부정형이고, 삼중의 성벽과 해자가 돌아가고 있다고 기술되었다.

그 외 처음으로 고고학 건축물의 그림과 특징 등을 자세하게 그렸다.

---

2) 역자 주. 중국명. 수분하.

그림 3. 니콜라이 미하일로비치 프리제발스키

1858년부터 로파틴과 거의 동시에 우수리스크 지역의 성을 전문 지도제작자인 프로렌스키(К.А. Флоренский, K.A. Florenskiy)가 지도에 표시하였다.

10년 뒤에 우수리스크 지역의 성 유적은 다양한 분야의 전문가들이 조사했는데, 그 중 한명인 여행가 프리제발스키(Н.М. Пржевальский, N.M. Przewalski)(1839~1888)(그림 3)도 이곳에 들러서 「니콜스크-우수리스코예(Никольск-Уссурийское, Nikol'sk-Ussuriyskoye)」 마을에 소재한 성을 보고 연해주의 고대 도시에 대한 베뉴코프의 이야기가 사실임을 입증했다(프리제발스키 1937).

현재까지도 아르히만드리트 파라랄디 카파로프(Архимандрит Палладия Кафарова, Arkhimandrit Palladiya Kafarov) 신부(1817~1878)가 남긴 역사-민속학적 연구는 우리가 따라갈 수 없을 정도이다. 그는 1870~1872년에 연해주, 아무르, 만주 지역 지질학회 회원이었다(그림 4~5). 러시아 동방학자 가운데서 최초로 고고학 유적을 찾았던 학자이다(아르히만드리트 파랄라디 카파로프 1871, 파노프 1898).

우수리스크 지역에 처음 카파로프가 와서, '어떤 중국 책'에 적힌 대로 레푸 강(현재 일리스타야 강)과 다우비헤(현재 아르세니에프카 강)의 수계를 따라서 잔존한 성벽을 찾았다. 이 성은 치키르-무둔이라는 중국 사람이 발견했다. 또한 둔다스 만과 포시에트 만에서 고대 항구의 흔적을 찾았다고 밝혔다(카파로프 1871, 파노프 1887). 그 외에도 크레포치나야(Кл

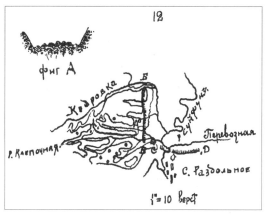

그림 4. 카파로프가 발견한 라즈돌나야 마을의 성벽
(부세 1888)

епочная, Klepochnaya),
케드로프카(Кедровка,
Kedrovka), 라즈돌나야(Раз
дольная, Razdolnaya) 페
레보조치나야(Перевозочна
я, Perevozochnaya), 크라
스노야로프스코예, 니콜라예
프스코예(Николаевское,
Nikolayevskoye) 성을 연구
했다.

상트-페테르부르그(Санкт-
Петербург, St. Petersburg)
로 돌아가는 길에 신부는 죽고,
그의 일부 연구 결과물은 도난

그림 5. 아르히만드리트 파라라디(카파로프)

당했다. 그럼에도 남겨진 그의 출판물은 사후에 출판 되었는데, 고고학적 유적과 민속학적·문화적인 해석에 대한 것이다. 카파로프는 수분하의 북쪽 성지들을 관찰했는데, 한국사의 프리즘과 같은 존재라고 언급했다. 성은 고려인이 일부 축조한 것이고, 일부는 여진의 것이라고 하였다. 수분하의 우안에 남은 성벽은 당시에도 트랙터에 의해서 많이 파괴되었다는 기록이 남아 있다.

이 지역의 성은 발해의 것으로 보았는데, 다음과 같은 기록으로 남아 있다. '역사적인 사실과 지역적 위치 등으로 보아서 유즈노-우수리스크 지역에 남아 있는 고대의 유적들은 만주에 있던 발해의 중요한 행정관청 중에 하나로 생각된다. 그 뒤 이 지역에서 고려와 여진(중원에 금을 세우게 됨) 사이에 충돌이 있었는데, 전쟁과 관련된 유적에서 흔적이 남아 있을 수 있다(아르히만드르트 파랄랄디 1871b).'

나다로프(И.П. Надаров, I.P. Nadarov)가 남긴 연구는 연해주 성 연구 업적 가운데서 가장 큰 것이다. 1882~1883년 동안 극동의 이만(Иман, Iman) 강 하류부터 아르세네니예프카(Арсеньевка, Arsenyevka) 강까지 조사하였는데, 노보포크로프스코예(Новопокровское, Novopokrovskoye)의 2개 성, 예카테리노프스코예(Екатериновское, Yekaterinovskoye), 파브로프스코예(Павловское, Pavlovskoye) 성, 바라바셰프카(Барабашевка, Barabashevka) 강의 고대 도로 등이다.

나다로프의 보고서(나도로프 1887)에는 '이만 강가에는 고대 마을의 흔적이 남아 있다'고 기술되었다. 나파로프가 언급한 것은 고대석성으로 생각되는데, 부정형의 평면형태이며, 성벽과 해자의 크기를 측량하였고, 성벽이 3중이었던 것으로 밝혔다. 지금으로부터 1000년 이상 올라간 고려의 것으로 보았다. 지역주민들 사이에도 옛날 석성으로 알려져 있었는데, 그곳에서 흙으로 구운 기와와 전돌 등이 발견되었다고 전해진다.

1884년에 아무르 지역연구회(Общество изучения Амурского края, Society for the Study of the Amur Region)가 창설되면서, 연

해주 성을 중점적으로 연구하게
된다. 이 연구회는 블라디보스
톡과 아무르 지역 연구를 통합
한 것으로 중요한 연구들을 많
이 하게 되었다.

1862년 극동에서 아무르 주
의 전시 탐험기록 담당 사무관
으로 근무한 부세(Ф.Ф. Бусс
е, F.F. Busse)(1838~1896)
의 연구가 괄목할 만하다. 오랫
동안 이곳에서 근무하면서 우
수리스크 까지 기차를 타고 여
러 번 여행을 하게 되면서, 지역

그림 6. 페드로프 페드로비치 부세

주민의 생산 경제 활동 뿐만 아니라 문화와 역사 문제까지 관심을 가지게
되었다. 남아있는 고대 문화 유적들을 연구해서 지역민을 이해하기 시작
했다.

그 결과 19세기 말~20세기 초, 부세는 아무르지역연구회에서 처음으로
고고학 유적에 대한 보고서를 발표하였는데, 그 보고서에는 모두 20여 기
의 성유적을 포함한 97개의 고고학 유적에 대한 것이었다. 부세는 고고학
답사를 여러 번 했는데, 그 결과 연해주 남동쪽의 많은 성을 발견했다. 우
수리스크 지역에서 자파드노-우스리스크 성, 유즈노-우수리스크 성, 아누
치노(Анучино, Anuchino) 지구에서 아누치노 성과 노보고르데예프스
코예 성, 이바노프카(Ивановка, Ivanovka) 마을에서 서쪽으로 5.5km
떨어진 곳에 위치한 고대 도로에 대한 것도 포함되었다. 그 외에도 헤니나
야 소프카(Хениная сопка, Heninaya sopka), 니콜라예프스코예, 콕
샤로프카(Кокшаровка, Koksharovka)-1, 파블로프스코예(Павлов
ское, Pavlovskoye) 성지, 수호돌(Суходол, Sukhodol) 항구의 크라

스나야(Красная, Krasnaya) 곳 성 등을 연구하였다. 이 성에 남아 있는 방어시설-성벽, 해자, 문, 평면시설에 대해서 아주 자세하게 그 기록을 남겼다.

부세는 대부분의 성이 만주, 한국, 중국 사이의 전쟁을 방어하기 위한 것으로 보았으며, 668년-발해 건국보다 더 올라가지 않는다고 판단했다. 파랄라디 신부의 연구에 의하면 '훨씬 오래된 고대 성은 타원형으로 생겼는데, 유즈노-우수리스크 지역에서는 전혀 확인되지 않기 때문이다'고 밝혔다(부세 1888). 부세의 연구는 고고학 유적과 유물들 직접 조사한 것으로 사후(1908)에 출판되었다.

크라포트킨(А.А. Кропоткин, A.A. Kropotkin) 공작이 부세가 조사한 연해주의 성지를 발표하였다. 아누치노 지역 브라트(Брат, Brat) 산의 성, 크라스노야로프스코예 성과 고대 도로, 보구슬라프스코예(Богуславское, Boguslavskoye), 체르니고프스코예(Черниговское, Chernigovskoye), 노보네진스코예(Новонежинскoe, Novonezhinskoye), 노보로스신스코예(Новороссинское, Novorossinskoye), 스테클뉴하(Стеклянуха, Steklyanukha)-1, 이즈베스트코보예(Известковое, Izvestkovoye) 성 등이다. 고고학 유적들의 분석을 토대로 다음과 같이 4단계로 편년하였다.

1. 선사시대
2. 668~1615년: 만주인과 중국인의 전성기로 이곳에서는 947년 동안 문화적으로 가장 번성했던 시대
3. 1615년~1861년까지는 문화의 황폐화시대
4. 러시아의 영토에 편입된 시기

부세는 연해주 성들의 다양한 형태를 지리학적으로 설명하면서 우수리 강을 중심으로 중세시대에는 커다란 정치체가 하나가 있었으며, 우수리 강

과 아르세니에프 강의 수계가 이 정치체의 서쪽 경계가 된다고 했다(부세 1888, 부세·크라포트킨 1908).

연해주의 산림원에서 근무하던 팔체프스키(Н.А. Пальчевски, N.A. Pal'chevski)도 성을 연구했다. 그는 여러 기의 성을 발견하고 아무르 지역연구회에 이를 보고하였다. 그가 발견한 성은 에스톤카(Эстонка, Estonka), 루드니나야(Руднинаяа, Rudninaia), 바튜키(Батюки, Batiuki), 곤차로프카(Гончаровка, Goncharovka), 라조프스코예(Лазовское, Lazovskoe), 에카테리노프스코예, 프르제발스코예(Пржевальское, Przewalskoye) 성 등으로 연해주 여러 지역에서 확인된 것이다(부세·크라포트킨 1908).

몇몇의 성지(예를 들면 루드나야 성)는 현재까지 팔체프스키의 보고만이 남아 있을 뿐 다른 곳에는 전혀 보고되지 않은 곳도 있다. 루드나야 성은 그 뒤에 루드나야 프리스탄 항구를 건설하면서 완전히 성지가 파괴되었기 때문이다. 테튜헤 강의 하류에서 북서쪽으로 대략 약 1km[3]만 가면 강의 좌안에 작은 장방형(정면이 58×54m[4]) 성이 있다고 기록되었다.

극동 고고학 연구에 있어서 블라디미르 크라브디예비치 아르세니에프(Владимир Клавдиевич Арсеньев, Vladimir Klavdievich Arseniev)[5](1872~1930)가 남긴 업적은 이루 말할 수 없다. 그는 1900

----

3) 러시아의 옛 거리단위. 1verst=1.067km
4) 17세기에 사용한 러시아 거리단위. 1 shazen=2.16m
5) 역자 주. 아르세니에프(В.К. Арсеньев, 1872~1930)는 19세기 초반에 러시아가 극동을 개발하기 위해서 중앙에서 파견한 군인 신분이지만 지리 및 지질학 조사를 하면서 고고학유적에 대하나 기록을 남겼는데, 극동의 고고학자 1세대로 여겨진다(클류예프 2003).
아르세니예프가 시호테 알린 산맥을 조사하면서 겪은 내용을 소설로 남겼다. '데르수 우잘라(Дерсу Узала)'라는 제목으로 출판되었는데, 나중에 같은 제목의 영화로도 만들어졌다. 이 영화는 나나이족의 사냥꾼으로 시호테 알린 산맥을 조사하면서 우연히 데르수 우잘라를 만나서 그의 도움 받은 이야기를 그의 일기장

그림 7. 블라디미르 크라브디예비치
아르세니에프

년에 젊은 장교로 블라디보스톡에 처음으로 왔다. 그는 사냥단의 대장으로 그가 맡은 임무는 극동 영토에 대한 조사연구였다 (그림 7). 당시 러시아는 새로운 영토6)인 극동의 지도가 필요했다. 시호테 알린 산맥에 대한 정확한 정보와 교통로가 되는 고개, 사람이 살 수 있는 곳, 길을 낼 수 있는 곳, 원주민들이 사는 장소와 인구 수, 습관과 사상 등 모든 것에 대한 정보가 필요했다. 뿐만 아니라 식물상과 동물상, 방호참을 파기 쉬운 편한 장소 등도 조사에 포함되었다. 그는 연해주에서 수집한 정보로 평범한 군인장교가 아니라 만물박사로서 학자로 통하게 되었다.

아르세니에프는 우수리스크 지역에서 30년간 살면서 거의 모든 분야의 정보를 수집하게 된다. 1906년에는 러시아 지질학회의 아무르 지역분소의 과업으로써 시호테 알린 산맥의 연구를 위해서 탐험대를 구성하게 된다. 시호테 알린 산맥과 올가 만에서 해안선을 따라 올라가서 우수리와 볼샤야 우수르카(Большая Уссурка, Bolshaya Ussurka) 강의 상류까지를

에 적어 두었다. 영화 '데르수 우잘라'는 이 내용을 일본인 영화감독 구로사와 아키라(黑澤明)가 영화한 것이다. 당시 소련에서 자본을 지원하고 소련 배우가 출현했기에 소련영화로 알려져 있다.
소설 데르수 우잘라는 한국어로도 번역되어 있다. 영어책이 아닌 노역한 것이다.
6)   역자 주. 연해주는 1860년 북경조약으로 연해주가 러시아로 편입되었다.

조사하는 것이었다. 이 내용은 그의 첫 번째 탐험기에 잘 기록되어 있다. '우수리스크 시 스마코프카(Шмаковка, Shmakovka) 역에서부터 출발해서 우수리(Уссури, Ussuri) 강, 울라헤(Улахе, Ulakhe) 푸드진(Фудзина, Fudjina)(현재명: 파블로프카) 강을 따라서 시호테 알린 산맥을 지나서 아브바쿠모프카(Аввакумовка, Avvakumovka) 강까지이다. 북쪽 올가(Ольга, Olga) 만 쪽이다. 그리고 북위 45°에 위치한 테르네이(Терней, Terney) 항구에서 부터 다시 산호베(Санхобе, Sanhobe) 강을 따라서 시호테-알린 산맥을 넘어서, 이만 강을 따라 이 역까지 다시 오는 것이 그 계획이다[7]'고 기술되었다.

많은 성지 중에서 시호테-알린 산맥의 푸드진 고개에서 타투수(Тадушу, Tadushu)(현재명: 제르칼나야 강)까지의 조사된 성지들은 지금까지도 어떤 것과도 비교할 수 없을 만큼 정확하게 조사된 것들이라고 할 수 있다.

그의 세 번째 탐험기의 내용은 아주 흥미롭다. 이오드지헤(Иодзыхе, Iodzykhe) 강(현재명: 드지기토프카Джигитовка, Dzigitovka 강)에서 아주 이상한 토성을 보았는데, 여기에서 뻗은 길은 산호베까지 이르고 있다.[8] 다음해 그는 시호테 알린 산맥의 중부지역 및 연해주 영동지역을 계속 조사하였다. 1907년 답사에서는 린드(Рынд, Rynd) 만에서 해안가를 따라서 북쪽으로 나흐타후(Нахтаху, Nakhtakh) 강까지, 그리고 쿠수쿠(Кусуку, Kusuku) 강을 따라서 시호테 알린 산맥을 넘어서 비킨 강까지 조사하였다.

그 결과 아무르 강 하류의 티르스키(Тырск, Tyrk) 절벽까지 유적들이 계속 발견되었다. 올가 해안에는 유적이 산재했는데 남쪽으로는 유적이 많

---

7) Арсеньев В.К. Путевой дневник № 1, 1906 // Архив ПФРГО-ОИА К. Ф. 14, оп 1, д. 1, л. 1.
8) Арсеньев В.К. Путевой дневник № 3. С. 291-397. — Маршрут 1906 г. // Архив ОИАК-РГО. Оп. 1, д. 8.

제1장 러시아 연해주 발해 · 여진시대의 성(城)연구사 — 49

고, 북쪽으로는 드문 편이다. 소수노프(Сосунов, Sosunov) 절벽 근처에서 유적이 더 이상 확인되지 않는다(아르세니에프 1927).

1908~1910년까지 아르세니에프는 19개월 동안 가장 힘든 조사를 단행하게 되는데, 시호테 알린 산맥의 북쪽 지역을 조사하는 것이었다. 이 조사구역에는 테튜헤 강의 북쪽, 이오드지헤, 시치(Сицы, Sitsy)(현재명: 세레브랸카Серебрянка, Serebryanka) 강, 콜룸베(Колумбе, Kolumbe)(현재명: 페세르나야Пещерная, Peshchernaya), 암구(Амгу, Amgu), 소욘(Соён)(현재명: 지보피스나야Живописная, Zhivopisnaya), 쿠즈네쵸바(Кузнецова, Kuznetsova), 샤오 케마(현재명: 말라야 케마Малая Кема, Malaya Kema), 타케마(Такема)(현재명: Кема, Kema), 사마르가(Самарга) 강 등이 포함되었다. 아르세니에프는 강에서 몇 개의 성들을 발견하였고, 그 곳으로 가는 길과, 그곳으로 넘어가는 고개, 고대에서부터 이용되었던 길 등을 조사했다(그림 8).

1911~1912년 아르세니에프는 우수리스크 타이가 지역을 탐험하면서 고대 유적 연구를 완성해서 그 유적에 대한 자세한 설명을 남기기로 결심한다. 그는 '이러한 유적들이 곧 파손될 것이다. 빨리 서둘러야 한다. 비록 허술한 유적의 평면도라도, 하나도 남아 있지 않은 것보다는 훨씬 나을 것이다'고 자신의 결심을 밝혔다.

탐험기록에는 많은 성의 입지와 그 특징들을 기록해 두었는데, 이들 중 많은 유적은 그의 기록에만 남아 있다. 이미 성들이 파괴되거나 거의 남아 있지 않아서, 오늘날 연해주 북동지역의 타이가 삼림지대에서 찾기 힘든 것이 많다.

아르세니에프는 극동을 12번 조사탐험한 유일한 학자로서 시호테 알린 산맥을 25번 올랐던 것으로 알려져 있다. 또한 그는 우수리 지역의 전체 영역을 거의 모두 조사했다. 매우 열악한 조사조건이었지만, 사진을 찍고, 평면도를 작성하고, 유적의 크기를 재고 기록하였는데, 모두 128개의 유적이고, 그 중에서 수십 기의 성이 포함되었다. 베뉴코프

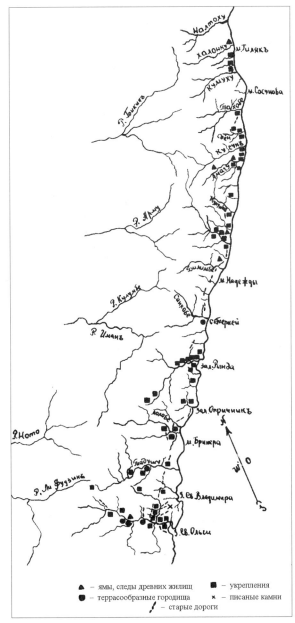

▲ – ямы, следы древних жилищ   ■ – укрепления
● – террасообразные городища   × – писаные камни
╱ – старые дороги

그림 8. 연해주 동북지방의 성곽의 위치도,
1908~1909년까지 아르세니에프가 작성함

스코예, 소프카 류브비(Сопка Любви, Sopka Lyubvi), 예디킨스코예(Единкинское, Edinkinskoe), 쿠즈네쵸프스코예(Кузнецовское, Kuznetsovskoye), 드지기토프스코예(Джигитовское, Djigitovskoe), 쿠날레이스코예(Куналейское, Kunaleyskoye), 우스티-소볼레프스코예(Усть-Соболевское, Ust'-Sobolevskoye), 브루실로프스코예(Брусиловское, Brusilovskoe), 부르리보예, 소욘스코예(Соёнское, Soyonskoye), 리스벤노예(Лиственное, Listvennoye), 말라야 케마, 켐스코예-돌리노예(Кемское-Долинное, Kemskoye-Dolinnoye), 켐스코예-스칼리스토예(Кемское-Скалистое, Kemskoye-Skalistoye), 페셰르노예(Пещерное, peshchernoe) 성 등이 모두 지도에 표시되었다[9](아르세니에프 1912, 1927). 하지만 그는 자신이 발견한 것이 우스리스크 지역의 고대 유적의 겨우 10분의 1 정도라고 평가하였다.

1916년 아르세니에프는 하얼빈에서 개최된 러시아 동방학자 학술대회에서 연해주 고대유적에 대해서 발표했다. 연해주의 유적을 모두 10개 유형으로 분류하였는데, 그 중에서 다음 4개의 유형이 본 연구와 관련된 것이다.

1. 12~13세기의 성지로 만주인과 원주민의 전쟁 시 축조된 것
2. 12~13세기 산지성과 평지성
3. 고대도로
4. 경계를 표시하는 장성(아르세니에프 1947)
물론 당연히 후대연구에 유적에 대한 연대 및 유적 유형화에 대한 내용은

---

9) Сведения об экспедиции капитана Арсеньева (Вл.Кл.). (Путешествия по Уссурийскому краю 1900-1910 гг.). Из отчетов, сообщений, сделанных г. Арсеньевым в заседаниях гг. членов Отдела // ЗПОИРГО. Т. 8. Вып. 2. Хабаровск, 1912. С. 36.

수정되었다. 하지만 유적에 대한 지형학적인 입지나 위치는 거의 아직까지도 인용되고 있고, 장성이라 불리는 용어도 그대로 사용되고 있다.

아르세니에프는 연해주 지역 선사시대부터 여진시대까지 고고학 유적을 시대구분 하였다. 선사시대는 8~12세기까지, 발해는 14세기까지, 여진제국은 19세기까지 각 문명의 쇠퇴기로 편년된다. 그는 '이러한 나의 짧은 이야기가 좋은 연구라고는 생각하지 않고, 아마도 전체 역사연구에서는 거의 없어질 지도 모른다. 이것은 미래의 역사-고고학자들의 연구를 위한 하나의 밑바탕 정도이다'(아르세네프 1912)라고 스스로를 평가하고 죽음을 맞이하였다.

아르세니에프가 죽은 후에 그가 남긴 고고학 유물과 그림들은 그의 아내 마르가리타 니콜예예프노바(Маргарита Николаевнова, Margarita Nikolaevnova)가 동방학연구소(레닌그라드 소재)로 전달하였다. 그 뒤에 우연하게 아르세니에프의 연구물을 받았다는 카자케비차(З. Казакев ича, Z. Kazakevicha)의 메모를 발견하였다. 그러나 1937년 카자케비차는 남편을 죽이고 자신은 카자흐스탄에서 1940년에 죽었다고 알려지고, 업적물은 행방불명 되었다(댜코프 · 사크마로프 1996).

1913~1916년까지 우수리스크 지역에 있는 고대 성들은 현대식 건축물이 들어서면서 아주 심하게 파손되기 시작하였는데, 학교 선생님인 페드로프(А.З. Федоров, A.Z. Fedorov)가 이들을 연구하기 시작하였다(그림 9).

그림 9. 알렉산드리 지노비예비치 페드로프

그는 크라스노야르스코예 성 뿐만 아니라 수분하 강 유역의 고대 유적인 니콜스크-우수리스크 시의 일부분 등도 연구하였다. 그는 아주 정밀하게 발굴도 했는데 그 결과물이 잘 남아 있다. 건물의 초석, 고대 도로와 방어 시설물에 대한 연구가 모두 공간되었고, 1916년에는 고고학 유적 지도도 발표하였다. 팜플렛은 『О памятниках старины в Никольске-Усс урийском и его окрестностях』으로, 니콜스크-우수리스크 시의 성 유적과 그 외 유적이다(페드로프 1916).

페드로프는 크라스노야르스코예 성지의 다층위 유적[10]을 처음 연구했고, 아래층은 발해 문화와 관련이 있다고 판단하였다. 이 성지는 우수리스크 시내에 위치해서 현재는 완전히 파손되었지만, 발해 솔빈부의 중심부로 여겨졌다. 상층은 여진의 것으로 발해성 위에 재건축한 것으로 보았다(그림 10).

연해주 고대 성지 연구에 있어서 아주 큰 기여를 한 또 한 사람은 하르라모프(Н.Г. Харламов, N.G. Kharlamov)이다. 그는 1928년 극동지역 유적 답사기를 작성하였는데, 모두 27개의 유적이 기술되었고, 19기의 성터와 도로를 포함한다. 수술로바(Суслова, Suslova) 반도에 위치한 해자가 있는 성은 토성 유적인데 남색 기와가 깨어진 채로 확인되었다. 훈춘 강의 좌안 지류인 세디미 강(Седим)을 따라서 고대 도로, 스코토보(Шкотово, Shkotovo) 지구의 노보네지노(Новонежино, Novonezhino) 성, 유드존네(Юдзоне, Yudzone) 강의 성, 드지기트(Джигит, Djigit) 항구, 니콜라예프카 마을의 성(수찬스키-파르티잔스크 지구), 올가 만과 가까운 쵸르토비 절벽 위의 성, 테튜헤 강에 있는 블리디미로-모노마호보(Владимиро-Мономахово, Vladimiro-Monomakhovo) 마을의 성지, 테튜헤 강의 하류에서 북서쪽으로 있는

---

10) 역자 주. 여러 시기에 걸친 유적을 일컬음.

그림 10. 니콜라예프카-우수리스크 지역의 고대유적, 1885년 페드로프에 의해서 작성됨

성지, 해안에서 약 64km 떨어진 타케마 강의 성지, 암구 강의 성지, 토호베(Toxобе, Tokhobe) 강 하류의 해안가 성지, 추구예프카(Чугуевка, Chuguevka) 마을에서 가까운 우란헤 강의 성지, 스마코프 지구의 마리야노프카(Марьяновка, Mar'yanovka) 마을에서 가까운 성, 스마코프 지구의 벨초보(Бельцово, Beltsovo) 마을의 성지, 이바노프(Иванов, Ivanov) 지구의 페트로파블로프스크(Петропавловск, Petropavlovsk) 마을에서 약 5.4km 떨어진 성, 스파스크 지구의 젠코프카(Зеньковка, Zenkovka) 마을의 성, 이만 강에서 약 3.201km 떨어진 성, 이만 강에서 약 61km 떨어진 곳에 성지가 있다.[11]

연해주 중세시대 성 연구의 두 번째 향토사학자들에 의한 연구에서 가장 큰 업적을 남긴 연구는 아르세니에프와 페드로프의 연구이다. 이 기간에는 대부분 연해주 유적에 대한 상세한 설명 뿐만 아니라 이 유적들의 문화적 특징 및 민족학적 특징과 문제점 등도 지적되었다. 또한 각 성지들의 연대와 축조 목적, 건축의 전통, 유형 분류, 유적의 지리적 특징과 입지, 성지의 행정적인 용도, 도로 등 극동 고대사와 중세사의 성지들에 대한 전반적인 연구가 이루어진 시기라고 할 수 있다.

세 번째 단계-전문적인 연구 단계가 시작된 시점이다. 1953년부터 고고학자인 오클라드니코프(А.П. Окладников, A.P. Okladnikov)(1908~1981)(그림 11)가 극동을 연구하기 시작했다. 이때는 극동고고학 발굴대가 편성되고, 연해주와 아무르 지역의 학문적인 연구가 체계적으로 시작될 때이다.

그는 문서아카이브에 보관된 모든 자료들을 자세하게 분석하였다. 마아카(Maaka, Maaka)와 베뉴코프의 탐험으로 찾은 유적들, 파랄라디 신

---

11) Харламов Н.Г. Раскопки Н.Г. Харламова в Дальне-Восточном крае. Отчет-дневник о работах 1928 г., опись материалов и карта // Архив ИИМК РАН. Ф. 2, архив 135 за 1929 г.

부의 발견, 부세와 크로포트킨의 유적 연구, 페드로프의 발굴, 아르세네프의 업적, 스테른베르그(Штернберг, Sternberg)와 시로코고로프(Широкогоров, Shirokogorov)가 남긴 고고학 유적 등에 대한 정보는 하나도 놓치지 않으려고 하였다.

뿐만 아니라 지역 주민이 알려주는 정보도 활용했다. 1959년 모든 연구들의 총체

그림 11. 알렉세이 파블로비치 오클라드니코프

『Далекое прошлое Приморья(머나먼 연해주의 과거)』가 출간되었는데, 아직까지도 인용되는 책이다. 특히 이 책에서 오클라드니코프는 러시아 동방학자들이 남긴 역사기록을 바탕으로 고고학 유적과 유물을 역사적 사건에 대입하려고 했던 것이 큰 업적으로 여겨진다.

그 결과 극동의 중세시대[12] 유적은 중국의 역사적 기록과 왕조의 연대와 상응한다는 결론을 내렸다. 오클라드니코프는 문헌에서 확인된 사실을 고고학적인 연대와 비교해서 발굴조사 하였다. 뿐만 아니라 고고학적인 분석을 바탕으로 말갈, 발해, 여진의 문화를 고고문화로 구분하였으며, 현재의 연구자들도 오클라드니코프가 분리한 고고문화를 바탕으로 연구하고 있다. 선사시대부터 논의 된 퉁구스-만주족의 민족학적 특징 등 여러 가지 그

---

12) 역자 주. 말갈시기 및 발해~여진.

가 논의한 문제들이 아직까지도 활발하게 연구되고 있는 중이다.

오클라드니코프는 아주 드문 인물이다. 그는 유라시아의 고고학과 민속학적 유물들을 완벽하게 인지했고, 거대 담론으로 역사를 연구했다. 그리고 학문적 사실을 분석해서 재빨리 결과물로 내어놓았으며, 엄청난 직관력으로 고고학 유적을 찾았다. 그는 극동 고고학 분야에서 고대에 대한 새로운 논점을 이끌어 낼 수 있었고, 유능한 젊은 학자로 러시아 전역에 이름을 알렸다.

그리고 연해주 중세시대 연구에 있어서 아주 중요한 인물이 비타리 예피파노비치 라리체프(Витали Епифанович Ларичев, Vitali Epifanovich Larichev)이다. 오클라드니코프와 함께 파랄라디 신부의 일기장에 따라서 고고학 유적조사를 함께 했으며, 유능한 학자로서 연해주 중세시대사의 조각들을 하나하나 이어나가는 거장이었다(라리체프 1961).

오클라드니코프가 이끄는 극동 고고학 발굴대는 아주 짧은 기간 동안 한반도의 동북부 해안과 블라디보스톡 사이의 지역들을 연구하였다. 그 지역은 포시에트 항구에서부터 수분하 강의 하류까지, 마이헤(Майхэ, Mayhae) 강과 테튜헤(Тетюхе, Tetyuhe) 만, 나호드카(Находка, Nakhodka) 시, 아르톰(Артем, Artem) 시 근처였다(라리체프 1960). 이미 알려진 성 뿐만 아니라 새로운 것도 발견하였다.

오클라드니코프는 현장에서 30년간을 연구했는데, 연해주의 성들도 많이 포함된다. 크라스노야르프스코예, 유즈노-우수리스크, 자파드노-우수리스크, 보구슬라프스크, 루다노프스코예(Рудановское, Rudanovskoye), 프레제발스키 성, 콕샤로프스카-1,2,3, 추구예프스카, 고르느이 후토르(Горный Хутор, Gornyy Khutor), 이즈베스토프카, 스몰야니노프카(Смоляниновка, Smolyaninovka), 고르바트카(Горбатка, Gorbatka), 고르노레첸스코예(Горнореченское, Gornorechenskoe)-1, 2, 노보러시아(Новороссия, Novorossiya)

등이 알려져 있다. 이러한 유적의 지리학적 입지, 존재시기, 문화 및 국가, 존재한 시기, 역사적 맥락 등을 연구하였다.[13]

오클라드니코프는 특히 우수리스크 지역의 성들을 심도 깊게 연구하였는데, 1953년부터 자파드노-우수리스크, 유즈노-우수리스크 성, 크라스노야르프스코예 성 등을 보로비요프(М.В. Воробьев, M.V. Vorob'yev), 자벨리나(Н.Н.Забелина, N.N. Zabelina), 라리체프(В.Е. Ларичев, V.E. Larichev), 샤프쿠노프(Э.В. Шавкунов, E.V. Shavkunov)(1930~2001) 등과 함께 참가하였다(그림 12).

1960년에 보로비요프는 크라스코야르스코예 성의 사원 금당지(6번 건물지)를 조사해서, 유적은 단층위 유적으로 11~12세기 여진 문화의 것으로 보았다.[14] 나중

그림 12. 에른스트 블라디미로비치 샤프쿠노프

13) Окладников А.П. Археологические исследования на Дальнем Во стоке в 1953 г. // Архив ИА РАН. № 830; он же. Отчет о работе Д ВАЭ летом 1954 г. № 1029; он же. Отчет об археологическом исс ледовании Приморского края летом 1955 г. № 1189; он же. Отчет о работах ДВАЭ в 1956 г. № 1325; он же. Отчет об археологическ их исследованиях на Дальнем Востоке в 1957 г. № 1614; он же. О тчет об археологических раскопках ДВАЭ на Дальнем Востоке в 1958 г. № 1808; он же. Отчет о работах ДВАЭ в 1960 г. № 2120.

14) Воробьев М.В. Отчет о раскопках средневековой крепости на Кр аснояровской сопке у г. Ус- сурийска Приморского края в 1960 г.

에 그는 러시아동방학자 가운데서 가장 위대한 학자로 추앙받았는데, 극동 중세사 연구의 기초를 만든 학자로 업적을 평가 받았다. 그는 고고학적 사실과 기록에 남아 있던 역사적 사실을 대입했을 뿐만 아니라 아르세니에프의 연구에 기초해서 산지성과 평지성에 대해서도 많이 연구하였다(보로비요프 1975).

1955년 레닌그라드(Ленинград, Leningrad) 대학교[15]의 동방학과를 졸업 후에 오클라드니코프 밑에서 고고학을 연구하고자 한 학자가 있는데, 그의 이름은 샤프쿠노프로 발해사 연구에 큰 족적을 남겼다. 연구를 위해서 블라디보스톡에 소재한 소련과학아카데미 시베리아 분소 극동지부의 역사연구실에서 연구를 시작하면서 후에 자신의 제자들이 된 극동대학교의 역사학과 학생을 직접 가르쳤다.

이 젊은 역사학자는 특히 발해와 여진의 유적들에 관심을 많이 기울렸다. 특히 나중에 밝혀졌지만 여진문화를 동하국(1217~1234)의 샤이긴스코예(Шайгинское, Shaiginskoye) 성을 30년 동안 연구했다. 샤프쿠노프는 부세, 페드로프, 오클라드니코프 등이 조사한 우수리스크 지역의 성 유적을 계속 조사했다. 1960~1970년대 그와 함께 이러한 성지를 조사한 레니코프(В.Д. Леньков, V.D. Lenkov), 세메니첸코(Л.Е. Семениченко, L.E. Semenichenko), 호레프(В.А. Хорев, V.A. Horev), 볼딘(В.И. Болдин, V.I. Boldin), 갈락티오노프(О.С. Галактионов, O.S. Galaktionov)는 그의 제자로 후에 연해주의 대표적인 성 연구자로 성장했다. 이들이 조사한 성 유적은 노보고르데예프카(Новогордеевка, Novogordeyevka), 오를로프코예(Орловское, Orlovskoe), 스토고프스코예(Стоговское, Stogovskoe), 시클랴예프

// Архив ИА РАН. Р-1. № 2159.

15) 역자 주. 현재 상트페테르부르크 대학.

카(Шкляевское, Shklyayevskoye), 마리야노프스코예, 유르코프스코예(Юрковское, Yurkovskoye), 노보포크로프스코예(Новопокровское, Novopokrovskoye)-2, 라조스코예, 예카테리노프스코예, 니콜라예프스코예, 마이스카(Майска, Maiska), 크라스키노(Краскино, Kraskino), 콕샤로프카-1,3, 프라호트뉴킨스카(Плахотнюкинска, Plahotniukinska), 두보바야 소프카, 노보네진스카, 스몰랴닌노프스코예(Смоляниновское, Smolyaninovskoye), 스테클뉴하-1 등이다. 여진 고고학연구에 초석을 다졌다고 할 수 있다.[16]

----

16) Шавкунов Э.В. Отчет о результатах полевых исследований на территории Приморского края за период 1955-1956 гг. // Архив ИА РАН. Р-1, № 1316; он же. Отчет о результатах археологических исследований в 1958 г. № 1719; он же. Отчет о результатах археологических исследований в 1959 г. № 1877; он же. Отчет о результатах полевых археологических исследований в 1960 г. № 2230; он же. Отчет о полевых археологических исследованиях в долине р. Партизанской в 1962 г. № 2581; он же. Отчет об археологических исследованиях на юге Приморского края в 1963 г. № 2678; он же. Отчет об археологических раскопках на территории Шайгинского городища в 1964 г. № 2848; он же. Об археологических исследованиях на территории Приморского края в 1965 г. № 3050; он же. Об археологических исследованиях на территории Приморского края за 1966 г. № 3243; Шавкунов Э.В., Леньков В.Д. Об археологических исследованиях на территории Приморского края я в 1967 г. // Архив ИА РАН. Р-1, № 3444; они же. Об археологических исследованиях на территории Приморского края в 1968 г. № 3652; они же. Отчет об археологических исследованиях на территории Приморского и Хабаровского краев в 1969 г. № 3950; они же. Отчет об археологических экспедициях на территории Приморского края в 1970 г. № 4101; Шавкунов Э.В. Отчет о полевых исследованиях на территории Приморского и Хабаровского краев в 1972 г. // Архив ИА РАН. Р-1, № 4785; он же. Археологические исследования на Шайгинском городище в Приморском крае в

그림 13. 갈랄드 이바노비치 안드레예프

1950년대 중반부터 1960년대 까지 극동고고학 발굴은 해안가 조사를 많이 하게 되었는데, 그 중에서 괄목할 만한 신진 연구자 가랄드 이바노비치 안드레예프(Гаральд Иванович Андреев, Garald Ivanovich Andreev) (1926~1970)였다. 그는 위대한 시베리아 고고학자 키셀료프(С.В. Киселев, S.V. Kiselev)의 제자로, 모스크바대학 고고학 학교를 졸업하였다 (그림 13).

하지만 그의 운명은 비극적이었다. 그는 연해주와 시베리아 고고학을 연결하려고 했지만, 갑작스런 죽음으로 인해서 완성시키지는 못했다. 그의 죽음은 지금까지도 극동고고학자들이 안타까워한다. 그는 연해주의 선사시대를 주로 연구하였지만, 새로운 성을 발견하기도 하였고, 기존의 알려진 성도 재조사 하였다. 소콜치(Сокольчи) 마을의 서쪽에 있는 성벽, 체

1985 г. № 11131; Шавкунов Э.В., Леньков В.Д. Отчет об археологических исследованиях на Шайгинском городище в Партизанском районе Приморского края в 1990 г. // Архив ИИАЭ ДВО РАН. Ф. 1, оп. 2, № 103; они же. Отчет об археологических исследованиях на Шайгинском городище в Партизанском районе Приморского края в 1991 г. Ф. 1, оп. 2, № 110; они же. Итоги археологических исследований на Шайгинском городище в Партизанском районе в 1992 г. Ф. 1, оп. 2, № 113.

르노루치야(Черноручья) 마을의 성벽, 바튜키, 키시네프스코예(Киши
невское, Kishinevskoye), 라조프스코예, 브루실로프스코예(Бруси
ловское, Brusilovskoye), 크라스키노 등을 조사하였다.[17]

오클라드니코프의 발굴대와 동시기에 안드레예바[18]는 연해주의 여러 유
적을 조사하였다. 1961년에 대학원 과정을 마치고 그녀는 블라디보스톡에
위치한 소련 과학원 시베리아분소 역사분소[19]로 왔다. 그 뒤 몇 번의 여름
발굴을 마치고 그녀는 연해주 남부와 동부의 지표조사를 가게 되었는데,
다층위 유적들을 많이 찾았다. 그 중에서는 제르칼나야 마을에 있는 성, 카
미쇼브이(Камышовой, Kamyshovoy) 마을에서 북서쪽에 위치한 성,
우수리 강의 좌안 이즈비린카(Извилинка, Izvilinka) 마을에 위치한
성, 베르흐냐 브레프카(Верхняя Бреевка, Verkhnyaya Breyevka)
마을 아래 2km 떨어진 성, 사마르카 마을에서 북동쪽으로 1km 떨어진 곳
에 있는 성벽, 플라호트뉴킨스카 성 등도 조사하였다.[20]

---

17) Андреев Г.И. Отчет о результатах разведок, произведенных П
рибрежным отрядом ДВАЭ на побережье залива Петра Великого
в 1955 г. // Архив ИА РАН. Р-1, № 1440; Андреев Г.И., Андреева
Ж.В. Отчет об археологических исследованиях в Лазовском, Ол
ьгинском и Хасанском районах Приморского края в 1958 г. // Арх
ив ИА РАН. Р-1, № 1777; они же. Отчет об археологических иссл
едованиях в Лазовском, Ольгинском и Хасанском районах Примо
рского края, произведенных Прибрежным отрядом ДВАЭ в 1959
г. № 1923; Андреев Г.И. Отчет о работах в Приморье Прибрежно
го отряда ДВАЭ в 1960 г. // Архив ИА РАН. Р-1, № 2074.
18) 역자 주. 안드레예프의 아내.
19) 역자 주. 러시아과학아카데미 극동분소 역사·고고·민속학 연구소.
20) Андреева Ж.В. Отчет о разведках в Чугуевском и Кавалеровско
м районах Приморского края в 1961 г. // Архив ИА РАН. Р-1, №
2391; она же. Отчет об археологических работах в Восточном Пр
иморье в 1962 г. № 2492.

1960년대 말 가르코빅(А.В. Гарковик, A.V. Garkovik)은 그녀의 스승인 안드레예프와 안드레예바(Ж.В. Андреев, J.V. Andreeva)와 함께 크라스노아르메이스키(Красноармейск, Krasnoarmeysk) 지구의 두브로프카(Дубровка, Dubrovka) 마을에 있는 성지를 조사하였다.[21]

1960년대 말에서 1990년대 초에는 비탈리이 드미트레비치 레니코프(Виталий Дмитриевич Леньков, Vitaliy Dmitriyevich Len'kov) (1938~1995)는 아주 열정적으로 유적을 조사하였다(그림 14). 일찍이 안드레예프는 라조프스코예와 키시네프스코예 성을 발견하고, 이를 조사해서 유적의 절대연대와 문화적 특징들을 밝혔다. 레니코프도 프라호트뉴킨스카, 예카테리노프스코예, 스칼리토예(Скалистое, Skalistoye) 성 등을 조사했는데, 특히 중세고고학의 금속유물을 전공하던 유일한 전문가였다.[22]

그림 14. 비탈리이 드미트레비치 레니코프

21) Гарковик А.В. Отчет об археологических разведках в Красноармейском и Иманском районах Приморского края в 1997 г. // Архив ИА РАН. Р-1, № 3592.
22) Шавкунов Э.В., Леньков В.Д. Об археологических исследованиях на территории Приморского края в 1967 г. // Архив ИА РАН. Р-1, № 3444; они же. Об археологических исследованиях на территории Приморского края в 1968 г. № 3652; они же. Отчет об архео

1970년대 초반 세메니첸코(Л.Е. Семениченко, L.E. Semenichenko)는 그의 스승 샤프쿠노프와 함께 발해의 유적들을 연구하기 시작하였다. 그들은 노보고르데예프스코예 성 유적이 여러 시기에 걸친 다층위 유적임을 밝혔고 스타로레첸스코예(Старореченское, Starorechenskoye) 성을 조사하였다. 1970년대 중반부터 볼딘과 이블리예프는 크라스키노 발해성지를 연구하기 시작했다. 또한 노보고르데예스코예 성, 미하일로프카 지구의 니콜라예프스코예(Николаевское-1,2, Nikolaevskoye-1,2) 다층위 유적을 발굴하였는데, 유적에서 리도프카 문화, 말갈 문화, 발해 문화와 연해주 여진 문화 등을 구분하였다(볼딘·댜코바·시도렌코 1998, 볼딘·이블리예프 2002).

여진의 고고학 연구에 있어서 호레프(В.А. Хорев, V.A. Khorev) 연구도 빼 놓을 수 없다. 크라스노야르프스코예 성, 아나니예프스코예(Ананьевское, Anan'yevskoye) 성을 조사하였고 동료들과 함께 라조프스코예, 올긴스코예(Ольгинское, Olginskoye) 크라쵸보, 구시예프스코예(Гусевское, Gusevskoye), 비소코예(Высокое, Vysokoye), 스테클누하-2 성을 조사하였다.[23]

логических исследованиях на территории Приморского и Хабаровского краев в 1969 г. № 3950; они же. Отчет об археологических экспедициях на территории Приморского края в 1970 г. № 4101; они же. Отчет об археологических исследованиях на Шайгинском ом городище в Партизанском районе Приморского края в 1990 г. // Архив ИИАЭ ДВО РАН. Ф. 1, оп. 2, № 103; они же. Отчет об археологических исследованиях на Шайгинском городище в Партизанском районе Приморского края в 1991 г. Ф. 1, оп. 2, № 110; он и же. Итоги археологических исследований на Шайгинском городище в Партизанском районе в 1992 г. Ф. 1, оп. 2, № 113.

23) Хорев В.А. Отчет об археологической разведке в Лазовском, Ольгинском, Михайловском и Октябрьском районах Приморского края в 1975 г. // Архив ИА РАН. Р-1, № 5738; он же. Отчет об архе

1973년부터 노보시베르스크 국립대학을 졸업한 댜코프와 댜코바(O.B. Дьякова, O.V. D'yakova)가 연해주 동북지역의 성조사를 시작하였다. 1973년 달네고르스키(Дальнегорский, Dal'negorskiy)와 테르네이스키(Тернейский, Terneyski) 지구의 체렘샤니, 클류치 성지, 쿠날레이스코예, 드지기토프스코예, 모노마호프스코예 성 및 청동기시대 층도 확인되는 케드로프스코예 토성도 포함된다. 그 이듬해 암구 마을 부근의 소프카 류브비 성을 조사하였다. 아래층은 청동기시대의 리도프카 문화, 상층에서는 연해주의 여진시대 문화가 확인되었다. 또한 쿠댜 성지에서는 리도프카 문화가 확인되었다.[24] 1990년대 댜코프는 연해주의 서쪽을 조사하게 되는데, 그 곳에서 노보러시야, 포그라니치노예-1(Пограничное-1, Pogranichnoye-1), 보구슬라프스코예-1 유적 등 3개의 성지를 조사였다.[25]

1993년에는 아무르-연해주 고고학발굴단이 연해주 동북에 위치한 선사시대부터 성유적을 조사할 목적으로 구성되었다. 댜코프와 댜코바는 청동기시대의 토성 유적인 미스 스트라시느이(Мыс Страшный, Mys

ологических исследованиях на Краснояровском и Ананьевском городищах в Приморском крае в 1983 г. № 10005.

24) Дьякова О.В. Итоги весенней археологической разведки 1973 года по изысканию памятников железного века в Дальнегорском и Тернейском районах Приморского края // Архив ИА РАН. Р-1, № 4984; Дьяков В.И., Дьякова О.В. Археологические исследования 1974 г. в Дальнегорском, Тернейском районах Приморского края и Хабаровском (сельском) районе Хабаровского края // Архив ИА РАН. Р-1, № 5274; Дьякова О.В. Работы Амуро-Приморской археологической экспедиции в 2001 г. // Архив ИА РАН. Р-1, № 24910.

25) Дьяков В.И. Археологические поисковые работы в Пограничном районе Приморского края // Архив ИА РАН. Р-1, № 15231.

Strashnyy), 두브로빈스코예(Дубровинское, Dubrovinskoye), 우
툐스노예(Утесное, Utesnoye), 켐스코예-스칼리스토예, 소욘스코예,
우스티-제르칼노예(Усть-Зеркальное, Ust'-Zerkal'noye) 등 기원
전 10세기경의 성을 발견했다. 그리고 말갈 시기인 쿠즈네쵸프스코예, 미
스 테플리이, 우스티-소볼레프스코예 유적, 발해 유적인 에스톤카, 크라스
노예 오제로, 드지기토프스코예, 고르노레첸스코예-2, 예딘킨스코예 유적
등이 있다. 여진시기의 쿠날레이스코예-시바이고우, 소프카 류브비, 포드
네베스노예(Поднебесное, Podnebesnoye) 유적 등이 있다. 뿐만 아
니라 석성 유적으로 자볼레첸나야(Заболоченная, Zabolochennaya),
스미르코프 클류치(Шмырков Ключ, Shmyrkov Klyuch), 바시코프
스코예(Васьковское, Vaskovskoye), 클류치 성 등이 있다.[26]

26) Дьякова О.В. Итоги весенней археологической разведки 1973 г
ода по изысканию памятников железного века в Дальнегорском
и Тернейском районах Приморского края // Архив ИА РАН. Р-1,
№ 4984; Дьяков В.И., Дьякова О.В. Археологические исследован
ия 1974 г. в Дальнегорском, Тернейском районах Приморского к
рая и Хабаровском (сельском) районе Хабаровского края // Архив
ИА РАН. Р-1, № 5274; Дьякова О.В. Отчет об исследованиях Аму
ро-Приморской археологической экспедиции на Куналейском го
родище в 2000 г. // Архив ИИАЭНДВ. Ф. 2, оп. 1, д. 486, л. 208;
она же. Работы Амуро-Приморской археологической экспедици
и 2001 года. Ф. 2, оп. 1, д. 487; она же. Отчет об исследованиях
Амуро-Приморской археологической экспедиции на Куналейско
м городище в 2000 г. Ф. 2, оп. 1, д. 486, л. 208; она же. Работы А
муро-Приморской археологической экспедиции 2001 года. Ф. 2,
оп. 1, д. 487; она же. Отчет о работах Амуро-Приморской археол
огической экспедиции в 2002 г. на городищах Куналейское, Кра
сное озеро и разведочных работ в Кавалеровском, Дальнегорс
ком и Тернейском районах Приморского края. Ф. 2, оп. 1, д. 557;
она же. Отчет о работах Амуро-Приморской археологической эк
спедиции в 2003 г. на городище Сибайгоу и разведочных работ

이블리예프(А.Л. Ивлиев, A.L. Ivliev)는 마이스코예(Майс
кое, Mayskoe) 성을 3년 여름동안 발굴 한 뒤에 여진성이 아닌 거
란성으로 편년했고,[27] 노보셸리신스코예(Новоселищинское,
Novoselishchinskoye) 성은 말갈 문화의 것으로 보았다.[28]

1980년에는 시란티예프(Г.Л. Силантьев, G.L. Silant'yev)가 바
실리예프스코예(Васильевское, Vasil'yevskoye), 베레조프스코예(Б
ерезовское, Berezovskoye), 사도비이 클류치, 파디 시로코예 성을

ах в Кавалеровском, Ольгинском, Чугуевском и Пожарском райо
нах Приморского края. Ф. 2, оп. 1, д. 558, л. 113; она же. Отчет о
работах Амуро-Приморской археологической экспедиции в 2004
г. (Кавалеровский, Тернейский районы). Ф. 2, оп. 1, д. 573, л.
120; она же. Отчет об исследованиях Амуро-Приморской археол
огической экспедиции в Тернейском районе Приморского края в
1997 г. // Архив ИИАЭ ДВО РАН. Ф. 1, оп. 2, № 237; она же. Отче
т об исследованиях Амуро-При- морской археологической экспе
диции на Джигитовском городище в 1998 г. Ф. 1, оп. 2, № 311; о
на же. Отчет об исследованиях Амуро-Приморской археологиче
ской экспедиции на Куналейском городище в 1999 г. Ф. 1, оп. 2,
№ 327; она же. Отчет о работах Амуро-Приморской археологичес
кой экспедиции в 2005 г. в Приморском крае (Кавалеровский рай
он). Ф. 1, оп. 2, № 597; она же. Отчет об исследованиях Амуро-П
риморской археологической экспедиции в Тернейском и чугуевс
ком районах Приморского края в 2006 г. Ф. 1, оп. 2, № 611.

27) Ивлиев А.Л. Археологические исследования в Ханкайском райо
не Приморского края. 1978 // Архив ИИАЭ ДВО РАН. Ф. 1, оп. 2,
№ 32; он же. Об археологических исследованиях на Майском гор
одище в Ханкайском районе Приморского края в 1981 г. Ф. 1, оп.
2, № 57.

28) Ивлиев А.Л. Отчет об археологических исследованиях в Ханкай
ском районе Приморскогокрая в 1978 г. // Архив ИА РАН. Р-1, №
7478.

조사해서 평면도를 작성하였고, 그 중에 사도비이 클류치 성지는 발해의 성 유적으로 판단하였다.[29]

1983년과 1986년에는 샤프쿠노프가 연해주 성들을 조사하기 위해서 갈락티오노프(О.С. Галактионов, O.S. Galaktionov)와 함께 조사단을 구성하였다. 그 조사단에는 평면도를 전문적으로 작성하는 전문가가 포함되어 있었고, 많은 성지의 평면도를 작성해서, 후대를 위해서 남겨두려고 했지만 그 때 작성된 것들은 대부분 사라져 버렸다.

갈락티오노프는 아누치노 성, 아우로프카(Ауровское, Aurovskoye) 성, 오르로프스코예, 루다노프스코예, 스토고프스코예, 티그로보예(Тигровое, Tigrovoye), 로바노프스코예-1, 2(Лобановское, Lobanovskoye-1, 2), 고르노레첸스코예-2, 베뉴코프스코예(Венюковское, Venyukovskoye), 마리야노프스코예, 키릴로프스코예(Крыловское, Krylovskoye), 유르코프스코예, 사로프스코예(Саровское, Sarovskoye), 타보로프스코예(Таборовское, Taborovskoe), 바튜키, 키시네프스코예, 니콜라예프스코예-1, 2, 오트라닌스코예, 쿠날레이스코예, 드지기토프스코예, 콕샤로프카, 사라토프스코예, 두보바야 소프카, 이즈베스트코보예, 노보네진스코예, 스몰랴니노프코예(Смоляниновское, Smolyaninovskoe) 성 등을 재조사했다.[30]

1970~1990년대에는 타타르니코프(В.А. Татарников, V.A. Tatarnikov)에 의해서 새로운 성 유적이 많이 발견되고 조사되었다.

29) Силантьев Г.Л. Об археологической разведке на территории Ка валеровского, Партизанского и Шкотовского районов Приморско го края. 1980 // Архив ИИАЭ ДВО РАН. Ф. 1, оп. 2, № 83.

30) Галактионов О.С. Отчет об археологической разведке в Примор ском крае в 1983 г. // Архив ИА РАН. Р-1, № 10 177; он же. Отчет об археологических разведках на территории Приморского края в 1986 г. № 11 516.

1984년에 아르세네프카의 탐험길을 따라서 테르네이 지구의 북쪽을 조사하던 중에 아르세네프가 기록에 남겨둔 예딘카, 쿠즈네쵸프카, 우스티-소볼레프카, 테프로예, 부릴로프카, 오아시스 성들을 발견했다.[31] 1998년에는 제르칼나야 강 유역의 대형 성 유적인 시바이고우 성을 발견해서, 그 후에 유적조사를 본격적으로 할 수 있게 되었다.

향토사학자 크바신(В.Г. Квашин, V.G. Kvashin)은 아르세니에프의 기행로를 따라서 가족과 함께 답사하였다. 그는 연해주의 이미 알려진 고고학 유적들을 돌아보고 많은 성지의 평면도를 육안으로 관찰한 결과로 작성하고, 지표에서 유물들을 모았다. 우스티-벨림베, 켐스코예-스칼리스토예, 셀셀레프스코예, 소욘스코예, 우스티-페야 성들의 평면도를 작성하고, 새로운 마을 유적도 확인하였다.[32]

1980년대부터 니키틴(Ю.Г. Никитин, YU.G. Nikitin)은 러시아과학아카데미 극동분소 역사 · 고고 · 민속학 연구소 중세고고학전공실의 동료들과 함께 청동기시대의 체르냐치노-3(Чернятино, Chernyatino-3)을 포함해서, 중세시대 성지인 콘스탄틴노프카-2(Константиновка, Konstantinovka-2), 다층위 유적인 노보-게오르기예프카-3(Ново-Георгиевка, Novo-Georgievka-3), 오크라인카-2(Окраинка, Okrainka-2), 파브로프스코예-1,3, 추구예프스코예(Чугуевское, Chuguevskoe), 고르노레첸스코예-1,3 유적을 조사했다. 파르티잔 지구의 다층위 유적인 니콜라예프카 성을 조사한 결과 철기시대인 크로우노

31) Татарников В.А. Отчет об археологических исследованиях в Северо-Восточном Приморье в 1984 году // Архив ИА РАН. Р-1, № 10 559; он же. Тетюхинские чтения. Дальнегорск, 2000.

32) Квашин В.Г. Отчет об археологической разведке в Тернейском районе Приморского края летом 1992 г. // Архив ИА РАН. Р-1, № 18 262.

프카 문화, 올가-폴체 문화 및 여진 문화층 등을 알렸다.[33]

1980년대에는 극동대학교의 알렉산드로프(A.В. Александров, A.V. Aleksandrov)가 시코토프카와 스테클뉴하 강가의 유적인 스테클뉴하-1 성지, 스테클뉴하-2~4 성지, 시로타(Сирота, Sirota) 언덕의 성 등을 여러 해 조사하였다.[34]

1990년대 후반에는 아르테미예바(Н.Г. Артемьева, N.G. Artem'yeva)가 성을 아주 활발하게 발굴조사했다. 그녀는 오클라드니코프가 조사한 바 있는 크라스노야르프스코예 성, 샤프쿠노프의 뒤이은 샤이긴스코예 성, 니콜라예프카 성을 39년 동안 조사했다.[35]

1995년부터 사크마로프(С.А. Сакмаров, S.A. Sakmarov)는 연해주의 성을 조사하면서, 페드로프스코예(Федоровское, Fedorovskoye) 성을 새롭게 발견하고, 카파로프가 조사한 이후에 처음으로 라즈돌라나야 강에 남아 있는 여러 성들을 조사하였다.[36]

---

33) Никитин Ю.Г. О результатах археологических исследований в Октябрьском районе и на Николаевском городище Приморского края в 1997 г. // Архив ИА РАН. Р-1, № 21 377; Никитин Ю.Г., Болдин В.И. О результатах полевых исследований на Краскинском городище и Синельникова // Архив ИА РАН. Р-1, № 20 547.

34) Александров А.В. Отчет о разведке археологических памятников в в долинах рек Шкотовка и Стеклянуха Шкотовского района Приморского края в 1985 г. // Архив ИА РАН. Р-1, № 10 812.

35) Артемьева Н.Г., Хореев В.А. Отчет об археологических исследованиях Краснояровского городища в Уссурийском районе Приморского края в 1995 г. // Архив ИИАЭ ДВО РАН. Ф. 1, оп. 2, № 20; Артемьева Н.Г. Отчет об археологических исследованиях Шайгинского городища в Партизанском районе и Южно-Уссурийского городища в Уссурийском районе Приморского края в 2000 г. // Архив ИИАЭ ДВО РАН. Ф. 1, оп. 2, № 14.

36) Сакмаров С.А. Поисково-разведочные работы в Надеждинском р

1994년에 바실레바(Т.А. Васильева, T.A. Vasil'yeva)가 이전에 오클라드니코프가 조사한 바 있는 고르니 후토르 유적을 35년 동안 발굴했다. 총 면적 3,000㎡를 조사한 결과 이 성은 여진시기로 판단했다.[37] 1998년부터는 레니코프(В.Д. Леньков, V.D. Len'kov)가 조사한 적 있는 동하국의 예카테리노프스코예 성 유적을 발굴했다.[38]

1990년대 후반부터 극동대학교의 고고학 발굴대가 연해주의 성 조사를 활발하게 하였다. 그 중에 하나가 레소자보드(Лесозавод, Lesozavod) 지구의 라조프카(Глазовка, Glazovka) 성이다.[39] 뿐만 아니라 우수리 강 중류의 크라스니이 클류치(Красный Ключ, Krasnyy Klyuch) 성, 키릴로프스코예 성, 카리노프스코예(Калиновское, Kalinovskoye) 성 등을 조사하였다. 이들은 고금속기시대-철기시대-중세시대 등 여러 시기에 걸쳐서 축조된 것이며, 교통망과 관련돼 있다고 밝혔다.[40]

айоне Приморского края в 1995 г. // Архив ИА РАН. Р-1, № 19 316

37) Васильева Т.А. Отчет об археологических исследованиях на Гор нохуторском и Екатериновском городищах в Приморском крае в 2000 г. // Архив ИИАЭ ДВО РАН. Ф. 1, оп. 2, № 441; она же. Отч ет об археологических исследованиях на Горнохуторском и Ека териновском городищах в Приморском крае в 2001 г. Ф. 1, оп. 2, № 455; она же. Отчет об археологических исследованиях на Гор нохуторском и Екатериновском городищах в Приморском крае в 1999 г. Ф. 1, оп. 2, № 433.

38) Там же.

39) Коломиец С.А., Афремов П.Я., Дорофеева Н.А. Итоги полевых и сследований памятника Глазовка-городище // Археология и ку льтурная антропология Дальнего Востока. Владивосток, 2002. С. 142-155.

40) Коломиец С.А., Афремов П.Я., Дорофеева Н.А. Новые памятник и среднего течения р. Уссури // Археология и социокультурная антропология Дальнего Востока и сопредельных территорий. Б лаговещенск, 2003. С. 271-278.

러시아과학아카데미의 극동분소 역사·고고·민속학 연구소의 발굴대는 라즈돌나야 강 중류의 유적에는 성이 있는 마을과 없는 마을이 있다는 것을 밝혔다.[41]

1990년대 말 나다로프와 아르세니에프가 조사 한 바 있는 노보포크로프카-2 성은 메젠제프(А.Л. Мезенцев, A.L. Mezentsev), 크라딘 (Н.Н. Крадин, N.N. Kradin), 니키틴이 재조사를 통해서 동하국의 북쪽 성으로 판단했다.[42] 1996년에 크라딘은 크라스노아르미 지구에서 카메누시카-1(Каменушка, Kamenushka-1), 베르흐니이 페레발-5~7(Верхний Перевал, Verkhniy Pereval-5~7) 등 여러 시대의 유적을 조사한 바 있다.[43]

비슷한 시기에 샤프쿠노프(В.Э.Шавкунов, B.E.Shavkunov)[44]가 10~12세기의 스몰린스코예(Смольнинское, Smol'ninskoye),

---

41) Никитин Ю.Г., Гельман Е.И., Болдин В.И. Результаты исследования поселения Чернятино-2 // Археология и культурная антропология Дальнего Востока и Центральной Азии. Владивосток, 2002.

42) Надаров И.П. Северно-Уссурийский край // Зап. Имп. Рус. геогр. об-ва. СПб., 1887. Т. 17. С. 30; Арсеньев В.К. Путевой дневник 1914, 1917, 1926, 1927 / Архив ПФРГО-ОИАК. Ф. 14, оп. 1, д. 28, л. 20 об.; Мезенцев А.Л. Крупнейший памятник северного Приморья // Археология Северной Пасифики. Владивосток, 1996. С. 109-113; Крадин Н.Н., Никитин Ю.Г. Некоторые результаты исследований городища Новопокровское-2 // Традиционная культура Востока Азии. Благовещенск, 2001. С. 82-90.

43) Крадин Н.Н. Отчет об археологических исследованиях в Красноармейском и Пожарском районах Приморского края и в Бикинском районе Хабаровского края в 1998 г. // Архив ИА РАН. № 21 853.

44) 역자 주. 앞서 설명한 상트페테르부르크 출신의 샤프쿠노프(Э.В,Шавкунов) 아들.

아우로프스코예 성을 발굴하고, 미스 막시모바(Мыс Максимова, Mys Maksimova), 이즈베스토바야 소프카(Известковая Сопка, Izvestkovaya Sopka), 사라토프스코예-1,2 유적 등을 지표 조사하였다.[45]

연해주 성 유적은 거의 150년간 조사되었는데, 1950년대 중반 이후부터는 오클라드니코프가 책임을 맡아서 전문고고학자가 연구하기 시작했다. 그 때 고고학유적이 학문적 목적으로 연구되는 기관이 있던 곳은 소비에트 전역에서 노보시비르스크, 모스크바, 블라디보스톡 뿐이었다. 전문적인 연구 결과 러시아는 연해주 전체에 산포해 있는 성의 위치 및, 유적의 입지, 문화적 특징 혹은 국가의 소속이나 연대 등도 파악할 수 있었다. 또한 편년문제 혹은 교통망 뿐만 아니라 성을 유형화 시킬 만큼 많은 유적 조사가 이루어졌다. 학문의 발전을 위해서 후세대들이 연구에 매진해야 할 것이다.

---

45) Шавкунов В.Э. Отчет о раскопках Ауровского городища в Анучи нском районе Приморского края в 1998 г. // Архив ИИАЭ ДВО РА Н. Ф. 1, оп. 2, № 417; он же. Отчет о раскопках Ауровского город ища и археологической разведке в Анучинском районе Приморск ого края в 1999 году. Ф. 1, оп. 2, № 428; он же. Обследование См ольнинского городища // Россия и АТР. № 1. Владивосток, 2001. С. 30-37; он же. Отчет о раскопках Ауровского городища вАнуч инском районе Приморского края в 2000 г. Ф. 1, оп. 2, № 436.

참고문헌

아르세네프, 1912, Арсеньев В.К. Материалы по изучению древней
шей истории Уссурийского края // Зап. Приамур. отдела И
мп. об-ва востоковедения. Вып. 1. Хабаровск, 1912. С. 18.

아르세네프, 1922, Арсеньев В.К. Обследование Уссурийского края
в археологическом и архигеографическом отношениях //
Изв. Южно-Уссур. отдния Приморского отдела РГО. Нико
льск-Уссурийский. 1922. 1. Январь. С. 55.

아르세네프, 1927, Арсеньев В.К. Колонизационные перспективы
Дальнего Востока. Производительные силы Дальнего Во
стока. Вып. 5. Человек. Хабаровск-Владивосток, 1927. С.
35-36.

아르세네프, 1947, Арсеньев В.К. Памятники старины в Уссурийск
ом крае и Маньчжурии // Соч. Т. 4. Примиздат, 1947. С.
313-318.

아르히만드리트, 1898, Архимандрит Палладий. Извлечения из кит
айской книги 「Шен-вуцзи」. Пекин, 1907; Панов В. Археол
огические изыскания архимандрита Палладия в 1870-1871
гг. // Дальний Восток, 1898, № 10.

아르히만드리트 파랄라디 카파로프, 1871, Архимандрит Палладий Кафа
ров. Исторический очерк Уссурийского края в связи с исто
рией Маньчжурии // Зап. Рус. геогр. об-ва. 1871. Т. 8. Вы
п. 1; он же. Этнографическая экспедиция в Южно-Уссури
йский край // Зап. Рус. геогр. об-ва. 1871. Т. 7. Вып. 2, 3,
6, 7.

아르히만드르트 파랄라디, 1871, Архимандрит Палладий. Этнографич
еская экспедиция в Южно-Уссурийский край // Изв. Рус. г
еогр. об-ва. 1871. Т. 7. Вып. 2. С. 95.

비추린, 1950, Бичурин Н.Я. Собрание сведений о народах, обит

авших в Средней Азии в древние времена. Т. 2. М.; Л., 1950. С. 69.

부세, 1888, Буссе Ф.Ф. Остатки древностей в долинах Лефу, Дауб ихэ и Улахэ // Зап. Об-ва изучения Амурского края. Влад ивосток, 1888. С. 1-28.

볼딘·댜코바·시도렌코, 1998, Болдин В.И., Дьякова О.В., Сидоренк о Е.В. Новогордеевское городище как источник для пери одизации культур Приморского края (на кит. яз.) // Собра ние переводных работ с материалами по археологии Севе ро-Восточной Азии. Спецвыпуск по Бохаю. Харбин, 1998. С. 46-71.

부세·크라포트킨, 1908, Буссе Ф.Ф., Крапоткин А.А. Остатки древ ностей в Амурском крае // ЗОИАК. Владивосток, 1908. Т. 12. С. 30.

볼딘·이블리예프, 2002, Болдин В.И., Ивлиев А.Л. Многослойный п амятник Новогордеевское городище: Материалы раскопо к 1986-1987 годов // Актуальные проблемы дальневосточ ной археологии. (Тр. ИИАЭ ДВО РАН. Владивосток, 2002. Т. 11. С. 46-58.)

바실례프, 1857, Васильев В.П. История и древности Восточной час ти Средней Азии от X до XIII века. СПб., 1857. С. 198-199.

베뉴코보, 1970, Венюков М.И. Путешествия по Приамурью, Китаю и Японии. Хабаровск, 1970. С. 15, 117.

보로비요프, 1994, Воробьев М.В. Чжурчжэни и государство Цзинь (X в. —1234 г.). М., 1975; он же. Культура чжурчжэней и г осударства Цзинь. М., 1983; он же. Маньчжурия и Восточ ная Внутренняя Монголия (с древнейших времен до IX в. включительно). Владивосток, 1994.

댜코프·사크마로프, 1996, Дьяков В.И., Сакмаров С.А. Археологичес кие изыскания В.К. Арсеньева. Судьба материалов и руко писей // Зап. ОИАК. Т. 29. Владивосток, 1996.

명 집의 역사 История Дома Мин // Архив Института Восточных ру
кописей РАН. Ф. 7, оп. 1, т. 16.

라리체프, 1961, Ларичев В.Е. Потерянные дневники Палладия Каф
арова // Изв. СО АН СССР. 1961. Серия обществ. наук. № 1.
Вып. 1. С. 114-122.

라리체프, 1970, Ларичев В.Е. Сорок лет среди сибирских древност
ей. Новосибирск, 1970. С. 24.

로파틴, 1869, Лопатин И.А. Некоторые сведения о 49 древних у
рочищах в Амурской стране // Архив ИИМК РАН. Д. 34.
1869.

프르제발스키, 1937, Пржевальский Н.М. Путешествие в Уссурийско
м крае (1867-1869). М., 1937. С. 66-67.

나다로프, 1887, Надаров И. П. Северно-Уссурийский край // Зап.
Имп. Рус. геогр. об-ва. СПб., 1887. Т. 17. С. 26-31.

페드로프, 1916, Федоров А.З. О памятниках старины в Никольске
-Уссурийском и его окрестностях. НикольскУссурийский,
1916.

제2장

러시아 연해주 동북지역의 성(城)

　연해주의 동북지역은 지리적인 특징으로 인해서 연해주 발해(628~936), 여진(1115~1234) 및 동하국(1217~1234) 등의 민족 이동현황이 확인되는데, 연해주의 다른 지역과 차이가 있다. 이것은 영역문제 및 국가의 흥망과도 관련이 있다.

　연해주의 동북지역은 소비에트 시절에는 러시아 전체에서 극동의 남쪽지역에 해당하지만(다비도바 외 1960), 현재 러시아에서는 아무르-연해주지역에 해당된다. 이는 소비에트 시절의 극동 개념에 포함했던 시베리아 남부와 시베리아 동북, 사할린(니콜스카야 1974) 등이 모두 개별지역으로 구분되었다. 본고에서 지리적 영향을 크게 미치는 시호테 알린 산맥은 극동의 남부의 동쪽에 뻗어 있는데, 이곳은 연해주에서는 동북쪽으로 여러 시대에 걸쳐서 흥미로운 성들이 현존하고 있다.

　시호테 알린 산맥은 동해바다를 따라서 1,200km 정도로 뻗어 있고, 가장 넓은 부분은 300km이고, 평균높이는 800~1,000m에 달한다. 산맥 가운데서 가장 중앙에 위치한 곳은 타르도키-야니(Тардоки-Яни, Tardoki-Yani) 산이다. 산맥에서 가장 높은 산으로 높이가 2,078m에 달한다. 시호테 알린 산맥은 북북동 방향으로 흐르며, 8개의 병풍 같은 산이 서로 연결되어 있다. 강의 지류가 계곡을 따라서 흐르고, 협곡과 폭포도 많다. 가장 북쪽분수령은 동북방향으로 흐르는 산맥 방향 때문에 동해로 흘러간다. 산맥은 남쪽으로 동해와 평행해서 연결되었다. 아무르 강의 서쪽 지류는 강이 가장 길고 수량도 풍부한데, 동쪽 지류의 강은 서쪽에 비해서 길이가 짧고 강수량도 적은편이다. 강의 일부는 시호테 알린 산맥과 부딪치면서 우수리, 이만, 비킨(Бикин, Bikin), 호르(Xop, Hor) 강이 되고, 그 일부는 산맥을 따라서 동해로 흘러가기 때문이다. 동해로 흘러가는 강인 두만강, 코피(Коппи, Koppi) 강, 사마르가(Самарга, Smarga) 강은 길이가 짧지만 빨리 흐른다. 신생대 제3기에 화산활동에 의해서 많은 협곡이 형성되었다.

시호테 알린 산맥의 서쪽은 비교적 경사가 완만하며 열편퇴적층의 부드러운 저지대이고, 동쪽의 경사는 매우 가파르고 지질도 아주 단단한 암벽이다(다비도바 외 1960). 이러한 특징으로 인해서 해안가에는 인간이 살기 힘든 환경이지만, 인간이 살기 좋은 곳에는 유적이 확인된다.

동쪽으로 흐르는 강은 짧고(100~200km) 빠르다. 강의 상류에서는 하나의 강 줄기가 중류와 하류로 갈수록 점점 넓어져서 너비가 500~700m에 달하고 가장 하류에는 거의 흔적만 있다. 연해주 동북쪽으로 흐르는 강의 너비는 10~40m에 달하고, 깊이는 2m가 넘지 않고, 평균 속도는 2~2.5‰이다. 연해주 동북쪽의 해안선 모양은 산맥과 거의 평행하고 있는데, 올가 만부터 시작해서 아무르 강 하류까지 이어지고 있다(다비도바 외 1960).

시호테 알린 산맥의 동쪽 바다가 접하고 있는 부분은 신생대의 이른 시기에 형성되었고, 강의 하류인 삼각지는 해진 현상 때문에 생겼다(쿠랄코프 1972). 강의 체계에 대해서 최근에는 대륙의 융기활동과 관련해서 시스템을 이해하기도 한다. 대륙의 융기활동 방향은 강을 두 쪽으로 나누어 지류를 형성하게도 하고, 강의 방향을 변화시키기도 한다. 서쪽 경사면에 흐르는 강은 중요한 수계(우수리 강, 이만 강, 비킨 강, 호르 강)와 같은 방향으로 흐르고 있다. 동해로 흘러가는 강의 상류는 대체적으로 높이가 600~800m 되는 지점(산맥 중 낮은 편)에서 시호테 알린 산맥을 '둘로 나눌 듯이' 힘차게 하류로 흐르고 있다. 강 상류의 집수지 높이도 높지 않고 크기도 작은 편이다. 시호테 알린 산맥의 중요한 수계 단층과정은 서쪽 경사면이 더 우세한데, 베루흐네-반친스카야(Верхне-Ванчинская, Verhune-Vanchinskaya), 타두시(Тадуши, Tadushi) 강에서 확인된다(후댜코프·쿠알코프·코로트키 1972).

아무르-연해주 지역은 신생대 초기에 이미 육지화 된 곳으로 시호테 알린 산맥의 동쪽 경사면에 좁게 갈라진 곳이 있은 신생대 제3기에 관입되어, 갈탄층이 형성되어 풍부한 자원이 되었다. 현재 이곳에 광산(올가-테튜헤 지구에는 광산이 많음)이 많이 입지한 이유와도 관련 있다(다비도바 외 1969). 제4기 초에 아무르-연해주 지역에 현재와 같은 자연환경이 완성되었다.

아무르-연해주의 지역과 연해주의 동북지역은 아시아대륙의 가장 끝이고 계절풍의 영향을 받는 대륙기후이다(비트비츠키이 1969). 동아시아 몬순풍의 영향을 받는데, 계절마다 바람의 방향이 바뀌고 4계가 뚜렷하다(다비도바 외 1960).

산의 계곡과 분지는 산의 경사면과 접하면서 공기가 찬데, 온도가 아주 많이 내려간다. 찬 공기 때문에 겨울에는 아주 온도가 하강하고, 봄에는 천천히 따뜻해진다. 이는 식물의 생육의 변화에도 영향을 끼친다(다비도바 외 1960).

겨울의 강우량은 낮은데 10~40cm 정도이며, 아주 추워진 이후에야 눈이 내린다. 봄은 날씨가 좋은데, 온도변화가 심하고, 이른 봄까지 눈이 날린다. 여름은 고온다습하다. 여름 몬순 비가 내리는데, 강이 심하게 불어나고 일 년 중 강우량의 70% 정도가 이때 발생한다. 바다와 가까운 지역의 북쪽에는 일 년에 700mm가량이 내리는데, 산에는 1,000mm가량이 내린다. 연해주 동북지역에서 가장 좋은 시기는 가을로 따뜻하고 건조한 온도인데, 10월 중순까지 이런 날씨가 지속된다.

극동의 식물상은 약 1,800여 종이 있는 것으로 알려졌으며, 크게 4가지 정도로 나눌 수 있다. 동시베리아 식물상은 잎갈나무가 가장 대표적으로 오호츠크 혹은 얀 형이라고도 하며, 가문비나무, 자작나무 등도 포함한다. 만주 혹은 우수리 식물상은 신갈나무가 대표적이다. 들베나무, 서어나무, 단풍나무, 라임다우, 자작나무는 다우 식물상이고 시베리아 식물상은 나래새, 시베리아 이끼 등이 대표적이다. 시호테 알린 산맥의 식물상은 신생대 제3기 초에 처음으로 갈라진 것이고 빙하의 지역적 분리와도 관련이 있다. 시호테 알린 산맥에는 시베리아, 오호츠크, 만주, 다우르 식물상과 함께 동물상도 다양하다(보로빈스키 1967).

<지도 1>은 연해주 동북지역의 지형학적인 특징을 보여주는 것인데, 이는 이 지역에서 고대부터 중세시대까지 살던 사람들의 삶과도 관련이 깊다. 지질학적 혹은 지리학적인 특징에 따라서 길의 방향을 선택할 수 있고 자신이 살던 영토의 영역을 구분할 수 있는데, 이는 인간이 구축한 방어 시스템인 성에도 반영된다.

연해주의 동북지역은 20여 개의 강이 있는데, 이 곳에 선사와 중세시대의 성이 존재한다. 그 강은 다음과 같다. 부루실로프카(Брусиловка, Brusilovka) 강, 제르칼나야(Зеркальная, Zerkal'naya), 루드나야(Рудная, Rudnaya), 리도프카(Лидовка, Lidovka), 케드로프카(Кедровка, Kedrovka), 드지기토프카, 세레브랸카, 타요즈나야(Таежная, Tayezhnaya), 말라야 케마, 케마(타케마), 페르바야 우툐스나야(Первая Утесная, Perbaya Ytesnaya), 페세르나야, 암구, 지보피스나야, 소볼레프카(Соболевка, Sobolevka), 쿠즈네쵸바, 부릴바야(Бурливая, Burilvaya), 페야(Пея, Peya), 예딘카(Единка, Yedinka), 사마르가 강 등이다. 연해주 동북지역의 남쪽 경계는 부루실로프카 강을 경계로 한다. 이 강은 동해와 시호테 알린 산맥과 접하고 있다. 북쪽 경계는 사마르가 강이다.

강의 순서대로 남쪽에서부터 북쪽으로 가면서 유적을 설명하고, 강을 기준으로는 상류에서 하류로 가면서 각 성에 대해서 설명하고자 한다.

시호테 알린 산맥에 위치한 성은 유적의 입지에 따라서 산지성, 평지성

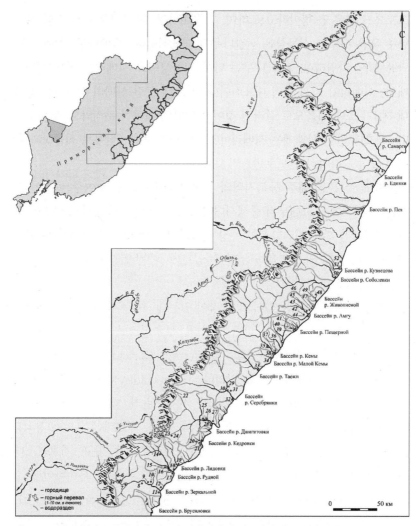

지도 1. 러시아 연해주 동북지역 시호테 알린 산맥의 영동지역 성 유적의 위치

1 — 브루실로프스코예(Брусиловское, Brusilovskoe) 성
2 — 베뉴코프스코예(Венюковское, Venyukovskoe) 성
3 — 스칼라 데르수(Скала Дерсу, Skala Dersu) 자연방어물
4-6 — 고르노레첸스코예(Горнореченское-1-3, Gornorechenskoe-1-3) 성
7 — 시바이고우(Сибайгоу, Sibaygou) 성
8 — 사도비이 클류치(Садовый Ключ, Sadovyy Klyuch) 성

9 — 보고폴예(Богополье, Bogopole) 성
10 — 제르칼나야(Зеркальная, Zerkal'naya) 토성
11 — 우스티-제르칼노예(Усть-Зеркальное, Ust'-Zerkal'noye) 성
12 — 파디 시로카야(пади Широкая, padi Shirokaya) 성
13 — 바트치(Батчи, Batchi) 성
14 — 달네고르스코예(Дальнегорское, Dal'negorskoye) 자연방어시설
15 — 모노마호프스코예(Мономаховское, Monomakhovskoye) 성
16 — 에스톤카(Эстонка, Estonka) 성
17 — 바시코프스코예(Васьковское, Vaskovskoye) 성
18 — 프리스탄스코예(Пристанское, Pristanskoye) 성
19 — 두브로빈스코예(Дубровинское, Dubrovinskoye) 토성
20 — 케드로프카(Кедровка, Kedrovka) 석성
21 — 크루굴로예(Круглое, Krugloye) 성
22 — 포드네베스노예(Поднебесное, Podnebesnoye) 성
23 — 고르부샤(Горбуша, Gorbusha) 성
24 — 체렘샤니(Черемшаны, Cheremshany) 성
25 — 드지기토프스코예(Джигитовское, Djigitovskoe) 성
26 — 쿠날레이스코예(Куналейское, Kunaleyskoye) 성
27 — 크라스노예 오제로(Красное Озеро, Krasnoye Ozero) 성
28 — 클류치(Ключи, Klyuch) 성
29 — 자볼레첸나야(Заболоченная, Zabolochennaya) 석성
30 — 우스티-자볼레첸나야(Усть-Заболоченная, Ust'-Zabolochennaya) 석성
31 — 스미르코프 클류치(Шмырков Ключ, Shmyrkov Klyuch) 석성
32 — 미스 스트라스니이(Мыс Страшный, Mys Strashnyy) 토성
33 — 우스티-벨렘베(Усть-Белембе, Ust'-Belembe) 3중 토석성
34 — 말라야 케마(Малая Кема, Malaya Kema) 석성
35 — 우스티-일모(Усть-Ильмо, Ust'-Il'mo) 성
36 — 켐스코예-스칼리스토예(Кемское-Скалистое, Kemskoye-Skalistoye) 석성
37 — 켐스코예-돌리노예(Кемское-Долинное, Kemskoye-Dolinnoye) 성
38 — 켐스코예-모르스코예(Кемское-Морское, Kemskoye-Morskoye) 성
39 — 우툐스노예(Утесное, Utesnoye) 토성
40 — 야슈(Яшу, Yashu) 성
41 — 미스 알렉산드라(Мыс Александра, Mys Aleksandra) 2중벽
42 — 쿠댜(Кудья, Kud'ya) 토성
43 — 데두스킨 클류치(Дедушкин Ключ, Dedushkin Klyuch) 성벽
44 — 소프카 류브비(Сопка Любви, Sopka Lyubvi) 성
45 — 미스 테플리이(Мыс Теплый, Mys Teplyy) 토성
46 — 말라야 카리마(Малая Карыма, Malaya Karyma) 성
47 — 카라만스키 흐레베트(Караминский хребет, Karaminskiy khrebet) 성
48 — 세셀레프스코예(Сеселевское, Seselevskoye) 성
49 — 소욘스코예(Соёнское, Soyonskoye) 토성
50 — 우스티-소볼레프스코예(Усть-Соболевское, Ust'-Sobolevskoye) 성
51 — 쿠즈네쵸프스코예(Кузнецовское, Kuznetsovskoye) 토성
52 — 오아시스(Оазис, Oasis) 성
53 — 우스티-페야(Усть-Пея, Ust'-Peya) 성
54 — 예딘킨스코예(Единкинское, Edinkinskoe) 성
55 — 사마르가-6(Самарга-6, Samarga-6) 토성
56 — 고라 크루글라야(Гора Круглая, Gora Kruglaya) 자연방어시설

과 그 중간형인 곳 성으로 나눌 수 있다. 이 중에서도 지리적 특징에 따라서 돌출부, 고개, 산마루에 위치한 입지에 따라서 세분할 수 있다. 성의 평면에 따라서 방형, 장방형, 다각형, 부채꼴형, 반원형, ㄷ자형, 개방형 등으로 하위분류할 수 있다. 성의 평면크기에 따라서는 소형, 중형, 대형, 내부 특징에 따라서는 단순형, 장대형, 좀 더 세분해서는 내성과 보루 등 성 부속시설물의 유무도 설명코자 한다. 성벽의 부속 시설물은 아무것도 설치되지 않은 단순형, 집석 시설 및 투석기, 치, 문 등이 확인되기도 한다. 성벽의 축조방법은 1) 단순한 흙, 2) 자갈돌, 3) 다듬지 않은 돌, 4) 돌을 섞은 흙, 5) 돌을 비스듬하게 들려 쌓는 것 등으로 나눈다. 성의 기능은 1) 군사적 행정관청 2) 방어–감시기능 3) 경계기능 4) 자연적 성 5) 취락 방어용으로 구분된다.

1. 부루실로프카 강 유역
(구 지명: 토파우자Топауза 강)

부루실로프카 강은 작은 강으로, 동해로 흘러 들어가는 제르칼나야 강의 수계 남쪽에서부터 20km 떨어진 곳에 위치한다. 강의 길이는 총 30km이다. 강의 상류는 산맥과 일치되는 방향인 동쪽으로 흐르지만 중류부터는 동해쪽(강의 흐름에서는 남쪽)으로 방향이 바뀌었다. 강의 계곡너비는 약 2km가량으로 좁다. 강 상류에는 산맥에서 강이 떨어지며 폭포가 형성되었고, 계곡에는 늪이 많고, 강의 하구에 석호가 형성되었다. 산 정상부에서 시작된 강의 집수지 바닥은 움푹 들어갔으며 강 하류는 편평하다. 산의 높이는 200~500m이다. 부루실로프카 강은 연해주 북동지역의 남쪽 경계이며, 시호테 알린 산맥과 동해 사이를 가르고 있다.

부루실로프카 강 유역(지도 1)에서 성이 하나 확인되었다.

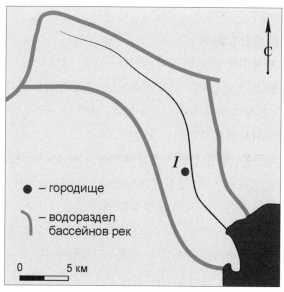

그림 15. 부루실로프카 강(토파우자) 유역의 지도
(1-부루실로프스코예 성)

1) 부루실로프스코예 성

유적은 올가 지구의 부루실로프카 마을에서부터 북서쪽으로 1km 떨어진 곳이고, 동해로 부터 12km가량 떨어진 곳이다. 부루실로프카 강의 상류 우안에 위치한다(지도 1, 사진 1). 성은 이미 지역 주민들이 잘 알고 있었으며, 지도에도 마치 요새처럼 표시되어 있다. 1958년에 안드레예프를 단장으로 한 극동고고학발굴단(ДВАЭ, FEAE)에서 처음으로 조사하였다. 그 뒤에 1983년 갈락티오노프가 처음으로 유적의 평면도를 작성하였다.[1]

---

1) Галактионов О.С. Отчет об археологической разведке в Примор ском крае в 1983 г. // Архив ИА РАН. Р-1, № 10 177; он же. Отчет

2003년에 아무르-연해주 고고학발굴단에서 지표조사를 실시하면서 정확한 평면도를 재작성했다.

성은 평면 방형으로 한 면의 길이는 170m이고, 성의 모서리가 동서남북 방향과 일치한다. 기본성벽은 가장 안쪽이고, 부분적으로 해자가 2중으로 설치되어서 3중 성벽이 확인되는 곳도 있다. 성벽 일부에는 절개면이 부분적으로 확인된다(사진 2, 그림 16, 표 1).

북서쪽과 북동쪽, 남서 성벽은 성벽의 가장 외벽으로, 돌로 쌓았다. 그러나 남동쪽 성벽은 높지만, 범람지대와 접하고 있다. 북서쪽 성벽은 물이 직접적으로 닿는 곳은 아니지만 늪지대와 접하고 있어서 기본적인 성벽만을 축조했던 것으로 판단된다. 이곳에 2개의 문지가 있었던 것으로 보이는데, 지금은 함몰된 것처럼만 보인다. 함몰된 곳의 너비는 5~7m, 깊이는 0.5m이다. 보벽은 이곳에서 확인된다.

성벽의 남쪽과 동쪽 부분은 범람원 지대에 위치하고 있고, 아직도 작은 강이 흐르고 있기 때문에 고대의 해자 기능을 하고 있었던 것이 확인된다. 남서쪽 성벽은 강과 직교하는 방향으로 접하고 있어서, 성벽과 보벽 사이에 물을 흐르게 하기 위해서는 성벽을 절개해야만 했다. 물은 성의 남쪽 모서리에서 방향을 틀어서 남동쪽으로 흘러 들어간다. 성의 동쪽 모서리에도 절개면이 있는데, 부루실로프카 강으로 물이 떨어지게 하기 위한 장치로 생각된다. 남동쪽 성벽의 중앙이 가장 낮은데, 이곳으로 성의 남는 물이 모이도록하기 위해서 인위적으로 낮게 만들었던 것으로 보인다. 성의 북동성벽은 강의 늪지대를 따라서 형성되었는데, 자주 범람하는 곳인데, 성벽의 방향을 동쪽으로 틀음으로 해서 범람을 막으려 했던 것으로 생각된다.

성 내부에는 우물로 추측되는 구덩이가 2기 확인되었는데, 직경 1.5~2m, 깊이 1m가량이다. 성은 내부에서 남동 방향으로 편평하게 점차 내려

об археологических разведках на территории Приморского края в 1986 г., № 11 516.

가고 있다. 성의 남동쪽은 너비 20×10m, 25×15m의 타원형 둔덕이 확인된다. 이곳을 멧돼지가 파헤치고 것으로 보이는 구덩이에서 아주 붉고 두터운 토기편이 확인되었다.

기본 성벽의 내측면 높이는 1~1.7m이고, 외측면 높이는 1.8~2.4m가량, 하단부의 너비는 10m, 정상부의 너비는 1~1.5m이다. 성의 가장 자리 외벽은 보벽으로 아주 낮은데, 0.4~0.9m로 울퉁불퉁하다. 기본 성벽의 중간부분은 낮은 곳이 일부 있지만, 전체적으로는 높고 일정하다. 해자는 성벽을 따라서 설치되어 있는데, 바닥은 좁은 편이다. 깊이는 성벽의 높이와 관련되어 있다.

• 브루실로프스코예 성은 평지성으로 방형이고, 평면적은 21,000㎡. 평면이 매우 단순한데 성의 내부 마을이나 기타 방어시설 등이 확인되지 않고, 문지도 아주 단순하다. 또한 성벽과 해자도 물의 범람과 매우 관련있어 보인다.

* 성의 평면형태, 출토된 토기는 발해 문화와 관련된 것으로, 그 연대는 7~10세기로 생각된다. 이 성의 입지로 보아서 제르칼나야 강 유역에 발해 도시 혹은 취락의 가능성이 있다. 왜냐하면 부루실로프카 강과 제르칼나야 강은 수원지가 사도바야 수원지로 같기 때문이다.[2] 연해주 중세시대 이른 시기[3]에 사용된 것으로 보이는 도로가 부루실로프카 강을 따라서 바다까지 나 있고, 루드나야 강의 오른쪽 지류인 모나스티르카(Монастырка, Monastyrka) 강의 테튜힌 고개까지 이어지는 것으로 생각된다.

---

2) 역자 주. 두 강의 수원지가 같음으로 브루실로프스코예 성과 뒤에 설명하는 제르 칼나야 강 유역의 성이 서로 관련성이 있다고 필자는 생각한다.
3) 역자 주. 발해.

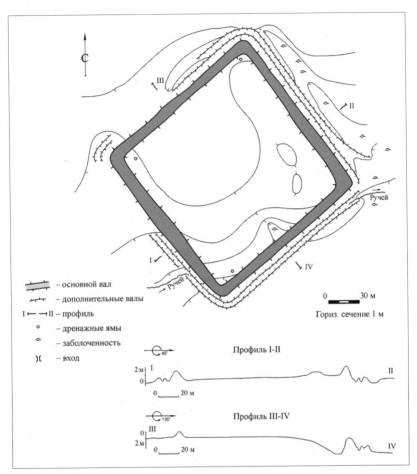

그림 16. 브루실로프스코예 성의 평면도

표 1. 브루실로프스코예 성의 특징

| 유적 | 형 | 평면
형태 | 너비
(㎡) | 성의 시설물 | | | 방어
시설 | 내부
마을 | 고고문화,
해당국가 | 시대 |
				치	돌시설	문지				
브루실로 프스코예	평지성	장방형	28,100 ~28,900	없음	없음	단순형	없음	없음	발해	7~10 세기

2. 제르칼나야 강 유역(구 지명: 타두시 강)

제르칼나야 강은 시호테 알린 산맥의 서쪽 집수지에서부터 시작해서 타투시 합류점에서 합쳐져서 큰 강이 된다. 길이는 82km, 합류점의 너비는 420km이다. 이 강이 시작하는 산 계곡부 정상의 높이는 600~1,300m, 하류의 높이는 250~400m이다. 강 계곡은 좁고 구불구불하고, 평균 너비는 1~2.3km이다. 합류지점에서는 곳에 따라서 3.6km까지 넓어지는 곳도 있다. 산의 경사가 아주 가파르고, 여러 곳에 낭떠러지가 있다. 제르칼나야 강의 왼쪽 지류는 높은 곳에서부터 기원하는 카발레로프카(Кавале ровка, Kavalerovoka) 강이다. 오른쪽 지류는 우스티노프카(Устино вка, Ustinovka) 강(구 지명: 시바이고우Сибайгоу), 사도바야(Садо вая, Sadobaya) 강이고, 종착지는 동해의 제르칼나야 만이며, 강의 하류는 아주 넓다. 제르칼나야 강은 시호테 알린 산맥에서 영서와 영동을 연결하는 동맥과 같은 곳이다. 이 강 유역의 전체가 인간이 거주하기 편했던 곳으로 생각된다.

제르칼나야 강 유역에는 8개의 성, 2개의 환호, 1개의 자연 방어시설이 있다. 성 유적에는 베뉴코보, 고르노레첸스코예-1~3, 시바이고우, 보고폴예, 우스티-제르칼나야, 사도비이 클류치 성 등이다. 그 외에 제르칼나야 토성, 파디-시로코예 토성 등이 있고, 스칼라-데르수 자연방어시설 등이 있다(그림 17).

1) 베뉴코프스코예 성

베뉴코보 고개에 위치하며, 카발레로보 마을의 북서쪽으로 12km 떨어진 곳에 유적이 위치한다(그림 17, 사진 2). 성벽은 현재 3면만이 남아 있는데, 장방형 평면형태로 추정된다. 성의 북쪽 벽은 블라디보스톡에서 달네고르스크 시로 가는 도로에 의해서 파손되었다.

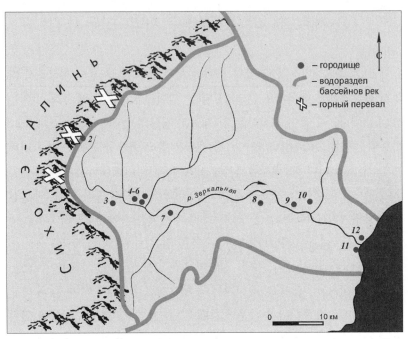

그림 17. 제르칼나야 강 유역의 성곽 위치도
(2-베뉴코프스코예 성, 3-데르수 바위 자연방어시설, 4~6-고르노레첸스코예 1~3, 7-시바 이고우 성, 8-사도비이 클류치 성, 9-보고폴예 성, 10-제르칼나야 환호, 11-우스티 제르칼 노예 성, 12-쉬로코예 계곡의 환호)

성벽의 서면 길이는 344m, 동면은 198m, 남면은 244m이다. 성벽 내면 높이는 0.7~1.8m, 외면에서는 1.3~2m인데, 가장 높은 부분은 동벽이다. 성벽의 상부는 편평하며, 대략 1~1.4m 너비이다. 성벽의 기저 너비는 10m이다. 성벽을 따라서 해자가 둘러져 있는데 해자의 너비는 3~7m이다. 동쪽 성벽의 중앙에 너비 5m의 절개면이 있는데, 해자가 이 곳을 따라서 성 밖에서 안쪽으로 흘러 들어오도록 해 둔 것으로 생각된다.

성의 내부는 비교적 편평한데, 전체적으로 북동방향이다. 내부 면적은 80,000m²이다. 이 성은 1907년 시호테 알린 산맥을 따라서 조사하던 아르세니에프가 제일 처음 발견하였고, 평면도를 완성하였다.

그는 이 성에 대해서 타투시 강의 푸진나(Фудзина, Fujina) 지류로부터 시호테 알린 산맥을 가는 곳에 요새가 하나 있다. 그 요새는 아주 크고, 남쪽길에는 사원지가 현재 남아 있다. 이러한 정황으로 보아서 이 고개에는 사방에서 오는 적으로 부터 방어하기 위해서 요새를 세웠던 것으로 보인다.[4]

아르세니에프가 조사한 베뉴코프스코예 성 평면형태가 'ㄷ'자 모양이고 남쪽의 성벽이 없고, 문지도 표시 되지 않은 채 그려져 있다. 성의 북쪽은 제르칼나야 강이 위치하고, 언덕 위에는 절이 있는 것으로 표시되어 있다 (그림 18).

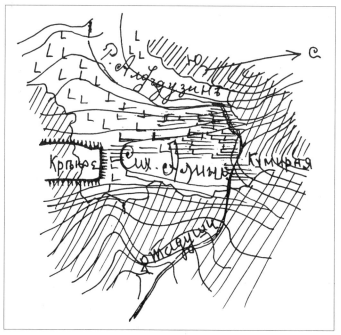

그림 18. 1907년 아르세니예프가 작성한 베뉴코프스코예 성 평면도

---

4) Арсеньев В.К. Путевой дневник 1907 г. // Архив ПФРГО-ОИАК. Ф. 14, оп. 1, д. 8, л. 87.

처음으로 극동을 탐험한 러시아인(베뉴코프 1970)의 설명에 의하면, 이 암자는 장방형의 목제 가옥으로 맞배지붕 구조이며, 한쪽 벽면의 길이는 약 70m[5]로 알려져 있다. 절은 높은 절벽위에 위치한다. 대체적으로 암자는 도로나 사람들이 오고 가는 길에 가까운 곳에 설치되었다. 잠시 들르는 길손들, 전쟁에 참가하거나 쫓기는 사람과 장사 하는 사람에게 숙식을 제공해야만 했다.[6]

1983년 갈락티오노프가 유적의 평면도를 새로 작성했는데,[7] 북벽이 결실된 것으로 그려졌다. 아르세니에프가 그린 것과 다르지만 그가 그린 평면도가 더 정확한 것으로 보인다. 출토유물은 확인되지 않았다.

2002년에는 러시아과학아카데미 극동분소 역사·고고·민속학 연구소의 아무르-연해주 고고학발굴단이 이곳을 새로 조사하였고, 보다 정확한 평면도를 작성했다[8](사진 3, 그림 19, 표 2). 연대를 알 수 있는 유물은 확인되지 않았지만, 성의 평면형태나 특징으로 보아서 발해 혹은 더 늦은 시기의 것으로 판단된다.

---

5) 역자 주, 원문에는 1 arshin(71.12m)로 알려져 있다. 아르신은 러시아 고유 길이 단위이다.

6) Арсеньев В.К. Путевой дневник 1906 г. // ЗОИАК. Владивосток, 2002, т. XXXVI, вып. 1. С. 49-50;
Мельникова Т.В. Китайский компонент в культуре гор нанайце в и удэгейцев // Зап. Гродековского музея. Вып. 1. Хабаровск, 2000. С. 92-94.

7) Галактионов О.С. Отчет об археологической разведке в Примор ском крае в 1983 г. // АрхивИА РАН. Р-1, № 10 177. С. 87.

8) Дьякова О.В. Отчет о работах Амуро-Приморской археологическ ой экспедиции в 2002 г. на городищах Куналейское, Красное озе ро и разведочных работах в Кавалеровском, Дальнегорском и Те рнейском районах Приморского края // Архив ИА РАН. Р-1, № 24 041.

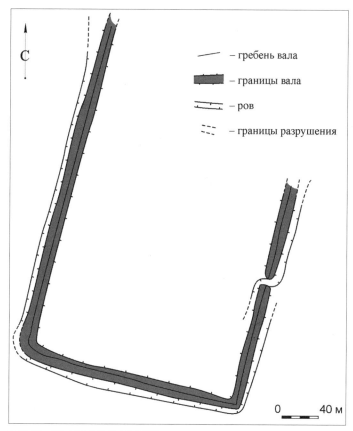

그림 19. 베뉴코프스코예 성의 평면도

- 베뉴코프스코예 성은 산성으로 평면형태는 장방형으로 작은 성이다. 성
  벽은 토성이고, 치와 같은 시설물은 없다. 평면이 매우 단순한데 성의 내
  부에 마을 흔적은 확인되지 않는다. 이 성은 제르칼나야 강 계곡의 남과
  서쪽의 문과 같은 역할을 한다. 산으로 올라가는 길목에 위치하여 길을
  통제하는 기능을 하였다. 이 곳에는 시호테 알린 산맥의 영동과 영서를
  연결하는 큰 도로가 있었고, 암자가 위치해서 긴 길을 떠나는 여행객의

영혼의 안식처 같은 역할을 했을 것이다.

2) 스칼라 데르수 자연방어물

유적은 제르칼나야 강의 우안(푸쉬킨 거리의 맞은편)에 위치한 카발레로
보 마을의 북쪽에 위치한다. 이 자연방어물은 암벽에 위치하는데, 높이는
98m로 강으로 떨어지는 절벽이다(그림 20~21, 표 2). 언덕의 북쪽과 남
쪽 방향에서 암벽의 정상부로 가는 완만한 지름길이 있다. 이 암벽은 강의
수면에서 수직선 상에 위치한다. 언덕의 정상부에 암벽 뒤쪽으로 집터가 있
던 것으로 보인다. 전해지는 바에 따르면, 데르수 암벽은 이 지역을 조사하
던 아르세니에프와 나나이족 사냥꾼 데르수 우잘라[9]가 처음으로 조우 했
던 곳이라고 한다.

2002년에 러시아과학아카데미 역사·고고·민속학 연구소의 아무르-연
해주 고고학발굴단이 처음으로 조사하였다.[10] 문화층은 언덕의 오른쪽에
수혈이 두 곳에서 확인되었다(그림 20). 수혈은 크기 3×4m이고, 주거지
로 보인다. 이 서쪽에 1×1m 시굴 구덩이를 넣어 본 결과 다음과 같이 토층
이 확인되었다.

---

9) 역자 주, 아르세니에프와 데르수 우잘라의 우정은 '데르수 우잘라(Дерсу Узал
a)'라고 하는 영화에서 감상할 수 있다. 데르수 우잘라는 나나이족의 사냥꾼으로
'아르세니에프(В.К. Арсеньев, 1872~1930)'가 1910년대와 1920년대에 시
호테 알린 산맥을 조사하면서 우연히 나나이족 사냥꾼 데르수 우잘라를 만나서 그
의 도움 받은 이야기를 그의 일기장에 적어 두었다. 이 내용을 영화화 한 것이 '데
르수 우잘라'이다. 일본인 영화감독 구로사와 아키라(黑澤明)가 감독하고, 당시
소련에서 자본을 지원하고 소련 배우가 출현했기에 소련 영화로 알려졌다.

10) Дьякова О.В. Отчет о работах Амуро-Приморской археологическ
ой экспедиции в 2002 г. на городищах Куналейское, Красное озе
ро и разведочных работах в Кавалеровском, Дальнегорском и Те
рнейском районах Приморского края // Архив ИА РАН. Р-1, № 24
041.

그림 20. 데르수 암벽의 자연방어시설. 북동쪽에서 바라 본 모습

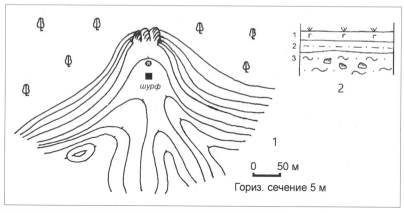

그림 21. 데르수 암벽의 자연방어시설의 평면도(1)와 시굴구덩이(2)

1. 표토층

2. 갈색 사양토

3. 석회암이 혼입된 황갈색 사양토: 황갈색 흙 속에 갈색 사양토가 혼입됨.

말갈토기와 발해토기편, 숯과 동물뼈 등이 표토 층과 갈색 사양토층 아래에서 확인되었다. 출토된 유물로 보아서 발해시기 말갈 문화의 유적으로 생각된다.

- 스칼라 데르수는 자연 방어시설물로써 제르칼나야 계곡을 방어하는 기능으로 사용되었다.

3) 고르노레첸스코예-1 성

고르노레첸스크 마을 중앙의 무너진 클럽의 바로 옆에 높이 20m가량의 암벽 바위 위에 위치한다(사진 4~7, 그림 22, 표 2). 언덕 아래의 남동쪽 방향으로는 비소고로스카야(Высогорская, Vysokogorskaya) 강의 입구쪽에 경기장과 마을이 위치하고 있다. 언덕의 남쪽방향에는 트랙터가 지나다니는 길에 의해서 완전히 파괴되었다. 성의 서쪽 뒤로는 참나무 숲이 무성하다. 언덕은 시호테 알린 산맥의 한 지맥이다.

처음에 오클라드니코프가 이끄는 극동고고학발굴단이 조사하고,[11] 그후 1996년에 볼딘과 니키틴,[12] 2002년에는 러시아과학아카데미 극동분소 역사·고고·민속학 연구소의 아무르-연해주 고고학발굴단이 재조사했다.[13]

성의 평면형태는 반타원형으로, 돌과 흙을 혼합해서 축조되었고, 높이

---

11) Окладников А.П. Отчет о работах ДВАЭ в 1960 г. // Архив ИА РАН. Р-1, № 2120. 164.

12) Болдин В.И., Никитин Ю.Г. Археологические работы в Кавалеровском, Чугуевском районах Приморского края в 1996 г. // Архив ИА РАН. № 20 547.

13) Дьякова О.В. Отчет о работах Амуро-Приморской археологической экспедиции в 2002 г. на городищах Куналейское, Красное Озеро и разведочных работах в Кавалеровском, Дальнегорском и Тернейском районах Приморского края.

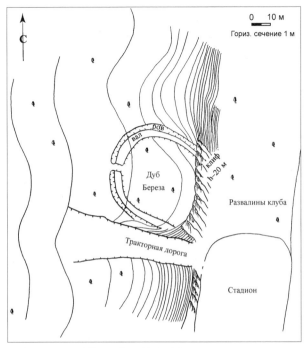

그림 22. 고르노레첸스코예-1 성의 평면도(댜코바 작성)

는 1.5m에 달한다(사진 5). 성벽의 단면은 타원형으로 너비는 3m에 달한
다. 성벽의 바깥에는 깊이 1m 너비 1.5~2m의 해자가 설치되어 있다. 성
벽은 북쪽, 남쪽, 서쪽이 남아있다(그림 22).

성의 서쪽에는 2m 너비의 문이 위치한다. 문은 아주 단순한데, 특별한
시설은 없다(사진 6~7). 서벽은 2m 정도 잘려져 있는데, 문지로 생각된
다. 남서벽의 길이가 50m, 북서벽의 길이가 60m이다. 동쪽에는 자연적
으로 절벽과 접하고 있기 때문에 성벽을 따로 설치하지 않았다(사진 4). 성
의 평면적은 2,500㎡, 성 내의 남서쪽에서 넓고 편평하게 자갈돌이 쌓였다
(사진 6).

성의 내부는 아주 편평한데, 취락은 확인되지 않고 아주 단순하다. 육안

으로는 주거지 흔적은 확인되지 않는다. 유적은 2개의 문화층이 확인되며, 전체적인 토층 양상은 다음과 같다. 1-표토층, 2-갈색 사양토, 3-자갈층이다. 갈색층 아래에서는 제르칼나야 강 유역의 중석기시대에 흔히 보이는 흰색 석회화(石灰華)로 제작된 석기편 들이 확인된다. 중세시대 유물은 확인되지 않았다.

- 고르노레첸스코예-1 성은 산지성으로 형태는 반타원형이며, 평면적은 작은 편이다. 성벽은 흙과 돌로 축토되었다. 성은 매우 단순하고 내부의 도시나 다른 방어시설물, 치 등은 확인되지 않는다. 성의 특징으로 보아서 발해 문화와 관련된 것으로 생각된다.

4) 고르노레첸스코예-2 성

비소코로스카야 강(구 지명: 켄츄헤Кенцухе)의 왼쪽에 위치한 고르노레첸스크 마을에서 동쪽으로 3km 떨어진 언덕의 가장 끝에 위치한다(그림 17, 23). 성은 불룩 튀어나온 언덕부의 가장자리에 북쪽 벽만 3줄 확인되고, 나머지 성벽은 자연입지를 그대로 이용하였다.

성의 평면형태는 반원형이다. 성의 남쪽은 자연적인 암반이다. 성벽은 자갈과 큰 돌을 이용해서 축성하였다. 성벽의 북북동쪽에 2m 너비의 문지가 있어서 절개가 있는데 문지로 생각된다. 성벽의 각각 길이는 150m와 120m, 가장 안쪽벽의 길이는 120m와 100m, 중간 벽의 길이는 120m와 100m이다. 성벽의 높이는 3m이다. 성의 평면적은 4,000㎡에 달한다. 성의 내부는 편평하고 단순하며, 도시 혹은 마을의 흔적도 확인되지 않는다.

메드베제프(B.E. Медведев)가 시굴했는데, 발해토기편 등이 확인되었고, 1968년 메드베제프가 참가한 극동고고학발굴단에 의해서 발굴조사되었다. 이때 출토된 유물은 이미 출간되었다.[14] 1986년 갈락티오노프가

---

14) Медведев В.Е. Городища в долинах рек Кенцухе и Тадуши // АО.

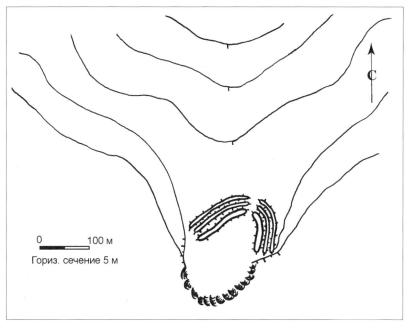

그림 23. 고르노레첸스코예-2 성(1968 극동고고학발굴단, 육안 작성)

성의 평면도를 작성하였다.[15] 1996년 새로이 조사하였는데 현재는 성이 거의 남아 있지 않다.[16]

• 고르노레첸스코예-2 성은 산지성으로 평면형태는 반원형이다. 평면은

1968. М., 1969. С. 237; он же. Средневековое городище Кенцухе -II на р. Тадуши // Изв. СО АН СССР. Сер. общ. наук. 1969. № 1. Вып. 3.

15) Галактионов О.С. Отчет об археологических разведках на территории Приморского края в 1986 г.

16) Болдин В.И., Никитин Ю.Г. Археологические работы в Кавалеровском, Чугуевском районах Приморского края в 1996 г.

매우 단순하며, 내부 도시나 마을, 방어시설물 등은 확인되지 않는다. 성의 규모는 작은 편이고, 성벽은 돌로 축조되었다. 치는 확인되지 않고, 문지는 한곳에 있었다. 성의 용도는 마을방어적인 성격이 강했다.

5) 고르노레첸스코예-3 성

고르노레첸스크 마을의 동쪽부에 위치하는데, 사도바야 거리 11번지의 집 맞은편 다리에서 150m 떨어진 곳에 위치한다. 성이 입지한 곳은 동서로 길게 늘어진 언덕인데, 곳곳에 말라버린 강줄기 등이 확인된다. 언덕의 남쪽은 높이 17m의 절벽이다. 언덕 가장자리에 석벽과 해자가 있다. 석벽은 많이 허물어져 있어 석벽을 이루고 있는 돌의 크기가 5~45cm로 다양하다는 것을 파악할 수 있었다.

성의 평면형태는 부정형이다. 직경은 3~3.5m이고, 높이는 0.5m, 남북의 길이는 49.5m, 동서의 길이는 43m, 평면적은 20,200㎡이다(그림 24, 표 2).

1996년에 조사되었고,[17] 2002년 러시아과학아카데미 역사·고고·민속학 연구소의 아무르-연해주 고고학발굴단에 의해서 조사되었는데, 성에서 확인된 층위는 다음과 같다.

1. 표토층
2. 인공적으로 부순 돌이 섞인 부엽토가 혼입된 녹색의 사양토
3. 작은 돌이 혼입된 편상 갈색 점토

가장 밑바닥은 검은 사양토층인데, 종종 흰색의 석회화로 되었다. 이곳

---

17) Болдин В.И., Никитин Ю.Г. Археологические работы в Кавалеровском, Чугуевском районах Приморского края в 1996 г. // Архив ИА РАН. № 20 547.

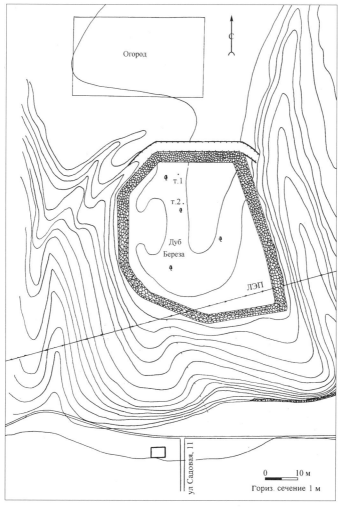

그림 24. 고르노레첸스코예-3 성 평면도(댜코바 작성)

에서는 석기박편 등이 확인되는데, 구석기시대층이 있는 것으로 판단된다.
이러한 석기박편은 제르칼나야 강 유역에서 아주 많이 확인된다.

유적에서는 문화층은 2개 확인되는데, 아래층은 녹색의 사양토층으로

구석기시대층, 상층은 발해~여진시기로 생각되며, 성과 직접적으로 관련
이 있는 것으로 보인다. 별다르게 사용했던 흔적이 남지 않은 것으로 보아
축조에 급급했던 것으로 생각된다. 성의 연대를 알 수 있는 유물은 확인되
지 않았다.

• 고르노레첸스코예-3 성은 곶성으로 평면형태는 부정형이다. 성벽은 돌
  로 만들어졌고, 크기는 작은 편이다. 성은 매우 단순한데, 성 내부에는
  마을이나 방어시설 등이 확인되지 않았다. 육안으로 주거지의 흔적도 확
  인되지 않고, 치와 같은 시설이나 문지도 확인되지 않는다. 성은 방어시
  설로서 사용된 것으로 생각된다.

6) 시바이고우 성

제르칼나야 강과 그 오른쪽 지류인 우스티노프카 강 사이의 가장자리 산
맥부에 위치하는 카발레로프 지구의 우스티노프카 마을에서 남서쪽으로
2km 떨어진 곳에 위치한다. 1950년대 지질학자가 발견했고, 2000년에
타타르니코프가 조사했다. 2002년 아무르-연해주 고고학발굴단에 의해서
조사되었는데, 정확한 평면도를 작성하고 치와 방어시설, 집(152㎡) 등을
확인했다.[18]

우스티노프카 강 입구에는 강에 의해서 분수령이 두 개의 구릉으로 나눠
진다. 북쪽 구릉은 동서 방향으로 쭉 뻗어 있고, 남쪽의 작은 구릉은 남동
쪽으로, 부채꼴 모양으로 굽어졌다. 강 반대 방향으로 떨어지는 구릉의 경

---

18) Дьякова О.В. Отчет о работах Амуро-Приморской археологическ
    ой экспедиции в 2002 г. на городищах Куналейское, Красное Оз
    еро и разведочных работах в Кавалеровском, Дальнегорском и Т
    ернейском районах Приморского края; Археологические работы
    Амуро-Приморской археологиче- ской экспедиции в Приморско
    м крае в 2003 г. // Архив ИА РАН. Р-1.

사면은 그다지 가파르지 않다. 반면에 강 쪽의 경사면은 매우 가파르고 암반절벽이다. 정상부에는 아래에 위치한 조그만 강으로 합쳐지는 작은 시냇물이 있다. 전체 북쪽 구릉의 경사는 북쪽의 언덕은 경사가 그렇게 크지 않고 점차적으로 작아지고 있다. 분수령이 나눠지는 지점의 너비는 100m이고, 동쪽방향에서 남쪽으로 튀어나온 부분은 15~20m이다.

유적의 내외면적인 특징은 연해주 동하국 산지성과 아주 유사하다. 구릉의 정상부에 건축물이 위치하며, 행정관청, 주거구역과 생산경제와 관련된 건물은 구릉의 경사면에 인공 평탄지를 만들어서 축조하였다(사진 8~9, 그림 25).

성의 특징

성벽은 구릉의 정상부에 형성되어 있고 전체 길이는 1686m이다. 성벽은 북쪽(1005m), 남쪽(410m), 서쪽은(271m)이다. 성벽은 부슬거리는 흙에 작은 돌이 혼입되어 있다. 구릉의 정상부와 성벽을 따라서 유물이 채집되었다. 북쪽의 성벽 안쪽을 따라서 도로의 흔적이 있다. 도로에서부터 성벽의 높이가 1m 정도이다. 성벽의 외벽은 높이가 3m에 달한다.

(1) 문지

문은 두 곳에서 확인되는데, 첫 번째 문은 성벽이 약 2m 정도 절개되어 있다. 문은 구릉의 정상부에 북쪽과 남쪽 성벽이 갈라지는 부분에 문이 위치한다. 두 번째 문은 자연적인 문으로 남쪽 구릉으로 뻗어지는 그 부분을 이용하였다.

성 내의 방어를 위한 시설물은 서쪽, 북쪽, 남쪽 성벽에 설치해서 되어 있다.

(2) 서쪽 방어시설

가장 크고 두꺼운 방어시설로 자연적인 지형을 가장 잘 이용하였다. 서쪽 성벽은 북쪽 성벽에 연결되는데, 서벽의 바깥쪽에 벽을 쌓아서 평면형태

삼각형 모양의 옹성을 만들었다. 이 곳의 북쪽길이는 270m, 서쪽의 길이는 271m이다. 이 서쪽 방어시설에는 자체적으로 3개의 방어시설이 있다.

① 제1 방어구역

성벽과 해자와 더불어 5개의 치가 확인된다.

1번 치-북벽과 서벽의 접하는 부분에 위치하며 성에서 가장 높은 지점(강을 기준 148m)이다. 치의 기본 평면형태는 타원형으로 20×25m이다. 치의 상부는 반타원형으로 상부의 크기는 7.5×6.5m이고, 치의 높이는 3.5m이다. 측면은 둥글다.

치의 앞쪽에 궁형으로 치를 방어하는 성벽이 존재하는데, 길이는 40m, 높이는 0.3~0.5m이다. 성벽과 치 사이에는 해자가 돌아간다. 해자는 치를 따라서 돌아가는데 깊이가 1m에 달한다.

이 치 밖의 이중성벽은 분수령의 산마루와 교차하는데, 이곳에서 10m 떨어진 곳에 해자가 길이 15m, 너비 4m, 깊이 0.4~0.5m로 설치되었다.

치와 서벽 사이에는 성 안으로 들어가는 문이 설치되어 있는데, 이곳에 2개의 투척기가 설치되었다. 투척기의 크기는 3×7m, 다른 한 개는 2×4m이다. 투석은 지름 0.12~0.2m의 바다 자갈로 만들어져 있는데, 좀 더 큰 것도(0.15~0.25m) 있다. 대부분 돌은 2kg을 넘지 않는다.

• 1번 치를 발굴조사해서 축토양상을 살펴보았다. 상부는 4×5m의 반타원형으로 넓고 편평하다. 중앙에는 삼각형 형태로 돌로 쌓아진 곳이 확인되는데, 높이는 0.3~0.5m 정도이고 크기는 1.3×0.9m이다. 큰 쇄석으로 쌓여져 있는데, 이 석축의 주변은 비교적 편평한 돌이 쌓였는데, 특히 측면은 길쭉하고 큰 돌이 눈에 띈다. 석축의 중앙에는 여러 크기의 돌이 쌓여 있다. 이 석축의 동쪽에는 연접해서 쇄석으로 둥글게 쌓아 놓은 석축이 있으며, 높이와 깊이가 0.3m 정도이다.

치의 측면부 상측에는 넓고 편평한 강 바위가 놓여 있고, 남쪽에는 여러 크기의 돌이 길이 3m, 너비 1~1.9m가량으로 쌓였다. 이 돌 사이에서는

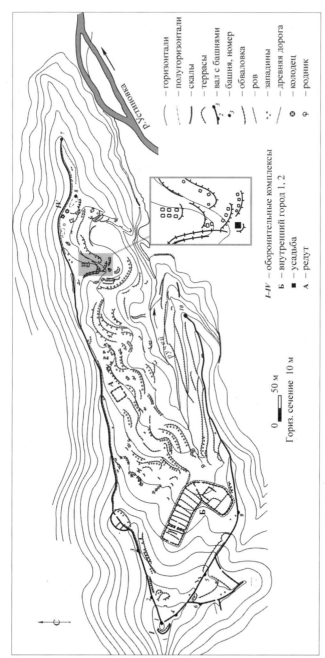

그림 25. 시네아고우 성의 지형과 평면도

제2장 러시아 연해주 동북지역의 성(城) — 105

목탄과 소토, 금속제품 등이 확인되었는데 당시 건축 부자재로 생각된다.

치의 북쪽에는 아래로 떨어지는 계단모양의 4각형 석축이 쌓여져 있다. 상면의 길이는 3~3.5m, 하면의 길이는 1.5~2.5m, 너비는 0.2~0.3m 이다.

성벽과 치가 접하는 부분은 돌로 연결되어 있다.

- 2번 치는 1번치로부터 54m 떨어진 곳에 위치한다. 평면크기 4×4.5m 반원형이고, 높이는 3.5m 정도이다. 치의 상단은 넓고 편평하며, 중앙은 지름 1.5m 너비로 둥글게 약간 파졌다. 치의 서쪽에는 평면형태 타원형으로(5×2m) 높이 0.2~0.25m 정도로 돌이 쌓여있다. 이 석축위로 성벽까지 단시설이 설치되었다.

- 3번 치는 1번 치에서부터 148m, 2번 치에서부터 25m 떨어진 곳에 위치한다. 치의 평면형태는 반원형으로 평면크기는 12×15m이다. 치의 상단부는 다른 치와 마찬가지로 높이 0.12~0.15m의 석축이 쌓여있고, 너비는 3×3.2m으로 편평하다. 이곳에 둥글게 파진 흔적이 있는데, 너비 2m가량, 깊이 0.18m가량이다. 이 석축은 1번치 방향으로 향해있고, 치의 높이는 외면에서는 4.6m, 내면에서는 3.1m에 달한다. 이곳에는 대부분 맞배지붕 구조의 주거지가 확인되는데, 평면형태 16㎡로 기둥구멍흔적과 온돌이 설치되었다(사진 10).

- 4번 치는 1번 치에서 33m 떨어진 곳에 위치하며, 평면크기 3×3m의 반원형이다. 중간에는 타원형의 구덩이가 1×1.5m로 되졌다.

- 5번 치는 1번 치에서부터 130m 떨어진 곳, 4번 치로부터 97m 떨어진 곳에 위치한다. 치의 상부에는 평면크기 3×3m 반원형의 석축이 남서방향으로 불룩 튀어 나와 있다. 중앙에는 직경 0.5m 정도로 원형수혈이 있다. 1번 치 쪽으로 향하고 있는 치의 모서리는 0.3m 정도 높여있다.

② 제2 방어구역

1번 치의 모서리에서부터 서쪽으로 65m 떨어진 곳에 위치한다. 삼각형 모양의 옹성과 치가 설치된 곳으로 평면적은 3,000㎡이다. 이 곳은 성벽이 이중으로 설치된 곳으로 외벽의 길이는 115m, 원래의 성벽인 내벽은 75m 이다. 중앙에는 너비 2m, 높이 20m 가량의 문이 설치되어 있다. 옹성의 내부에는 계단식의 공간이 있다.

6번 치는 1번 치에서부터 82m 떨어진 곳에 위치하며 이중 성벽이 설치되었다. 치의 상단부는 반타원형으로 크기가 4×5m이고, 외면에서 잰 높이는 6.5m이다.

2번 방어구역은 옹성으로써 서쪽에서부터 성으로 들어가는 문이 있고, 절벽 쪽으로 문이 하나더 확인된다.

③ 제3 방어구역

1번 치에서부터 북벽을 따라서 220m 떨어진 곳에 위치하는데, 분수령에서 약간 튀어나온 곳에 위치한다. 반타원형의 평면형태로 크기가 50×30m, 북쪽을 향하고 있으며 타원의 장축방향이 원래 성벽방향과 같이 일치하고 있다. 외성의 길이는 60m 정도인데, 외벽은 높이가 4m에 달하지만 안쪽에서는 1.3m 정도이다. 이 옹성의 안쪽에는 세 구역으로 나누어져 있는데 그 면적이 45~150㎡이다.

옹성의 안쪽에는 평면크기 4×3m의 4개 방형수혈이 있다. 옹성 내의 북쪽 구릉의 정상에 가까운 곳에는 3×2m의 작은 수혈이 확인된다.

성벽의 내면에서부터 아래 방향으로 내려가는 도로가 확인되었고, 성벽에 문지가 확인되는데 너비는 2.5m이다.

이 곳에는 돌이 많이 쌓인 곳이 있는데, 타원형으로 쌓인 모양으로 보아서 주거시설이 있었던 곳으로 추정된다.

⑶ 북쪽 방어시설

이곳에는 제4 방어구역과 함께 7번 치가 있는 곳이다. 이 곳은 구릉을 쭉 따라서 동쪽 분수령이 끝나는 부분까지 성벽이 이어져 있다. 성의 안쪽에서 높이는 1m가량으로 바깥쪽도 비슷하다. 북벽의 길이는 735m에 달한다.

④ 제4 방어구역

북쪽 벽의 가장 동쪽부분에 위치하는데, 성벽은 경사면 상부의 돌출된 산마루를 반원형으로 돌아가면서 축조되었다. 평면적 10~30×130m이며, 이곳에는 7~8번 치와 두 개의 작은 보루가 확인된다.

- 7번 치. 가장 동쪽 끝에 위치하고 있고, 분수령의 마지막 부분을 차지하고 있다. 높이는 69m, 평면형태는 타원형으로 너비 5×6m이다. 치의 높이는 대략 3m이고, 중앙에는 직경 3m가량의 수혈이 있다.

- 8번 치. 평면형태 반원형으로 크기는 15×12m이고, 성벽과 평행하고 있다. 외면은 편평하나 서쪽방향으로 약간 기울어져 있다.

- 1번 보루. 4번 방어구역의 중간에 위치한다. 방형으로 평면크기는 7.5×7.5m, 4면이 동서남북과 일치하게 방향하고 있다. 벽의 내면 높이는 0.2~0.4m가량, 외면의 높이는 0.7m이다. 벽의 북쪽은 돌출부의 경사와 맞닿아 있고, 해자가 돌아간다. 보루의 내부는 중앙으로 갈수록 점차 낮아지고 있다.

- 2번 보루. 1번 보루에서 북서쪽으로 8m 떨어진 곳에 위치한다. 방형으로 너비는 7×7m이고, 4면이 동서남북방향과 일치하고 있다. 벽의 외면 높이는 0.3m가량이고, 내면의 높이는 0.5m이다.

⑷ 남쪽 방어시설

남쪽면은 거의 절벽이어서 지형적인 이유로 특별한 시설물 없이도 방어가 가능했다. 구릉정상부를 따라서 성벽이 축조되어 있고, 성벽의 일부가 성 남동쪽 외벽에 떨어져서 위치한다. 2개의 치가 있는데, 1개는 성벽이 끝나는 곳에 위치한다.

성벽은 우스티노프카 강의 계곡부 정상에 위치하는데, 성의 높이는 0.5m를 넘지 않고, 산마루의 일부분을 성벽으로 이용하고 있다. 길이는 410m이다.

- 9번 치. 서쪽과 남쪽 성벽 사이의 모서리 부분에 위치한다. 평면형태 반원형으로 크기는 3×3m이고, 성벽의 방향과 평행하고 있다.
- 10번 치. 남벽의 가장 동쪽 끝에 위치하고 있다. 치는 반원형의 공간이 두 부분 상하로 있는데, 상면의 평면크기는 9×6.5m, 하면의 크기는 6×5m 정도이고 3.5m가량 떨어져 있다. 하단의 중앙에는 직경 1.5m, 깊이 0.3m가량의 수혈이 있다. 이 공간 옆에는 바다자갈이 무작위로 쌓여진 곳이 0.15~0.2m가량 쌓여져 있고, 평균 돌 무게는 1.5kg이다.

⑸ 떨어져 있는 성벽

동쪽 산마루 끝의 경사면에서 우스티노프카 강 쪽으로 성벽이 잔존한다. 성의 남쪽 방어시설의 일부인데, 성벽은 직선이고 길이 30m, 높이 0.8m로 돌과 흙으로 축조되었다. 돌은 강에서 옮겨온 것으로, 둥근 자갈돌이 대부분이다.

⑹ 성의 내부

성의 내부에는 전통에 따라서 여러 시설물이 확인되는데, 성의 내성, 보루, 생활공간 등이 내성벽으로 분리되어 있다.

① 보루

보루는 북쪽벽에서부터 남쪽으로 29km 떨어진 곳에 위치한다. 평면형태 정방형으로 크기는 25×25m, 높이는 1.5~2m, 보루의 안쪽에서 높이는 5m에 달한다. 보루 남쪽벽의 정중앙에는 문지로 보이는 곳이 2m 정도 절개되어 있다. 보루문을 통해서 도로가 지나갔다.

② 생활공간

북쪽과 남쪽의 인공적으로 구축된 테라스 위에 위치한다. 토층상에서 보면 이 인공적인 테라스는 판축기법에 따라서 축조되었다[19](보로비예프 1975, 1983). 맨 아래에 구릉의 경사면을 다듬어서 그 위에 소토로 가장 하단부를 만들고 그 위에 무거운 흙을 한 겹 더 덮었다. 인공 단층의 어떤 부위에는 높이 10~12m에 달하는 곳도 있다. 이 곳의 북쪽에는 319개의 장방형 주거지 수혈이 확인되는데 큰 것은 3×5m이다. 테라스의 크기에 따라서 주거지가 1개부터 5개까지 잔존한다. 당연히 주거지 주변에는 생업과 관련된 구역이 있는데 농사짓던 곳도 있었다.

③ 생활공간

성 내에서 주거지 1동을 포함해서 한 곳 확인되었다. 지상식 주거지로, 평면형태 장방형으로 평면적은 24㎡이고, 'ㄱ'자형 온돌시설과 기둥구멍 등이 주거지의 시설물로 확인되었다. 주거지 장축방향은 북쪽이다. 주거지 중앙에는 지름과 깊이가 0.4m인 기둥구멍이 있는데, 안에 돌이 있었다. 다른 기둥구멍은 직경이 0.3~0.4m이다. 온돌의 맞은편에는 벽체가 일부 남아 있는 것이 확인되었다.

주거지의 남쪽벽에는 문이 있었던 것으로 보인다. 문의 왼쪽에는 길이 1.4m의 돌로 만들어진 높이 0.4m 부뚜막이 설치되었다. 구들장은 바닥에서 높이 0.2m 정도이며, 너비는 1.5×4m가량이다. 연도는 편평한 돌이 놓였는데, 주거지의 북동쪽 모서리 부분에 잔존한다. 온돌의 연기는 굴뚝을 통해서 외부로 빠져 나갔을 것이다. 연도의 단면 직경 0.6m로 둥글고, 돌로 제작되었다. 주거지의 바닥은 5cm 정도 두께로 점토 다짐되어 있다.

---

19) Воробьев М.В. Отчет о раскопках средневековой крепости на К раснояровской сопке у г. Уссурийска Приморского края в 1960 г. // Архив ИА РАН. Р-1, № 2159;

주거지에서는 북송시대화폐인 崇寧重寶(1102~1106년)가 발견되었다.

생업 시설물. 주거지의 동쪽에서 아주 심하게 교란된 채로 확인되는데, 테라스를 따라서 주거지 앞에 임시적인 노지가 몇 기 설치되었던 것으로 보인다.

④ 내성

유적의 북서쪽에 남벽과 가까운 곳에 위치한다. 이 내성의 구조는 매우 복잡하다. 전체적으로 'ㄱ'자 평면으로 크게 3부분으로 나눠진다. 전체 평면형태가 'ㄱ'로 처음 시작과 마지막은 장방형이고, 꺾어지는 모서리 부분 및 이와 이어지는 부분은 평면형태 5각형이다. 성벽의 가장자리는 모두 흙을 덮어 처리하였다. 내측면의 성벽높이는 0.5m이다. 성벽을 따라서 도로가 지나가는데, 이 도로는 북쪽 산마루의 경사면을 따라서 나 있다.

산마루 정상부에 시설물이 위치하는데, 평면형태 장방형으로 30×35m이다. 테라스 위에는 5개의 편평한 곳이 있다. 서쪽벽에는 너비 1.5m의 문이 있고, 성의 위쪽으로 향하고 있다. 성의 동쪽 모서리 부분에는 내성으로 들어가기 위한 문이 있다.

경사면 아래에는 두 번째 시설물이 있는데, 그 내부에는 벽이 있고, 그 사이에 도로가 나 있다. 상기한 건축물은 장방형으로 크기가 95.7×40×35m이다. 내부는 7개로 나눠지는데 점차 지형에 따라서 낮아진다. 테라스의 높이는 17m에 달한다. 이 공간의 바로 옆에는 이등변 삼각형 모양으로 공간의 모가 줄어지며 전체 내성 모양이 'ㄱ'자 모양이 되었다. 평면형태 삼각형모양의 벽의 길이는 각각 35, 30, 60m이다. 문은 남동쪽 방향으로 나 있는데 너비가 1.5m가량이다. 이 곳에 연접된 평면형태 5각형 모양의 공간에는 'ㄷ'자 모양으로 높이 30cm 정도의 토벽이 있는데, 남서벽이 없다.

이 내성은 행정관청의 역할을 했을 것으로 생각된다.

* 시바이고우 성은 산지성으로 그 평면형태는 자연적인 지형 탓에 부정형이다. 크기는 매우 대형이고, 성안에 내성과 보루 등이 존재한다. 성벽은 흙과 돌을 섞어서 축조하였다. 성에는 치와 투석기 등이 확인되는데, 전쟁시에 사용 되었던 행정적인 용도였을 것으로 보인다. 유물은 화병형 토기, 철제품, 숭녕중보 등이 확인되었다. 시바이고우 성은 동하국이 존재했던 1217년부터 1234년 사이에 축조되었던 것으로 생각된다.

7) 사도비이 클류치 성

제르칼나야 강의 지류인 사도바야 강의 오른쪽에 위치한 수보로보 마을의 서쪽에서부터 2km 떨어진 곳에 위치한다(그림 17·26, 표 2).

성은 아주 교란이 심하며 성벽은 많이 무너진 상태이다. 평면형태는 방형이고, 각 모서리가 동서남북 방향과 나란하다. 성벽의 길이는 100m이고, 평면적은 1,000㎡이다. 성벽은 돌로 덮혔다. 성벽에서 북동쪽으로 떨어진 중앙에 2m 너비의 절개면이 있는데 문지였던 것으로 보인다. 지표채집된 유물 가운데 발해토기편이 확인되었다.

성은 1980년대에 발견되었고, 소비에트과학아카데미 시베리아분소의 북아시아고고학탐험대가 1983년에 발굴하였다(글라디셰프 1986). 1996년에는 볼딘과 니키틴이 재조사하면서 수보로보(Суворово, Suvorovo) 성으로 명명하기도 하였다.[20]

2003년에는 아무르-연해주 고고학발굴단이 성을 새로이 조사하고 평면도를 작성하였다[21](그림 26).

---

20) Болдин В.И., Никитин Ю.Г. Археологические работы в Кавалер овском, Чугуевском районах Приморского края в 1996 г.

21) Дьякова О.В. Отчет о работах Амуро-Приморской археологическ ой экспедиции в 2002 г. на городищах Куналейское, Красное Оз еро и разведочных работах в Кавалеровском, Дальнегорском и Т

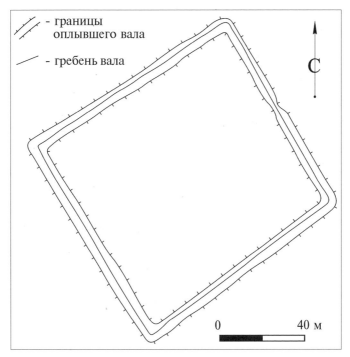

그림 26. 사도비이 클류치 성의 평면도

* 사도비이 클류치 성은 평지성으로 평면형태 방형이다. 크기는 작은편으로, 성의 구조물에는 치가 없다. 내부는 아주 단순하다. 성벽은 돌과 흙을 섞어서 축조하였다. 성은 마을의 방어용으로 생각된다. 성의 시기는 발해 시기로 생각된다.

ернейском районах Приморского края; она же. Археологические работы Амуро-Приморской археологической экспедиции в Прим орском крае в 2003 г.

8) 보고폴예 성

보고폴예 마을의 남동쪽 가장자리에 제르칼나야 강의 바로 왼쪽에 위치한다(그림 17·27·28).

전체적으로 성의 평면형태는 사다리꼴 모양으로, 2중 성벽이고 해자도 2개이다. 성의 모서리가 동서남북방향과 일치하고 있다. 성벽의 높이는 0.7~1.5m, 너비는 1~1.5m, 성벽 하단의 너비는 3~5m이다. 해자의 깊이는 1~1.5m, 너비는 1.5~3m이다(표 2). 성벽은 돌과 흙을 사용해서 축조되었지만, 기본적인 성벽은 돌을 쌓은 것이다. 돌의 크기는 직경

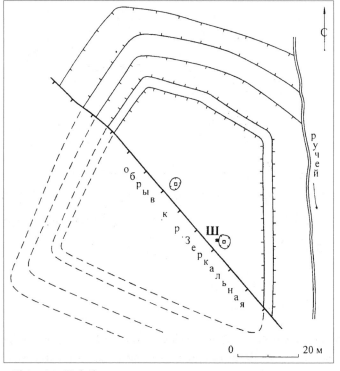

그림 27. 보고폴예 성

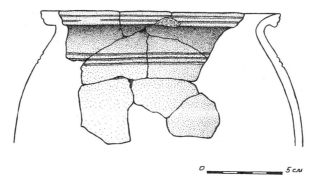

그림 28. 보고폴예 성 출토 유물: 발해토기

10~50cm이다. 성벽의 외면에는 돌로 기슭막이를 만들어 분리하였다. 서
벽에는 너비 2m가량의 절개면이 문지로 생각된다. 남아 있는 서벽의 내성
길이는 20m, 외성 길이는 30m, 북쪽의 내성 길이는 55m이다. 성 안에는
점토다짐을 한 것으로 보인다. 성의 가운데는 크기 4×5m의 주거지 수혈
이 확인되었다. 발해 토기(그림 28)가 몇 점 출토되었다.

아무르지역연구회(ОИАК, OIAK)의 문서보관소에 보관된 메모에 의하
면 이 성의 최초 발견자가 부세 혹은 아르세니에프 인지 확실치 않지만, 성
을 도로 옆의 마을 가장자리에 위치한 보고폴예 방어시설로 명명하였다.[22]

2004년 아무르-연해주 고고학발굴단이 새롭게 조사했다.

* 성은 평지성으로 평면형태는 사다리꼴 모양으로 평면적은 작은 편이다
(2,000㎡). 치는 없고, 성의 구조는 아주 단순하다. 내성도 존재하지 않는
다. 성벽은 돌과 흙으로 판축되었고, 기슭막이가 확인되었다. 성은 직접

---

22) Список памятников старины в Южно-Уссурийском и Зауссурийс
ком крае, не осмотренных и не описанных Ф.Ф. Буссе, кн. Кропо
ткиным, подготовленный Арсеньевым // Архив ОИАК. Оп. 1, д.
81.

살기 위해서 지어진 것으로 생각되며, 출토유물로 보아서 발해와 발해 이후까지 존재했을 것으로 생각된다.

9) 제르칼나야 토성

제르칼나야 강의 왼편에 제르칼나야 마을에서 위쪽으로 3km 떨어진 곳에 위치한다. 성벽의 길이는 50m이고, 높이는 0.5~0.7m으로 토성벽이다. 1961년 안드레예바가 처음으로 발견하였다.[23]

10) 우스티-제르칼노예 석성

제르칼나야 강 입구에서 남쪽으로 1km 떨어진 곳, 제르칼나야 마을에서 남동쪽으로 9km 떨어진 곳 절벽에 위치한다(사진 11, 그림 29~30, 표 2). 암반의 동쪽은 동해로 떨어지는 절벽이고, 서쪽은 아주 경사가 가파르다. 암반의 정상부에는 2중 성벽이 잔존한다(그림 29).

성벽은 돌이 주가 되고 흙을 충진재처럼 사용해서 축조되었다. 내성의 길이는 70m이고, 외성의 길이는 80m이다. 안쪽에서 성벽의 높이는 1m를 넘지 않고, 외벽은 경사면으로 거의 떨어지고 있다. 성벽 안쪽에는 2개의 평탄지가 있는데, 평면크기가 3×1.5m이다. 유적의 전체 면적은 1500 m²이다. 성은 현대의 방공호 등으로 아주 교란이 심하다. 유적에서 방공호의 벽을 정리한 결과 다음과 같다.

1. 표토층 0.7~10cm
2. 방공호에 의해서 파진 흔적이 남아 있는 부식토-15~20cm

---

23) Андреева Ж.В. Отчет о разведках в Чугуевском и Кавалеровском районах Приморского края в 1961 г. // Архив ИА РАН. Р-1, № 2391.

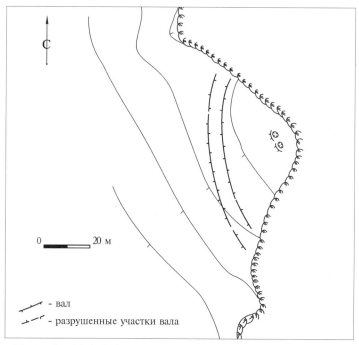

- вал
- разрушенные участки вала

그림 29. 제르칼나야 강 입구 성의 평면도

3. 쇄석이 섞인 명갈색
사질토-20~30cm
4. 자갈층(생토)

명갈색 사질토층에서
리도프카 문화의 토기(그
림 30)와 원통형 모양의
미완성 석제품이 출토되
있다.

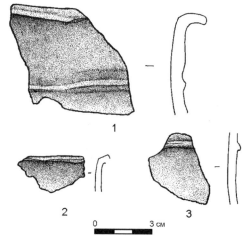

그림 30. 제르칼나야 강 입구에서 출토된 토기
(1~3-리도프카 문화의 토기)

표 2. 제르칼나야 강 유역의 성 특징

유적	형	평면형태	평면적(㎡)	성벽				성의 내부			용도	문화	연대
				축조방법	구조물	너비	높이	바닥	내성	보루			
베뉴코보	절벽성	(직사각형)	4800	토성	없음	2.7	2	편평	없음	없음	군사방어용	발해, 동하국	연대 알 수 있는 유물 없음
고르노레체스노예-1	산지성	(U자형)	2500	석+흙	없음	2	1.5	편평	없음	없음	군사방어용	.	연대 알 수 있는 유물 없음
고르노레체스노예-2	산지성	(U자형)	4000	석+자갈	없음	2	3	편평	없음	없음	취락	발해	7~10세기
고르노레체스노예-3	산지성	(육각형)	2020	석	없음		0.5	편평	없음	없음	군사방어용		발해시기
시바이고우	절벽성	(도형)	20000		치+석축			편평	있음	있음	군사행정관청	동하국 (여진)	1217~1234년
사도바야 물류지	평지성	(직사각형)	10000	사암토 혼입된 자갈	없음		0.5~1.5	편평	없음	없음	취락	발해	7~10세기
우스티 체르칼노예	산지성	(U자형)	1500	석+흙	없음		1	편평	없음	없음	군사방어용	리도프카 문화 (청동기시대)	기원전 1천년기
보고폴예	평지성	(오각형)	2000	석+흙	없음		1.5	편평			취락?	발해	7~10세기
체르칼나야	평지성			흙	없음	50	0.5				방어용	중세시대	중세시대
파디 시로카야	평지성										경계방어용	중세시대	중세시대
스칼라 메드수	산지성		1000					편평	없음	없음	보조	발해	7~10세기

- 성은 산지성이고, 평면형태는 부채꼴 모양이며, 평면적은 소형이다. 성벽은 흙을 부수적으로 사용하고 주로 돌로 축조하였다. 성의 내부구조는 아주 단순하고 내부성과 보루도 확인되지 않는다. 치가 없으며 성은 제르칼나야 강을 지키거나 살펴보기 위한 방어용으로 생각된다. 이 성은 청동기시대 리도프카 문화의 것으로 기원전 1천년 기의 것이다.

11) 파디 시로카야 성벽

동해로 흘러가는 시로카야 강의 계곡 왼쪽에 위치한다(그림 17). 제르칼나야 강 유역과는 약간 거리가 있지만, 관련이 있는 것으로 생각된다. 높은 성벽은 계곡을 가로질러서 좁은 지역을 구획하고 있다. 성벽의 중앙에는 끊어진 부분이 있다.[24] 성벽의 용도는 시로카야 계곡을 지키는 방어용으로 생각된다.

12) 제르칼나야 강 유역의 성 유적 대한 소결

제르칼나야 강은 동해로 흘러가는데, 시호테 알린 산맥의 동과 서를 연결해서, 이 지역 방어에 큰 역할을 한다. 이 곳에는 60~80km 사이에 11개의 성이 존재한다. 군사 방어용의 성격이 강한 베뉴코보 성, 고르노레첸코예-1~3 성, 군사용 행정관청으로 대형성인 시바이고우 성과 마지막으로 실제 주민들이 살면서 방어적인 성격이 강했던 사도비이 클류치 성, 고르노레첸스코예-2 성, 우스티-제르칼나야 성 등이 그러하다. 또 성벽만 잔존한 제르칼나야 강의 토성과 시로카야 계곡의 성벽도 있다.

가장 오래된 방어시설로는 제르칼나야 강 유역의 절벽 위에 위치한 기원전 1천년 기 청동기시대의 리도프카 문화 토기가 출토된 환호이다. 환호에

---

24) Силантьев Г.Л. Об археологической разведке на территории Ка валеровского, Партизанского и Шкотовского районов Приморско го края, 1980 г.

서는 제르칼나야 강의 만에서 들어오는 모든 것이 잘 보이는데, 입지로 보아서 용도가 방어용임이 매우 뚜렷하다.

제르칼나야 강 유역에는 발해국(628~926)과 관련된 성들이 존재하는데, 고르노레첸스코예-1,2,3 성, 사도비이 클류치, 스칼라 데르수의 자연방어시설물이 그러하다.

유적의 입지에 따라서 크게 3가지로 나눌 수 있다.

1. 산지성: 고르노레첸스코예-1~3성
2. 평지성: 사도비이 클류치, 보고폴예 성
3. 곶성: 스칼라 데르수

제르칼나야 강 유역에서 가장 늦은 시기의 방어시설물은 동하국(1217~1234)의 것이다. 이 시기에 축조된 성은 시바이고우 성과 베뉴코보 성도 그러한 것으로 생각된다. 모두 산성이지만 용도는 다르다. 베뉴코보 성은 제르칼나야 강으로 들어가는 길목에 위치하면서 강의 남쪽과 서쪽의 통제하며 그 지점에 암자가 있었던 것으로 보인다. 성의 평면형태는 'ㄷ'자형으로 한쪽이 뚫린 것이다. 시바이고우 성은 연해주 동북지역에서 가장 큰 성 중에 하나로, 전쟁용 행정관청으로 생각된다.

제르칼나야 강의 교통로는 베뉴코보 고개에서부터 강을 따라서 나 있다가, 보고폴예 마을 뒤에서 갈라진다. 하나는 바다로 향하는데, 보고폴예 성이 이를 증명한다. 다른 하나는 북쪽으로 테튜힌 고개를 지나서 모나스트르카 강과 오른쪽의 지류인 루드나야 강으로 향하고 있다.

3. 루드나야 강 유역(구 지명: 테튜헤Тетюхэ)

루드나야 강은 큰 강으로 시호테 알린 산맥의 동쪽 경사면에서 동해로 떨어지는 방향으로 흐르고 있다(지도 1, 사진 12). 길이는 73km, 전체 수계의 너비는 1,140㎢이다. 강으로 떨어지는 전체 길이가 942m이고, 경사는 12.9°이다. 이 강 유역에는 지류를 포함해서 942개의 강이 있고, 전체 길이는 939km에 달한다. 강 네트워크의 평균 밀도는 0.82㎢이다. 가장 큰 지류는 고르부샤(Горбуша, Gorbusha)(강의 좌안, 길이 16km), 크리바야(Кривая, Kribaya)(강의 우안, 길이 37km), 프라마야(Прямая, Pramaya)(강의 우안, 길이 24km), 모나스티르카(강의 우안, 길이 23km)이다.

이 강의 유역은 시호테 알린 산백의 동쪽 산 기슭 부분부터 시작된다. 집수지는 고지대로 높이 1,000~1,200m의 암벽지반에서 발원했다. 산의 아래는 경사가 완만하고, 높이도 300~500m 정도로 낮아졌다. 산의 경사면 계곡 사이에는 지류와 폭포가 흐른다.

강 유역에서는 많은 광물자원들이 확인되는데, 대부분 모래와 실트암이 많고 드물게는 석회암이 판상으로 들어가 있는 종류석이 있다. 강의 계곡에서 생토층은 모래, 점토, 쇄석으로 성층된 실트암층이다. 집수지의 수풀 밀집도는 82%에 달한다.

강의 입구는 매우 넓어서 살기에 적합한 곳으로 생각된다. 루드나야 강의 시호테 알린 산맥의 동쪽과 서쪽을 연결하는 것과 관련이 있다. 루드나야 강 유역에서 1906년 아르세니에프는 그의 3번 일기장에서

'테튜헤 강과 리브나야 강에는 아주 넓은 평야 지역으로 사람이 살기에 아주 적합했다'는 견해를 밝혔다.[25]

이 강 유역에는 모두 4개의 성 유적이 발견되었다(그림 31). 에스톤카,

---

25) Арсеньев В.К. Путевой дневник 1907 г. // Архив ПФРГО-ОИАК. Ф. 14, оп. 1, д. 8, л. 87.

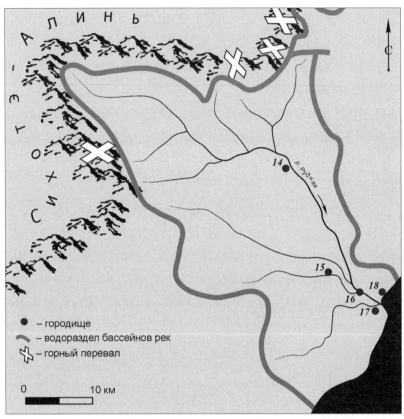

그림 31. 루드나야 강 유역의 성 위치도

(14-달네고르스코예 자연방어시설, 15-모노마호프스코예 성, 16-에스톤카, 17-바시코프스
코예, 18-프리스탄스코예)

모노마호프스코예, 바시코프스코예, 프리스탄 성 유적과 자연방어시설인
달네고르스크 유적, 단순 참호시설로 보이는 모나스트르스카 유적이다.
다음은 성에 대한 설명인데, 강 상류에서부터 하류로 설명하고자 한다.

1) 달네고르스코예 자연 방어 시설

루드나야 강 우안의 달네고르스크 마을에서 남쪽으로 2km 떨어진 곳으

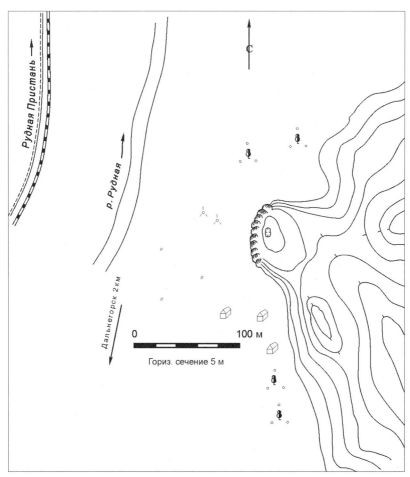

그림 32. 달네고르스코예 자연성벽

로, 시호테 알린 산맥에서 튀어나온 곳의 높이 50m의 암벽 위에 존재한다
(그림 17·32, 사진 13). 이 구릉은 강쪽 방향으로 서쪽을 향하고 있다. 이
곳에는 작은 마을이 있었던 것으로 보이는데 크기 3×4m의 주거지 수혈이
확인된다. 유적에서 발해의 토기가 채집되었는데, 대략 8~10세기에 해당
한다. 타타르니코프에 의해서 처음으로 발견되었다. 2002년 아무르-연해

주 고고학발굴단에 의해서 재조사되었다(그림 32, 표 3).

2) 모노마호프스코예 성[26]

모노마호보스크 마을에서 서쪽으로 2km 떨어진 곳으로 루드나야 강의 하류로 들어가는 프라마야 강의 지류인 라즈드보예나야(Раздвоенны, Razdvoenny) 강과 볼로틴(Болотны, Bolotny) 강 사이의 단층 경사면의 가장자리에 위치한다(그림 17·31·33, 표 3).

언덕의 경사가 동서 방향과 일치한다. 언덕의 너비는 80m 정도이다. 경사면에는 중앙이다. 성에 아주 조그마하게 불룩 솟아 있다. 북과 남쪽은 절벽과 맞닿아 있다.

성벽은 삼면만 잔존해서 'ㄷ'자 모양이다. 북쪽벽은 절벽인 자연적 입지를 그대로 이용하였다. 동쪽벽에는 높이 1.5m로 너비 3m의 문지가 있다. 동쪽성벽의 북쪽은 부채꼴 모양으로 70m, 남쪽은 직선으로 길이 108m, 높이는 1m이다. 성벽의 남쪽 벽에는 동쪽 모서리와 40m 떨어진 곳에 너비 4m의 절개면이 있는데, 문지로 보인다. 이 곳에는 남쪽 경사를 따라서 난 길이 하나 확인되었다. 서쪽벽의 길이는 60m 정도이고, 바깥으로 2중으로 성벽이 따로 둘러졌다. 성의 평면크기는 7,000㎡이다. 성벽은 돌과 흙으로 축조되었다. 남서 모서리 안쪽에는 돌로 막음 되어 있다(그림 33).

성의 서쪽부분에는 가장 안쪽 성벽을 보완하는 이중성벽이 확인되는데, 가장 외벽은 부채꼴 모양으로 둥그스름한데 길이가 90m 정도이다. 그 안쪽 성벽은 남쪽으로 'ㄱ'자로 연결되며, 북쪽부분의 돌출부로 연결되었다. 서벽의 길이는 70m이고 높이는 2~6m이다.

시굴 결과 다음과 같은 토층상황이 확인되었다.

---

26) 이 성은 문헌에서는 몇 개의 이름이 각기 알려졌다. 므라모르느예(Мраморное), 루드닌스코예(Руднинское), 모호마호프스코예(Мономаховское)이다. 그 뒤에 필자가 이 유적을 조사한 후에 모노마호프스코예로 결정하였다.

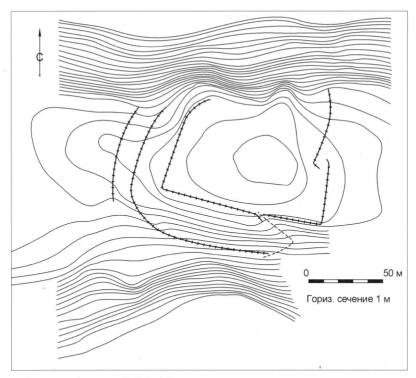

C

0   50 м

Гориз. сечение 1 м

그림 33. 모노마호프스코예 성의 평면도

1. 부식토층의 두께: 0.03~0.05m
2. 돌이 섞인 암갈색 사양토 두께: 0.01m
3. 돌과 쇄석이 섞인 암갈색 사양토 생토

　문화층은 제2층으로 암갈색 사양토이다. 토기가 출토되었는데, 횡방향
의 차양형 파수로, 이는 발해 문화에서 아주 특징적인 유물이다.
　1953년에 오클라드니코프를 단장으로 한 극동고고학발굴단이 처음으
로 조사하였고(오클라드니코프 1959), 1973년에는 지표조사 및 평면도를

작성하였다.[27] 1978~1979년에는 간단한 조사를 실시하였다.[28] 2003년
에는 아무르-연해주 고고학발굴단이 지형도 및 정확한 평면도를 재작성하
였다.[29]

* 성은 산지성으로 평면형태가 'ㄷ'자형으로 개방형이다. 성벽이 여러 개로
복잡하다. 성의 구조물에는 치는 없고, 두 개의 문지만 확인된다. 성 내부
는 아주 단순하며, 내성과 보루 등은 확인되지 않는다. 성벽은 돌과 흙으로
축조되었다. 용도는 모나스티르카 강 계곡의 교통로를 통제하는 방어시설
및 마을로 생각된다. 발해국가 시기(7~10세기)에 축조되었다.

3) 에스톤카 성

달네고르스크 지역의 모노마호보 마을에서 남서쪽으로 1.5km 떨어진
루드나야 강의 입구에 위치한다(그림 17·31·34, 사진 14, 표 3). 19세기
말부터 주민들에 의해 에스톤카 성으로 불리었다. 1989년 아무르 지역 연
구회에서 테튜헤 강 계곡의 요새로서 팔체프스키의 정보에 의해서 알려졌

---

27) Дьякова О.В. Отчет об археологической разведке в Дальнегорск
ом и Тернейском районах Приморского края. 1974 г. // Архив ИА
РАН. № 4384; она же. Отчет о работах Амуро-Приморской археол
огической экспедиции в 2002 г. на городищах Куналейское, Кра
сное Озеро и разведочных работах в Кавалеровском, Дальнегорс
ком и Тернейском районах Приморского края.
28) Татарников В.А. Археологические исследования в северо-восто
чном Приморье. 1978 // Архив ИА РАН. № 7095.
29) Дьякова О.В. Отчет о работах Амуро-Приморской археологическ
ой экспедиции в 2002 г. на городищах Куналейское, Красное Оз
еро и разведочных работах в Кавалеровском, Дальнегорском и Т
ернейском районах Приморского края.

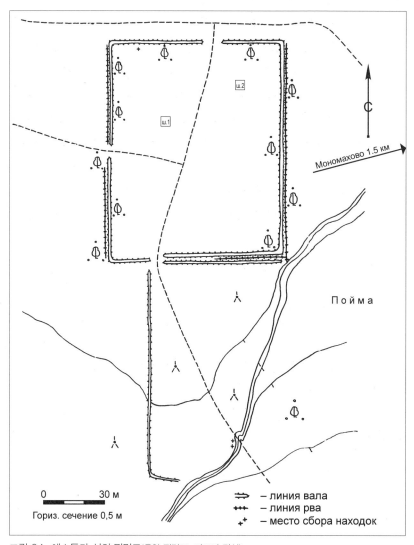

그림 34. 에스톤카 성의 평면도(육안 평면도, 댜코바 작성)

다. 1980년대에는 타타르니코프가 조사한 후, 1992년 댜코바가 성에 대한 좀 더 정확한 정보와 평면도를 작성했다. 1996년 아무르-연해주 고고학발굴단이 지표조사 및 시굴조사를 실시했다.[30]

성벽은 아주 정확한 장방형으로 각 성벽은 동서남북 방향과 일치하며, 장축방향은 남북이다(그림 34). 성벽은 돌과 흙을 이용해서 축조하였다. 성의 장축은 100m, 단축은 85m, 평면적은 8,500㎡이다. 동쪽 성벽이 다른 성벽에 비해서 높은 편인데, 외측면에서는 2~2.5m, 내측면에서는 1.2m이다. 서쪽과 동쪽 벽 주위를 해자가 두르고 있다. 북쪽벽에 문지가 있다. 남쪽에는 문지가 있는데, 이를 기준으로 해서 서쪽방향으로 남쪽 성벽이 2중으로 설치되고, 이중해자가 있다. 성의 남쪽 바깥에는 강으로부터 들어오는 입구를 막는 방어용 성벽이 일자로 뻗어 있다. 성 내부에는 돌로 만든 우물이 잔존한다.

성 내부에는 지표조사 및 시굴조사를 통해서 성의 층위를 알 수 있다(그림 35). 상층은 부식토층으로 민속학적인 유물이 남아 있었는데, 19세기 성 안에 살았던 농부의 것이다. 아래층은 사양토층으로 8~10세기경의 발해 토기편이 확인되었다(그림 36).

* 에스톤카 성은 평지성으로 장방형 평면형태이고, 성 내부에는 내성과 보루 등의 별다른 시설이 없다. 크기로는 소형으로, 치는 없다. 성벽은 돌과 흙으로 축조되었는데, 용도는 취락의 방어용으로 생각된다. 발해국(7~10세기) 시기에 축조되었다.

30) Сидоренко Е.В. Отчет о разведочных работах в Тернейском и Дальнегорском районах Приморского края в 1997 г. // Архив ИА РАН. Р-1, № 21 383. 165.

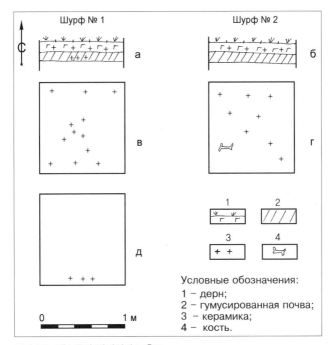

그림 35. 에스톤카 평지성의 토층도
  а-1번 시굴 구덩이의 북쪽 절개면
  б-2번 시굴 구덩이의 북쪽 절개면
  в-1번 시굴 구덩이에서 표토층에서 6~7cm 들어간 곳의 평면도
(부식토층과 문화층 경계면으로 반파된 토기 확인)
  г-2번 시굴 구덩이에서 표토층에서 6~7cm 들어간 곳의 평면도
  д-1번 시굴 구덩이의 평면도
(부식토층에서 10~12cm 들어간 사양토층으로 회색 토기가 확인됨)

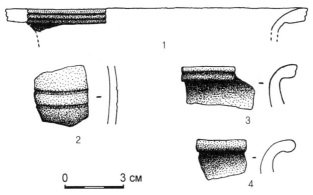

그림 36. 에스톤카 성 출토 토기. 1번 시굴 구덩이의 하층 출토
(1-발해토기 구연부, 2-발해토기의 동체부편, 3-말갈토기의 구연부편,
4-녹로에 의해 제작된 토기 구연부편)

4) 바시코프스코예 성

스미치카(Смычка, Smychka) 마을에서 남동쪽으로 1.5~2km 떨어진 곳으로 모나스티르카 강의 우안 언덕 위에 위치한다(그림 17·31·37, 사진 15~17, 표 3). 성의 남쪽 부분은 절벽이다.

언덕의 정상부가 성의 내부가 되게 하고, 북쪽과 서쪽의 석벽이 둥글게 돌아가도록 축조되었다. 성벽의 내측면 높이는 1m에 달한다. 성벽의 외면은 언덕의 경사면이 심하고, 성벽의 돌이 쓸려 내려가서 축조 당시의 높이는 알 수 없다.

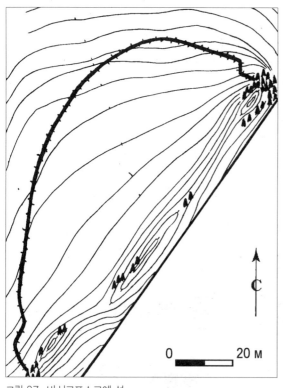

그림 37. 바시코프스코예 성

성벽의 중앙에는 모나스트르카 강의 입구 쪽으로 불룩 튀어나온 석축이 있다. 석축의 평면형태는 타원형으로 크기는 3.5×4m, 작은 문이 있다. 성벽의 모서리에는 평면형태 1.5~1m 크기 타원형의 수혈이 있는데, 가장자리에 큰 돌이 둘러져 있다. 성벽의 둘레에는 타원형 수혈이 2기 존재하고, 길이는 160m이다. 성의 전체 크기는 1,260m²이다.

1995년 타타르니코프가 처음발견하고

1997년, 2001년, 2003년에 아무르-연해주 고고학발굴단이 조사했다.[31] 성에서 시굴조사 한 결과, 층위는 다음과 같이 파악되었다.

1. 부식토층의 두께는 0.03m
2. 암갈색 사양토가 혼입된 자갈층

B 시굴에서는 말갈 문화의 토기가 발견되었다.

• 바시코프스코예 성은 산지성으로 한쪽 성벽이 없는 부채꼴 모양의 성벽으로 크기는 중형이 다. 성벽은 돌로 축조되었고, 성에는 치가 없다. 성의 내부에는 내성과 보루가 확인되지 않으며 단순하다. 성의 용도는 방어용으로 생각된다. 석벽은 고구려의 것과는 관계가 없다(보로비요프 1961).

이 유적은 발해시기에 축조된 것으로 인접한 스미치카 마을의 발해 마을 유적과 12~13세기까지 잔존하였던 모나스티르카-3 말갈 분묘 유적과 직접적인 관련이 있을 가능성이 있다.

5) 프리스탄스코예 성

루드나야 프리스탄 마을에서 북서쪽으로 3km 떨어진 곳에, 루드나야

---

31) Дьякова О.В. Работы Амуро-Приморской археологической экспедиции 2001 года // Архив ИА РАН. Р-1, № 24 910; она же. Отчет о работах Амуро-Приморской археологической экспедиции в 2002 г. на городищах Куналейское, Красное Озеро и разведочных работах в Кавалеровском, Дальнегорском и Тернейском районах Приморского края. Дьякова О.В. Работы Амуро-Приморской археологической экспедиции 2001 года.

강의 좌안에 위치한다(지도 1, 그림 17·31). 평면형태는 장방형이고, 서쪽에는 성벽과 해자가 이중으로 설치되어 있다. 성벽은 석벽으로 높이가 1.5m에 달한다. 성은 4개의 문이 있고, 평면적은 3,000㎡이다. 1989년도에 파레체프스카가 처음 발견했다. 연대는 7세기에서 8세기 전반으로 생각된다. 현재는 루드나야 프린스탄 마을이 개발되면서 유적은 완전히 파손되었다.

* 성은 평지성으로 평면형태는 장방형이고, 크기는 소형에 해당한다. 용도는 취락용이다. 성의 평면형태나 크기로 보아서 발해국(698~926년) 시기에 축조되었던 것으로 보인다.

6) 루드나야 강 유역에 대한 소결

루드나야 강 유역의 지리학적 입지는 유적입지에 큰 영향을 미친다. 시호테 알린 산맥의 비교적 덜 가파른 동쪽 경사면에서 이 강이 발원하지만, 발원지인 상류가 매우 높은 산에서부터 시작되는 까닭에 상류와 중류 역에서는 방어시설은 없다. 하류에서 모두 5개의 유적이 확인된 에스톤카 성, 모노마호프스코예 성, 바시코프스코예 성, 프리스탄스코예 성, 달네고르스코예 방어시설 등이다. 이 중 에스톤카 성과 프리스탄 성은 평지성으로서, 중국 영향을 받은 발해성의 특징을 보이고 있다. 모노마호프스코예 성은 산지성으로 역시 발해시대에 축조되었고, 달네고르스크 자연 방어성, 석성인 바시코프스코예 성도 발해시기에 축조되었는데 곶 위에 입지한다.

유적의 위치는 제르칼나야 강과 루드나야 강이 발해의 교통로였다는 정보를 제공한다. 제르칼나야 강 계곡에서부터 루드나야 강 유역으로 가는 길은 테튜헤 고개 중에 가장 낮은 부분으로 1950년대까지 주민들이 이동하던 경로로 '보고폴예 도로'로 알려졌다. 루드나야 강의 우안 지류인 모나스티르카 강은 루드나야 강의 입구에서 합쳐지고, 테튜헤 고개를 통해서 모나스티르카 강으로 갈 수 있다. 이 강 유역에는 유적이 많아서 고고학자들이 아주 흥미 있게 생각한다.

　루드나야 강 유역에는 4개의 성과 1개의 자연방어시설이 존재한다. 2개의 성은 장방형 평지성(에스톤카 성, 프리스탄스코예 성)이다. 곶 성으로 한쪽 성벽이 없는 석성(바시코프스코예 성)과 산지성(모노마호프스코예 성), 자연방어물(달네고르스코예 성)이고, 발해의 성으로 추정된다.

표 3. 루드나야 강 유역의 성 특징

유적	형	평면 형태	평면적 (㎡)	성벽					성의 내부			용도	문화	연대
				축조 방법	구조물	너비 (m)	높이 (m)		바닥	내성	보루			
에스톤카	평지성	▭	8,500	석+흙	치없음	4~5	2.5~ 1.2		편평			취락용	발해 문화	7~10 세기
모노마호 프스코예	산지성	⊓	1,000	석+흙	치없음	5~6	1.5~ 2~6		편평			취락용	발해 문화	7~10 세기
바시코프 스코예	절벽성	(	12,600	석	치없음	2~3	1		편평			군사 방어용	발해 문화	7~10 세기
프리스탄 스코예	평지성	▭	3,000	석	치없음		1.5		편평			취락용		
달네고르 스코예	자연방 어시설											방어 보초용	발해 문화	7~10 세기

4. 리도프카 강 유역

　리도프카 강은 동해로 흘러들어가는 작은 강으로, 두 언덕 사이로 강 입구가 지나간다(그림 38).

1) 두브로빈스코예 토성

　두브로빈스코예 토성은 리도프카 마을에서 북동쪽으로 1km 떨어진 곳에 곶의 가장자리 끝에 위치한다(사진 18, 그림 39~40, 표 4). 1980년대

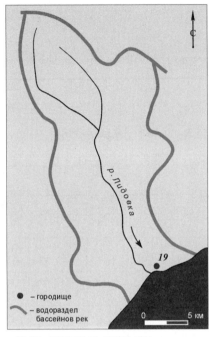

● – городище

◠ – водораздел
     бассейнов рек

0   5 км

그림 38. 리도프카 강 유역의 지도
(19-두브로빈스코예 성)

타타르니코프가 처음 발견하고, 2001년 아무르-연해주 고고학발굴단이 조사했다.[32] 곶의 길이는 80m, 너비는 35~65m, 해발 20~25m의 높은 곳에 위치한다. 곶의 평면 형태는 삼각형인데, 입구에 2중 토벽을 세웠다. 성벽은 큰 돌이 섞인 흙으로 축조되었는데, 높이가 대략 1m가량이고 길이는 65~70m이다. 이 성벽 사이에 너비 2m의 나지막한 해자가 있다. 내부에는 2.5×3.5m 타원형의 수혈이 7개 잔존한다(그림 39).

성의 중앙에서 시굴조사를 통해서 다음과 같은 층위를 파악했다(그림 40).

1. 부식토층 0.08m
2. 작은 쇄석이 혼입된 갈색 사양토층 0.12m
3. 쇄석이 혼입된 암갈색 사양토층

2층의 갈색 사양토층에서 8개의 무문양 연질토기가 출토되었는데, 청동기시대 리도프카 문화의 유물이다(기원전 1천년기 리도프카 문화).

---

32) Дьякова О.В. Работы Амуро-Приморской археологической экспедиции 2001 года.

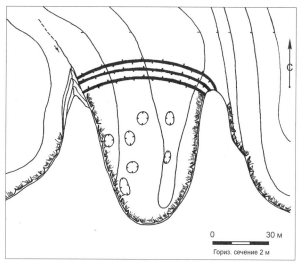

그림 39. 두브로빈스코예 성

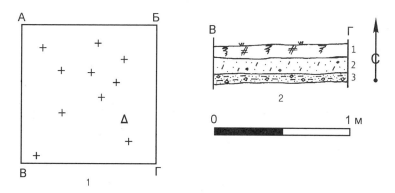

그림 40. 두브로빈스코예 성의 시굴평면도(1)와 토층도(2)
(1-부식토층, 2-작은 쇄석이 혼입된 갈색 사양토층, 3-쇄석이 혼입된 암갈색 사양토층)
토기와 석기

* 두브로빈스코예 토성은 곶 성으로 성내부에 내성과 보루 등의 시설물은
확인되지 않는다. 치가 없고, 토성벽은 큰 돌이 섞였다. 성의 용도는 취락
과 방어용으로 사용되었다. 리도프카 문화의 토성으로 추정된다.

표 4. 리도프카 강 유역의 성 특징

유적	형	평면형태	평면적 (㎡)	성벽				성의 내부			용도	문화	연대
				축조방법	구조물	너비 (m)	높이 (m)	바닥	내성	보루			
두브로 빈스코예	산지성	(	3,200	석+흙	치없음	3	1	편평	·	·	취락용	리도프카 문화	기원전 1천년기

5. 케드로프카 강 유역

크루굴노예 호수는 키토보예 레브로(Китовое Ребро, Kitovoye Rebro) 고개의 가장 아래에 위치한 3개의 호수-크루굴노예 호수와 므라모르(Мрамор, Mramor) 두호프스크(Духовск, Dukhovsk) 호수 가운데 가장 작은 호수이다. 호수의 서쪽에서 부터 케드로프카 강이 흐른다.

1) 케드로프카 석성

케드로프 강의 상류에는 1930년대에까지 주민들에게 '3 헥타르'라고 불리는 농경지가 있다(그림 41, 지도 1). 1973년에 댜코바가 조사하였는데,[33] 전체에 완전히 오리나무 만으로 수풀이 우거져 있었다. 강쪽 방향으로 10~15m의 타원형 석축이 눈에 띄었는데, 이 낮은 석축은 거의 바다자갈로만 축조되었다. 현재는 거의 무너져 있다. 이 농경지에는 붉은색조의 연질 무문양토기가 발견되었는데, 청동기시대의 토기편으로 생각된다.

* 평지에 설치된 환호로, 평면형태가 부채꼴 모양이며 한쪽 벽이 없는 개방형이다. 성내부의 시설물은 확인되지 않고, 치 등의 성 구조물도 없다. 용

---

33) Дьякова О.В. Отчет об археологической разведке в Дальнегорском и Тернейском районах Приморского края. 1974 г.

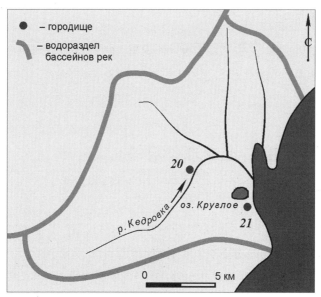

그림 41. 케드로프카 강 유역의 유적 지도
(20-케드로프카 성, 21-크루굴노예 성)

도는 마을의 경계이자 방어용인 것으로 생각된다.

2) 크루굴노예 성

엘라긴(Елагин, Elagin) 언덕에서 북쪽으로 2km 떨어진 곳에, 크루굴나야 호수의 남쪽에 있는 언덕의 경사면에 위치한다(사진 19). 1992년 크바쉬나가 처음 발견했다. 이 언덕의 경사는 평면크기 2×1m, 깊이 0.8m의 타원형 수혈이 있는데, 여러 번에 걸쳐서 돌을 덮었던 흔적이 확인됐다. 경사면의 외면에서 관옥이 확인되었다.[34] 유물들로 보아서 이른 중

---

34) Квашин В.Г. Отчет об археологической разведке в Тернейском

세시대의 유적으로 생각된다.

* 성은 언덕 위에 설치되었고, 바다로 오고 나가는 만을 통제하기 위해서 만들어진 것으로 생각된다.

6. 드지기토프카 강 유역 (구 지명: 이오드지헤Иодзыхе)

드지기토프카 강은 시호테 알린 산맥의 근간이 되는 곳에서 기원한다. 강의 길이는 70km, 전체 강으로 떨어지는 길이가 840m이다. 이 강의 유역은 산맥의 산마루와 절벽이 있다. 이 산마루 사이에 드지기토프카 강의 지류가 지나간다. 좌안의 지류는 볼샤야 리아노바야(Большая Лианов ая, Bolshaya Liana), 쿠루마(Курума, Kuruma), 쿠날레이카(Ку налейка, Kunaleika) 우안의 지류는 체레무호바야(Черемуховая, Cheremuhobaya), 시난차(Синанча, Sinancha)와 베트로두이(Вет родуй, Vetroduy) 등이 있다. 드지기토프카 강은 동해의 린다 만의 드 지기토프카 항구로 들어간다.

드지기토프카 강과 볼샤야 우수르카(Большая Уссурка, Bol'shaya Ussurka) 강의 우안 지류인 이르티스(Иртыш, Irtysh) 강(시호테 알 린 산맥의 서쪽)이 시호테 알린 산맥의 서쪽과 동쪽을 연결해서 동맥과 같 은 역할을 한다. 드지기토프카 강의 입구는 아주 넓어서 사람들이 살기에 적합하다. 1907년 아르세니에프가 이 곳을 지내면서 '저 곳은 이렇게 산이 험준한 곳에서 사람이 살기에 아주 적합한 곳'이라고 그의 여행기에서 이야

районе Приморского края летом 1992 г. // Архив ИА РАН. Р-1, № 18 262.

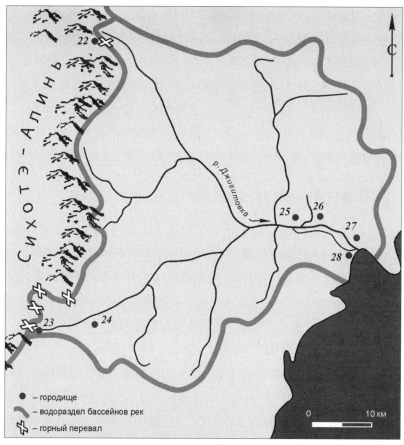

그림 42. 드지기토프카 강 유역의 지도와 유적 위치
(22-포드네베스노예 성, 23-고르부샤 성, 24-체렘샤니, 25-드지기토프스코예, 26-쿠나레이스코예, 27-크라스노예 오제로, 28-클류치 성)

기 하고 있다.[35]

　드지기토프카 강 유역에는 포드네베스노예, 고르부샤, 체렘샤니, 디지기토프스코예, 쿠날레이스코예, 크라스노예 오제로, 클류치 성 등 성이 7

---

35) Арсеньев В.К. Путевой дневник 1907 г.

곳에서 확인된다(그림 42, 지도 1). 드지기토프카, 크라스노예 오제로, 체렘샤니 등 3개의 성은 평지성이고, 아주 반듯한 장방형 평면형태이다. 포드네베스노예, 쿠날레이카, 클류치 성은 산지성으로 평면형태가 각각 다르다. 포드네베스노예 성은 장방형이고, 다른 쿠날레이카, 클류치 성은 자연 입지의 모양에 따라서 다른데, 성벽이 모두 설치되지 않은 개방형이다.

유적의 설명은 드지기토프카 강의 상류에서부터 시작해서 하류의 순서대로 설명한다.

1) 포드네베스노예 성

아무르 강에서 동해로 들어가는 드지기토프카 강의 네베스느이(Небесный, Nebesnyy) 고개 아래에 위치한다. 그 고개의 멜니츠니이(Мельничный, Mel'nichnyy) 마을과 하류 플라스툰 마을 사이의 도로에서 북쪽으로 1.5km 떨어진 곳(그림 42~43, 표 5)으로 숲이 깊은 타이가 지역에 위치한다. 이곳은 바람이 심하게 불어서 나무가 많이 쓰러진다.

드지기토프카 강 상류와 이르티스 강에 위치한 성은 1998년에 시호테알린 산맥의 국립공원 보호대가 발견해서 비로소 알려졌다. 1999년 브라쥐니크와 타타르니코바가 처음으로 조사하였고, 2001년 아무르-연해주 고고학발굴단이 평면도를 작성했다.[36] 성은 볼샤야 우스르카 강의 지류인 이르티스 강 상류의 구릉 경사면 테라스에 위치한다.

성의 평면형태는 방형이고, 네 성벽은 동서남북방향이다. 남북은 160m, 동서 155m, 전체 평면크기는 2400㎡이다. 성벽의 높이는 남벽과 서벽의 모서리가 1.5m인 곳을 제외하고는 내면과 외면의 높이가 거의 2m로 같다. 성벽 상면의 너비는 0.4m, 기저부 너비는 거의 3m에 가깝고, 성벽의 단면은 사다리꼴이다. 성벽은 돌이 섞인 흙으로 축조되었고, 경사면

---

36) Дьякова О.В. Работы Амуро-Приморской археологической экспедиции 2001 года.

은 가파르고, 매끄
럽다. 성의 문은 서
쪽성벽에 너비 5m
가량의 절개면이
다. 동쪽 성벽의 상
면에는 평면크기 1
×0.5m, 깊이 1m
의 장방형 구덩이
가 4개가 있는데,
갈색 사양토층이
확인되었다. 부식
토는 없었고, 성벽
의 흙과 같다. 동쪽
성벽의 중앙에는

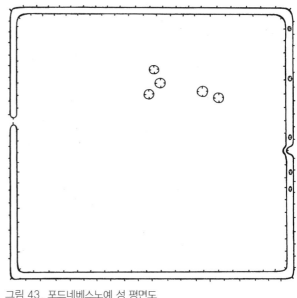

그림 43. 포드네베스노예 성 평면도

타원형으로 안쪽으로 불룩 들어간 곳이 확인된다.

성의 북쪽에는 5개의 둥근 수혈이 확인되는데, 직경은 5m, 깊이는
1.2~1.4m이다. 내부에서 유물은 출토되지 않았다.

* 포드네베스노예 성은 산지성으로 평면형태는 장방형이고, 성 내부에는
내성이나 보루 같은 시설물은 확인되지 않았다. 성의 크기는 소형이고, 구
조물로는 동쪽 성벽에 치나 혹은 어떤 시설물이 있었을 가능성이 있다. 이
곳은 아무르 강에서 부터 출발해서 볼샤야 우스르카 강과 그 지류인 이르티
샤 강을 지나서 드지기토프카 강을 따라서 동해로 들어가는 교통로를 통제
하기 위해서 지어진 것으로 생각된다.

2) 고르부샤 성

루드나야 강의 지류인 고르부샤 강의 고개 근처 체렘샤니 강의 지류에 위

치한다(동해에서 약 64km)(그림 42). 이 유적에 대한 정보는 문서보관서에 보관되어 있다.[37]

드지기토프카 강에서부터 루드나야 강 유역인 체레무호바야(Черемух овая, Cheremukhovaya) 강의 상류를 지나는 고개를 통제하기 위해서 축조되었다(표 5).

* 성은 산지성이다.

3) 체렘샤니 성(그림 42)

체레무호바야 강의 우안에 위치한 체렘샤니 마을의 중앙에 위치한다. 성벽만 약간 남았는데, 원래 성의 모습이 장방형임을 추정할 수 있다. 지표에서 유물은 채집할 수 없었다. 아르세니에프가 처음으로 성의 존재를 언급하였고, 1973년 댜코바가 조사했다.

* 성은 평지성으로 장방형이다. 크기는 중형이고, 성의 내부에는 내부성과 보루 등이 확인되지 않았다. 성의 구조는 단순하며, 치도 축조되지 않았다. 성벽은 돌과 흙으로 구성되었으며, 취락용으로 축조되었다. 성의 추정연대는 발해시대(7~10세기)이다.

4) 드지기토프스코예 성

드지기토프카 강의 다리에서 북쪽으로 3km 떨어진 플라스툰-테르네이 (Пластун-Терней, Plastun-Terney)간의 도로 왼쪽에 위치한다. 아르세니에프가 최초로 발견했는데, 문화층이 확인되지 않아서 성이 사용되지 않았던 것으로 보았다. 그 후에 1973년에 필자가 재조사했고, 1997~

---

37) Список памятников старины в Южно-Уссурийском и За уссурийс ком крае, не осмотренных и не описанных Ф.Ф. Буссе, кн. Кропо ткиным и подполковником Арсеньевым.

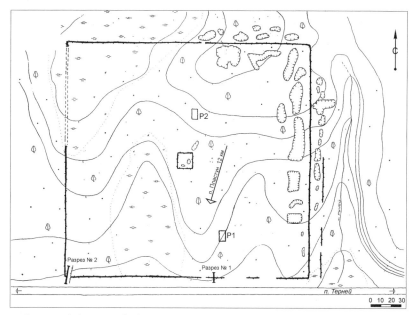

그림 44. 드지기토프스코예 성(1997년 다코바 육안 작성)

1998년까지 아무르-연해주 고고학발굴단이 조사했다.[38] 조사된 면적은 65㎡, 도로와 홍수 등으로 인해서 이미 무너지고 있는 남쪽성벽을 절개했다.

38) Дьякова О.В. Отчет об археологических изысканиях памятников железного века в Дальнегорском, Тернейском р-нах Приморско го края в 1973 г. // Архив ИА РАН. Р-1, № 4384; она же. Отчет об исследованиях Амуро-Приморской археологической экспедици и на Джигитовском городище в 1998 г. // Архив ИА РАН. Р-1, № 21 612; она же. Отчет об исследованиях Амуро-Приморской архе ологической экспедиции на Куналейском городище в 1999 г. // Архив ИА РАН. Р-1.

(1) 성의 평면적 특징

성은 평면형태 방형으로, 전체 면적은 57,600㎡이다. 전체 성벽의 길이는 957m, 남쪽과 동쪽 성벽의 높이는 1~1.5m, 서벽은 좀 낮은데 0.5m이다. 너비는 2~2.5m이다.

남과 북벽에 마주보는 곳에 너비 3m의 문이 설치되었다. 성벽의 안쪽 면을 따라서 땅이 파여진 것처럼 보이는데 성벽을 쌓기 위해서 흙을 파내었기 때문으로 생각된다. 유적의 내부에는 현대 주민들이 집을 짓기 위해서 파놓은 것 이외에는 아주 편평하다.

(2) 내성

성의 중앙에는 평면형태 방형으로 크기 13×15m의 내성이 존재한다. 성벽의 높이는 0.5m를 넘지 않는다. 유적은 단층으로 문화층은 오렌지 색깔 토양이 드문드문 들어간 갈색 사양토층에서 두께 10~30cm로 남아 있다.

유물은 3시대의 토기가 확인되었다.

① 연질토기-옹형 말갈 토기(그림 45-1)

② 성형 이후 녹로에 돌린 토기-횡방향 파수가 부착된 흔적이 있는 발해토

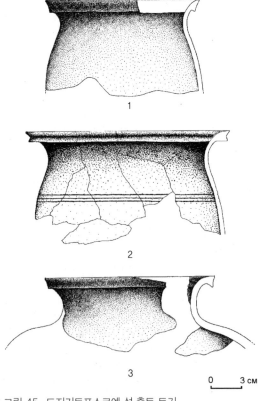

그림 45. 드지기토프스코예 성 출토 토기
1-말갈의 옹형토기(1계열, 1형식), 2-발해의 옹형토기 (2계열, 1형식), 3-녹로제 토기(3계열)

기(그림 45-2)

③ 녹로제 토기-인화문이 시문된 화병형토기로 발해와 여진(아무르 강) 시대의 토기로 판단됨(그림 45-3)

⑶ 성의 구조물

이 성의 성벽에는 치가 확인되지 않고, 문 시설도 3m가량 절개된 것으로 단순하다. 보루도 확인되지 않는다. 남쪽 성벽에는 2개의 절개면이 있는데, 남쪽 성벽 중앙(1번 절개면)과 남쪽과 서쪽의 성벽이 접하는 곳과 가까운 남쪽 성벽에(2번 절개면) 절개면이 있다(사진 21, 그림 46).

성벽 절개면에서 아래와 같은 층위가 파악되었다.

1층. 유적의 표토층은 갈색의 점토층이다. 이 층은 매우 부슬거리는데, 아주 적은 돌맹이가 섞여 있다. 성벽에서 여러 토층이 확인되는데, 좀 더 두텁게 상부를 덮기 위한 것으로 두께는 5~8cm가량이다. 절개면에서 1층은 마치 파상으로 보이지만, 실제로는 횡방향으로 편평했을 것으로 생각된다. 성벽 축조시 횡방향의 판축기법으로 다질 때 끼워 넣었기 때문이다.

2층. 작은 자갈과 돌이 섞인 층으로 1번 층과 거의 유사한데, 성벽의 중심부에서 심부역할 하는 곳에서 확인된다. 이 성벽의 가장 기저의 중심부분으로, 노란색조의 사양토로 단단하게 다져져 있다. 전체 두께는 10cm이다.

3층. 작은 자갈과 돌이 섞인 갈색과 노란색조의 사양토가 함께 혼합된 층이다. 흙과 돌의 비율이 거의 반 정도 비율로 들어갔는데, 밀도가 중간정도이다.

4층. 자갈에 황갈색 사양토가 혼입되어 있는데, 1층의 흙과 황색 사양토로 구성되었고, 이층의 흙을 넣어서 다지고 다시 2층 흙으로 덮어서 매우 단단하다.

5층. 붉은색 점토가 점점이 박혀 있는 갈색 사양토로 부슬거린다. 돌의 비율은 15% 정도이다.

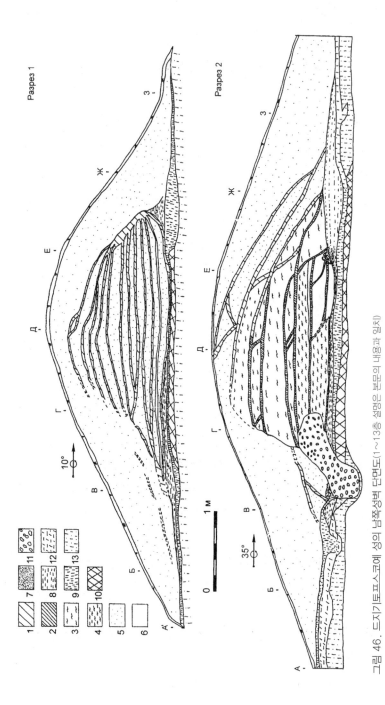

Разрез 1

Разрез 2

그림 46. 드지기토프스코예 성의 남쪽성벽 단면도(1~13층 설명은 본문의 내용과 일치)

6층. 황갈색의 단단한 사양토로 4번 층과 유사하지만, 돌의 비율이 20% 정도로 적다.

7층. 황갈색 사양토

8층. 소토가 섞인 황갈색 사양토

9층. 황색 사양토와 단단한 명황색 사양토가 혼입된 암갈색 층이다. 이 층에서는 간층이 없고, Ж구역(그림 46의 성벽 평면에 대한 구역)에서부터 시작되는데, 상부층면으로, 절개면의 중앙부에서는 변형된 모양으로 관찰된다.

10층. 암황색 사양토로 다른 층에 비해서 아주 건조하다.

11층. 갈색조의 사양토가 10~15% 차지하는 자갈층이다.

12층. 갈색 사양토층으로 5번 층과 비슷하지만 훨씬 단단하고, 붉은 반점이 없다. 이 층은 무덤상층을 덮고 있는 층이다.

13층. 돌이 섞인 암갈색 사질토

드지기토프스코예 성의 남쪽 성벽 토층도를 통해서 보면 성벽은 판축기법으로 올려졌다. 이것을 위해서 특별히 그 장소를 준비하였는데, 중심부는 구지표를 파고 아주 작은 알맹이 돌이 혼입된 사양토를 넣었다. 층층이 모두 10층까지 쌓았으며 9층까지는 판축기법으로 다졌다. 10층은 중심부의 덮개이다. 중심부를 좀 더 단단하게 다지기 위해서 불을 이용한 것으로 보이는데, 8층 상면에서는 숯의 흔적이 많이 관찰된다. 실제로 8층에서는 붉은 소토가 많이 확인되었다. 7층에서 숯이 관찰되기 때문에, 불을 놓는 작업은 아주 오랫동안 행해졌을 것으로 생각된다. 토층을 관찰해 볼 때 성벽을 쌓을 때 사용된 흙은 성내에서 조달 했을 것이다.

성벽은 이 중심부에 안팎으로 흙을 덮어서 축성되었다(8층). 성벽의 내측에는 아주 작은 돌이 혼입된 사양토(2층과 6층)로 덮었는데, 아주 얇은 모래로 덮어서 더 단단하게 했다. 성벽 외면은 중심부와 맞닿은 면에 수혈을 깊이 파고 큰 자갈돌과 흙을 함께 채워 넣어서 성벽을 단단하게 지지했다(11층). 기본적으로 성벽에 사용되는 흙은 가까운 곳에서 보이는 실트암층 등이 보이지 않는 것으로 보아서, 특별히 준비된 것으로 생각된다.

성벽의 중심부는 기본적으로 사양토에 돌을 섞어서 축조했는데, 각 층은 흙과 다른 물질을 혼합해서 쌓았다. 뿐만 아니라 각 층 사이를 고정하기 위해서 사양토에 자갈돌 섞은 것을 얇게 깔았다. 성벽의 축조를 해서 특별하게 제작된 기중기와 같은 용도의 도구로 흙을 날랐을 것이다. 이 때 가장 중요한 점은 흙과 돌의 배율로 생각된다. 성벽의 가장 상면은 성벽 외면이 매끄럽게 보이기 위해서 돌의 양이 현저하게 줄어든 것을 살펴 볼 수 있다. 성벽의 가장 아래층에는 두 번에 걸쳐서 다지기를 한 것을 알 수 있다.

남쪽 성벽 절개면 토층도에서 2층을 보면 성벽의 모서리 부분이 어떻게 축조되었는지 알 수 있다. 모서리를 만들기 위해서 중심부에 불을 놓은 것을 알 수 있다. 이 후에 성벽의 외변을 흙으로 쌓아서 서로 겹쳐지게 하였다. 토층도에서 Б격자를 보면, 중심부에서 이곳까지 목제 흔적이 이어지는데, 아마도 목제로 덮었을 가능성도 있다. 성벽의 아래층을 보호하고 성벽의 내면을 더욱 단단하게 했을 수 있다. 절개면에서는 성벽의 외면 상부에는 판축이 있었는지 나타나지 않는다. 성벽의 모서리를 축조하는데 며칠 정도 소요되었을 것으로 생각되고, 한단 씩 올릴 때 마다 다졌을 것이다.

절개면 2층의 토층도와 평면도를 관찰해 보면 성벽은 성의 크기나 위치 등을 고려해서, 모서리 부분부터 축조되었을 가능성이 있다. 교차되는 모서리 부분부터 흙을 사용해서 축조한 후, 그 위에 사양토로 덮었을 것이다. 모서리 부분을 축조하는데 사용된 흙은 역시 성벽의 경사면을 축조하는데도 사용되었다(5층). 모서리 부분을 재차 덮은 것과는 차이가 있지만, 이곳에서도 치의 존재를 생각해 볼 수 있다.

절개면의 토층상황을 볼 때, 드지기토프스코예 성은 아주 전통적인 판축 방법으로 축조되었다. 첫째는 이 성의 입지가 전통적인 풍수지리적인 곳으로 '배산임수'를 따르고 있기 때문이다. 두 번째는 이 성의 방향이 4면이 모두 동서남북 방향과 일치하고 있는 점도 그러하다. 세 번째는 성벽을 축조할 때 모서리 부분부터 시작한 것이다. 4번째는 성벽 축조시에 기저부를 만들고 다시 덮는 기법을 사용하고 있다.

그리고 흥미로운 것은 드지기토프스코예 성에는 재축조한 흔적이 남아 있지 않다. 성은 한 시기만 사용된 것으로 보이며, 출토된 고고유물로 보아서 그 시기는 발해(698~926)시기의 말갈 문화를 영위하던 사람에 의해서 축조된 것으로 생각된다.

* 드지기토프스코예 성은 평지성으로 평면형태는 방형이다. 내부에는 인공으로 만들어진 평탄면은 없고 작은 내성이 있고, 보루는 없다. 평면적으로는 중형이다. 성의 구조물로써 치는 확인되지 않고, 문시설만 확인된다. 용도는 취락용과 방어용으로 제작되었다. 강 유역에 배산임수의 입지적 특징을 가진 것으로 보아서 발해 시기로 생각되고, 출토된 유물은 연질토기인데, 그 시기의 말갈인의 것으로 생각된다.

5) 쿠날레이스코예 성

플라툰 마을에서 북쪽으로 18km 떨어진 곳에 위치한다(그림 42, 사진 22~23, 표 5). 1907년에 아르세니에프가 처음으로 유적을 발견하고, 조사했다. 성의 평면도를 작성했고, 3 지점을 발굴했다(1번은 성의 북쪽에 위치한 보루, 2번은 내부 성). 발굴 결과 문화층이 확인되지 않자, 아르세니에프는 이 성이 사용되지 않은 것이라는 결론을 내렸다.[39] 그리고 산 정상에는 검은흙 아래에 돌이 아닌, 아주 순수한 모래가 있다고 설명하였다(그림 47).

1973년 필자가 새롭게 이 성을 지표조사 했다.[40] 1983년에는 몇 군데

---

39) Арсеньев В.К. Путевой дневник 1907 г., л. 77.
40) Дьякова О.В. Отчет об археологических изысканиях памятников железного века в Дальнегорском, Тернейском р-нах Приморског

시굴조사를 하였으며,[41] 1997년부터 2002년까지 쿠날레이스코예 성에 아무르-연해주 고고학발굴단이 새로이 발굴조사했다. 발굴면적은 1,000㎡, 구석기시대부터 성과 직접적인 관련이 있는 동하국까지 아주 두꺼운 문화층이 확인되었다. 보루, 2개의 대형 건축물, 동쪽 성벽 등은 전면 발굴했고, 내성과 생활구역 등도 일부 조사되었다.[42]

(1) 성의 구조물

성은 드지기토프카 강과 쿠날레이카 강이 합류하는 지점의 절벽 상면에 위치하는데, 이 곳은 자연적으로 방어하기에 좋고 물이 통하는 지점이다. 가파른 산마루 위에 성벽이 설치되어서, 성벽을 전면으로 두르지 않아도 된다. 그래서 성의 평면형태는 언덕의 모양과 일치한다. 성벽은 강으로 떨어지는 아주 가파른 남쪽 면을 제외하고 언덕 정상부에 돌아가고 있는데, 전체 길이는 657m에 달한다. 성벽의 전체 면적은 12,000㎡이다.

о края в 1973 г.

41) Галактионов О.С. Отчет об археологической разведке в Приморском крае в 1983 г.

42) Дьякова О.В. Отчет об исследованиях Амуро-Приморской археологической экспедиции на Куналейском городище в 1999 г.; Дьякова О.В., Сидоренко Е.В. Древние и средневековые культуры Северо-Восточного Приморья (по материалам Куналейского городища) // Актуальные проблемы Дальневосточной археологии. Владивосток, 2002; Дьякова О. В., Сакмаров С.А. Первое здание дворцового типа чжурчжэньского государства Восточная Ся // Интеграция археологических и этнографических исследований: Сб. науч. трудов. Омск, 2003. С. 186-188; Дьякова О.В. Работы Амуро-Приморской археологической экспедиции 2001 г.; она же. Отчет о работах Амуро-Приморской археологической экспедиции в 2002 г. на городищах Куналейское, Красное Озеро и разведочных работах в Кавалеровском, Дальнегорском и Тернейском районах Приморского края.

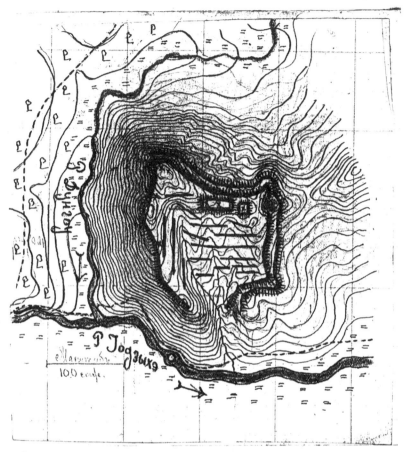

그림 47. 쿠날레이스코예 성(1907년 아르세네프 작성된 평면도. +표시는 발굴된 지역 표시)

성벽에는 치가 3개 있고, 집석시설이 1개 확인된다. 성벽의 외측면 높이
는 10~14m로 일정하지 않다. 이중 성벽의 길이는 447m이고, 높이는
1~1.8m이다. 이중 성벽 사이에는 해자가 지나가는데, 이 옆으로 도로가
지나간다. 북쪽의 성벽 일부지역에서는 깊이 1.5m의 해자가 확인되었다.
남쪽에는 끊어진 성벽이 2곳에서 확인된다. 끊어진 성벽 중 한 곳은 원래

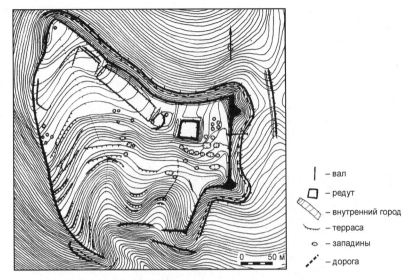

	– вал
	– редут
	– внутренний город
	– терраса
	– западины
	– дорога

그림 48. 쿠날레이스코예 성의 지형도 및 유적의 평면도(이바노프가 계측한 평면도)

성벽의 남동쪽 모서리에서 15m 떨어진 곳에 위치하고, 전체 길이는 41m, 높이는 1m이다. 또 다른 하나의 성벽은 아주 가파른 경사면에 위치하는데 원래 성벽에서 문을 내기 위해서 절개되면서 독립된 것처럼 생각된다. 길이는 35m, 높이는 0.5~1m에 달한다. 성벽은 서쪽, 북쪽, 동쪽에 모두 존재한다(그림 48).

서쪽 성벽은 언덕의 산마루에 설치되었다. 성벽의 안쪽에서부터 높이 1m를 넘지 않고, 외벽은 언덕의 경사면으로 그대로 이어지고 있다. 성벽 정상부 너비는 1m 정도이다. 북쪽 성벽 역시 언덕의 정상부 모양 그대로 돌아간다. 서쪽 성벽 높이는 1m를 넘지 않고, 동쪽은 거의 3m에 달한다. 성벽의 외면은 서쪽과 마찬가지로 언덕 경사면으로 그대로 떨어지고 있다. 성벽의 정상부는 편평하고, 너비가 1m가량이다.

동쪽 성벽은 가장 높고 두꺼운 부분인데, 산마루 사이를 다리처럼 연결하고 있어 안장과 같다. 내측성벽의 높이는 4m에 달하고, 외측 성벽의 높이는 6~8m에 달한다. 성벽의 정상부는 편평하고 너비가 1m에 달한다. 동쪽 성벽에는 치 3개와 집석시설이 확인된다(사진 24).

집석시설-동쪽 언덕의 가장 북쪽에 위치하고 평면형태가 장방형에 가깝다. 길이는 24m, 너비는 5~7m이고 전체 면적은 77㎡에 달한다. 상부는 편평하며 성벽 내면 방향으로 약간 기울어져 있다. 성벽 상면에서 돌무더기가 일부 드러났다. 이곳에서 동쪽으로 높이 약 25cm 가량의 흙벽이 설치되었다. 이 곳에서도 돌무더기 5곳이 확인되는 데, 그중 한 곳은 따로 떨어졌다.

성벽의 축조에 사용된 돌은 길이 15~20cm가량의 크기이지만 돌무더기에 쌓인 돌은 크기가 작다. 난간에서 돌무더기는 1.5~2m가량 떨어져 있다. 큰 돌무더기의 아래에서는 검은색 부식토가 혼입된 적갈색 사양토를 다져 넣었다. 이곳은 그림 49에서 84~87번 격자와 89~91번 격자 사이에 위치하는데, 돌무더기의 간격이 2m 정도이다. 평면크기는 2m이고 깊이가 10~15cm 정도이다. 돌의 크기는 20~25cm 정도인데, 돌의 무게가 모두 같다. 돌무더기는 원형으로 쌓아졌는데, 모두 바다자갈로서 일부러 성벽 위까지 옮겨 두었다. 돌의 개수는 200개 정도이다(그림 49, 사진 24~25).

돌무더기는 투석기의 잔존물로서 투석돌인 것으로 생각된다. 잔존상황으로 보아서 이곳에는 중국에서 여진을 포함한 시대에 사용했던 '선풍오포(旋風五砲)'와 같은 복잡한 시설물이 있었을 것으로 생각된다.

쿠날레이스코예 성은 다층위 유적으로 중석기시대부터 중세시대까지 5개의 문화층이 확인된다. 돌무더기는 가장 마지막 단계에 해당되는 것으로 생각되며, 탄소연대 측정 결과 대략 13세기(745±45B.P.-COAH 4182)에 해당된다. 동쪽 성벽은 동해 쪽인데, 가장 높고 투석기 등이 설치되었다. 동쪽 성벽 옆으로 도로가 지나가는데, 드지기토프카 항구 쪽으로 나 있으며 매우 가파르다.

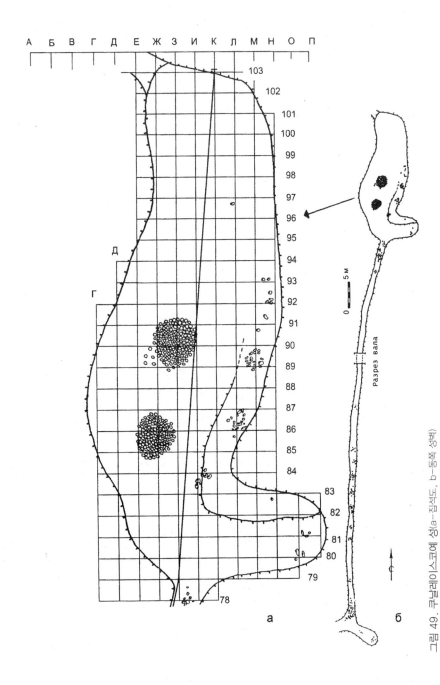

A Б В Г Д Е Ж З И К Л М Н О П

103
102
101
100
99
98
97
96
95
94
93
92
91
90
89
88
87
86
85
84
83
82
81
80
79
78

Д

Г

0 5 м

Разрез вала

C

а   б

그림 49. 쿠날레이스코예 성(a-전실도, b-동쪽 성벽)

① 1번 치. 돌무더기와 관련된 것으로, 평면형태는 타원형, 크기는 5× 10m이다.

② 2번 치. 동쪽 성벽의 남쪽모서리에 위치하는데, 직경 7m이다. 치 사이에는 13개의 돌무더기가 확인되는데, 각 사이의 거리는 3~8~20m이다.

③ 보초시설. 동쪽성벽에서 떨어지는 면에 치와 돌무더기의 맞은편에 설치되었다. 길이 40m, 높이는 1m를 넘지 않는데, 성으로 들어오는 적을 관찰하기 위해서 축조되었다.

동쪽 성벽의 절개면. 성벽의 축조 방법을 알기 위해서 동쪽의 가장 두터운 부분을 원래 성벽, 이중성벽, 해자를 한 번에 절개했다(그림 50, 사진 26). 트렌치는 동서방향으로, 수직의 깊이는 22m이고, 너비는 2m이다. 그 결과 층위는 30층이 확인되었고, 아래와 같은 토층상황을 알 수 있었다.

1층. 명황색의 자갈이 섞인 사질사양토
2층. 명황색 사질 사양토와 적갈색 자갈이 섞인 층
3층. 적갈색 자갈이 섞인 사질사양토
4층. 작은 자갈흙이 섞인 부슬거리는 적갈색 사양토
5층. 작은 자갈흙이 섞인 부슬거리는 갈색 사양토

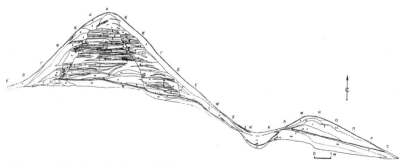

그림 50. 쿠날레이스코예 성의 동쪽 성벽 절개면

6층. 황색의 자갈이 섞인 사질 사양토

7층. 작은 자갈이 섞인 황등색 사질토

8층. 작은 자갈이 혼입된 황등색 반점이 있는 갈색 사양토

9층. 부슬거리는 적갈색 사양토

10층. 황등색 사질토

11층. 황색 사질 사양토가 섞인 부슬거리는 적갈색 사양토

12층. 굵은 모래와 작은 자갈이 혼입된 단단한 황색 사질토

13층. 암갈색과 작은 자갈이 들어간 적갈색 사양토가 혼합 층

14층. 황갈색 사양토

15층. 검은색 사양토

16층. 검은색 사양토와 단단한 검은색 사양토가 혼합된 층

17층. 자갈이 혼입된 암갈색 사양토

18층. 명황색의 자갈성 사질토가 관입된 갈색 사양토

19층. 작은 자갈이 혼입된 갈색 사양토

20층. 적황색 사질 사양토

21층. 작은 자갈이 혼입된 붉은 반점의 암갈색 사양토

22층. 작은 자갈이 혼입된 암황색 사양토

23층. 갈색 사양토

24층. 황색반점이 있는 갈색 사양토

25층. 작은 자갈이 혼입된 회갈색 사양토

26층. 암갈색 사양토

27층. 검은색 사양토

28층. 작은 자갈이 혼입된 암갈색 사양토

29층. 작은 자갈이 혼입된 황적색 사양토

30층. 황색 점토층

토층의 상황을 분석하면 성벽 축조를 위해서 특별히 흙을 가지고 와서

준비했다. 흙의 종류는 크게 부슬거리는 것과 단단한 것으로 구분된다. 기본적으로 부슬거리는 재료는 자갈성 사질 사양토층으로 혼합된 것이다. 단단한 층은 부슬거리는 흙에 작은 자갈과 큰 알맹이의 모래가 혼입된 흙을 섞었다.

(2) 성벽의 축조과정

성벽을 축조하기 위해서는 장소선택이 중요한데, 지리적특징을 파악해서 성벽을 세울 장소를 결정하고, 땅을 정지해야하며, 성의 크기도 결정해야 한다. 원래의 성벽(평면위치 그림 50의 A~H 격자)은 중심부가 만들어지고 그 위에 층을 쌓았다.

내성벽인 큰 성벽의 축조를 위한 장소는 경사면과 가까운 쪽으로, 외부에서 보면 성벽의 높이가 높아 보이는 효과가 있다. 성벽이 들어설 부분을 깨끗하게 다듬은 후에 구역을 정하고 경사면 아래에서부터 흙을 퍼 올리면서(평면위치 И-К격자) 외성벽이 생겼다. 내성과 구분되었고, 단면이 계단처럼 만들어지게 되었다. 그 위에 사질성 점토로 덮어서 성벽을 마무리 했다. 중심부는 작은 자갈이 섞인 흙을 40cm 정도로, 자갈돌이 혼입된 검은 흙 및 갈색 흙을 교차로 깔았다. 성벽의 내부 및 아래 부분은 자갈돌이 혼입된 검은 흙을 단면 부채꼴모양으로 채웠다. 그 상면은 부슬거리는 황색과 붉은색 자갈흙이 혼입된 사질성 사양토를 교차해서 두께 5~10cm로 깔았다. 성벽 내측에는 붉은 흙을 고정시키기 위해서 횡방향으로 사질토를 층층이 넣었고, 성벽의 외면까지 이어진다. 간층의 두께는 5cm, 부분적으로 20cm가량이다. 성벽 내부의 상면은 너비가 2m이고, 사양토와 부식토가 수평으로 아주 편평하게 덮였다.

성벽의 측면은 자갈과 굵은 알맹이의 모래가 혼입된 사양토를 채워 넣었다. 성벽의 외면은 비스듬히 매끄럽게 처리되었는데, 중심부의 상면이 되는 부분과 측면에 단단한 사질토가 교차되도록 했다. 내성벽과 외성벽 사이의 중간부분(평면위치 И와 К의 격자)은 횡방향으로 층을 쌓은 것이 성벽의 외면에서 관찰된다. 흙의 성분변화는 대체로 색깔로서 구분되는데, 사양토와 차이가 나는 흙은 성벽을 쌓는 구조에서 차이가 나지 않는다. 층의 상부에는 두께 5~20cm가량의 노란색과 갈색조의 반점이 있는 층이 있다. 아래층은 좀 더 어두운 색으로 두께는 40cm가량이다. 성벽의 두께는 차이가 있는데, 상부는 0.5m, 저부는 2m이다.

성벽의 가장 내측은 작은 자갈이 혼입된 암갈색 사양토와 암황색 사질토가 섞여 있다. 성벽의 안쪽은 세 단계에 걸쳐서 축조되었다. 내성벽의 가장 중심부는 컵을 뒤집어 놓은 모양으로 생겼다. 사양토는 가장 단단하고 자갈이 가장 많이 혼입된 것이다. 그 위의 상부는 수평모양으로 편평하다. 사양토층의 두께는 평균 40~50cm, 70cm를 넘지 않는다.

성벽의 높이는 기저부 하단에서부터 아치모양 상부까지 높이가 3.4m에 달하는데, 성벽 내면의 높이와 일치한다. 성벽의 너비는 전체가 8m이고, 외성벽의 너비는 4.5m, 높이는 1.6m이다. 외성벽은 내성벽에 비하면 아주 작은 크기다. 평면에서도 내성벽이 훨씬 크다는 것을 알 수 있다. 내성벽의 하단 너비는 5.5m, 상단부 너비는 4.8m가량 되는데, 이는 외성벽의 중간높이 보다 낮다. 구지표를 기준으로 한 높이는 5.9m이다.

외성벽을 축조하는 방법은 원래 성벽과 거의 유사하다. 내성벽처럼 중심부를 만들고 그 위에 쌓았고, 흙도 내성벽과 같다. 각 층의 평균 두께는 20cm이고, 성벽 가장 중심의 층은 60cm인데, 성벽에서 떨어진 흙이 배수로를 막지 않게 하기 위한 것이다. 중심부의 높이는 단단한 사양토층 보다 낮고 내성벽에서 벗어났다. 내성벽은 황색과 적갈색이 섞인 사양토층을 최대 20cm까지 덮었다. 황색층에는 깊이 20cm가량, 너비 30cm로 둥글게 숯이 쌓인 곳이 확인되었다(Φ 격자). 내부의 보조벽은 확인되지 않았다. 성벽의 중심부는 내성벽에서 외성벽까지 한꺼번에 축조되었는데, 외성벽과 내성벽이 같은 경사도로 성벽의 외면을 맞추기 위한 것이다.

외성벽의 내부에서 흙을 파내어 해자를 만들었는데, 단면은 반원형이고 구지표를 기준으로 최대 2m 너비이다. 성벽의 벽과 바닥은 최대 18cm의 매우 단단한 사양토층을 기반으로 했다. 해자는 현대 표토층 높이까지 사양토로 채워졌다. 해자의 표토층을 들어내자 큰 돌이 드러났다. 돌은 드문드문 쌓여 있었으며, 약간 둥근 것이 반 정도이다.

외성벽과 내성벽의 내면과 해자를 분석한 결과, 성벽과 해자는 같은 시기에 만들어졌다. 뿐만 아니라 성벽의 다른 건물이나 장치도 모두 같은 시기로 판단된다. 성벽 중심부 상면층은 두텁지 않고 얇으며, 성벽과 해자 벽면으로 끊어지지 않고 이어진다. 내성벽의 안쪽면에는 종종 후시기에 성벽을 보수한 흔적이 확인된다. 충전토로 보아 보조벽으로 고정해야 한다. 그렇지 않으면 내성벽의 내부토가 드러나게 되면 성벽은 무너지지만 보조벽은 버텨서 원래 성벽을 보조하는 역할을 할 수 있다. 동시기에 축조된 성벽의 높이라도 다를 수 있다.

쿠날레이스코예 성은 축조과정이 매우 복잡하고 잘 계획되었다. 입지 선정 및 산지에 성벽 크기를 정하는 일부터 요새, 투석기와 투석돌, 흉벽을 설치하는 것 까지 전문가가 필요했을 것이다.

⑶ 성의 내부

기본적으로 전통적인 모델을 따르고 있는데, 내성, 보루, 생활구역으로 구분된다.

① 내성

유적의 북쪽 성벽을 따라서 성벽과 해자 뒤로 약간 높은 곳이 있는데, 내성으로 확인된다. 길이는 135m, 깊이는 1.5m이다.

1호 내성. 유적의 북서쪽에 위치하는데, 해자와 가까운 곳이다. 평면 형태는 너비 25×15m로 말각장방형이다. 인공의 평탄면이 2중으로 설치되었는데, 부슬거리고 점성이 강한 토양으로 충진되었다. 평탄면은 잘 다듬어져 있다. 이 구역의 북쪽으로부터 23m가량 떨어진 곳에 높이 0.5~0.7m의 성벽이 있다.

1호 내성은 전면 조사되었는데, 내부에는 이중으로 높이가 다른 평탄지

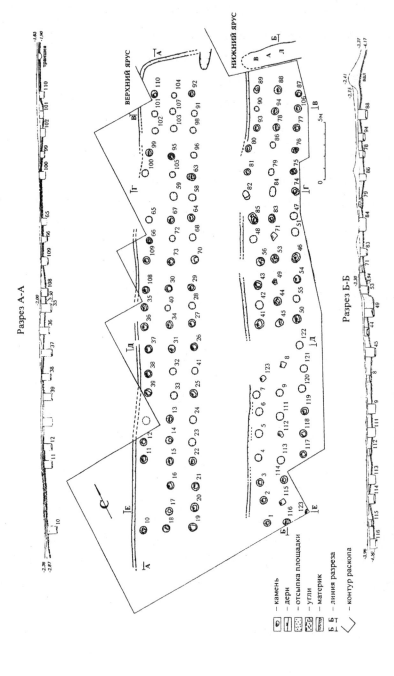

그림 51. 쿠날레이스코예 성, 기둥구멍이 많이 남은 대형 건물지의 평면도

가 확인되었으며, 지붕을 받치는 기둥이 있는 건물지 2곳이 확인되었다.

건물지(그림 51). 길이는 44m, 너비는 17m, 면적은 748m²이다. 건물의 장축방향은 동북과 남서이다. 조사된 구역 내에서 기둥구멍 123개가 확인되었다. 기둥구멍은 평면형태가 둥글고, 깊이 50~60cm, 직경은 47~57cm로, 구멍의 벽면은 매우 단단했다. 기둥구멍에는 지붕을 받치는 나무기둥을 세우기 위한 초석이 대부분 확인되었다. 기둥구멍은 서쪽의 상층과 동쪽의 하층으로 구분된다. 각 층에는 기둥구멍이 3열을 이루어 확인되었다. 동쪽 기둥구멍 열의 높이는 서쪽과 비교해서 최대 1m 차이가 있고, 열의 너비는 6m가량이다. 테라스 간의 높이차는 1m이다. 기둥구멍 열의 거리 간격은 5m이다.

기둥구멍 열에서 북서와 북쪽 방향으로 50~80cm 떨어진 곳에 오래된 숯과 검은색 토양에 트렌치를 넣었는데, 그 곳에서 이전 건물의 벽이 확인되었다. 건물지의 축조방법은 산지에 입지한 중국 건축기법을 그대로 따르고 있다.

2호 내성. 성의 북서쪽에 위치하며, 평면형태는 말각장방형이다. 성벽의 높이는 1m가 넘지 않는다. 성의 둘레길이는 175m이다. 13~15m 길이의 장방형 평면형태는 5구역으로 나누었다. 초석이 있는 건물지에서 판축기법에서 확인되는 기저부가 파손된 채 확인되었다.

② 보루

성의 동북지역에서 확인된다. 길이 20m가량의 방형 형태로, 벽이 매우 두텁다. 전체면적은 400m²이다. 문지의 너비는 2m가량으로 벽이 절개 되었는데, 남쪽을 향하고 있다. 목제의 건물이 있었던 것으로 추정된다. 토층상에서 보루의 벽은 기본적으로 성벽과 유사하며, 기초는 토기편을 쌓았다. 벽의 외측 높이는 3m, 내측 높이는 2m이다. 벽의 내측면은 보강되었다. 보루는 전면 조사되었는데, ㄱ자형 구들이 설치된 맞배지붕 구조의 건물지 2기가 확인되었다. 그 중 한기는 거의 남아 있지 않다. 보루에서 남쪽으로 향하는 방향으로 강으로 내려가는 도로도 확인되었다.

③ 생활구역

쿠날레이스코예 성에서 서쪽과 남쪽 구역에서 인공 평탄지가 확인되었다. 언덕을 깎고 불에 맞은 부슬거리며 점성이 강한 흙을 채워 넣어 기초를 다졌다. 건물지는 맞배지붕 구조인데, 다양한 크기(4~10×4m)의 온돌시설이 확인된다.

④ 생업구역

성 내에서 북동쪽의 위치하는데, 북쪽과 동쪽에서 불어오는 바람을 막는 역할을 하는 구릉 옆이다. 밭을 일구던 곳으로 생각된다. 이곳에서는 현재까지도 여러 야채를 심어 둔 곳이다.

• 쿠날레이스코예 성은 산지성이다. 평면형태는 입지에 따른 개방형이다. 치, 건물지의 초석, 판축기법으로 축조된 토성벽 등이 남아 있다. 성의 넓이는 중간정도 크기이다. 내부에는 건축지 2기, 보루, 생활구역 등이 확인된다. 전쟁 및 행정용 관청으로 생각되며, 여진족의 동하국 시기(1217~1234)로 추정된다.

6) 크라스노예 오제로 성

드지기토프카 강의 하류에서부터 2km 떨어진 좌안의 강가에 위치한다(그림 52, 사진 27, 표 5). 이 유적은 시호테 알린 산맥 산림보호대의 연구원이 알려와서 그 존재를 알 수 있었다. 1997년 성은 처음으로 조사되었고, 댜코바가 평면도를 작성했다.[43] 2001~2002년도에 유적에서는 아무르-연해주 고고학발굴단이 조사했으며, 다층위유적으로 말갈과 발해의 문

---

43) Дьякова О.В. Работы Амуро-Приморской археологической экспедиции 2001 г.

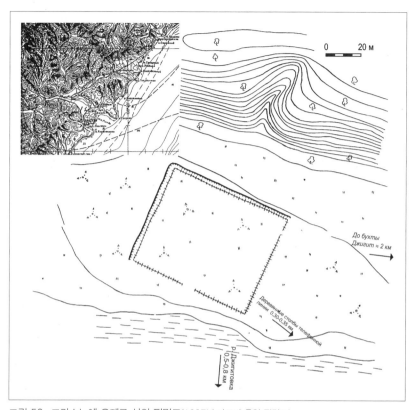

그림 52. 크라스노예 오제로 성의 평면도(1997년 댜코바 육안 평면도)

화층이 잔존한다.

(1) 성의 평면 특징

성은 높은 강 절벽 위에 위치하는데, 남쪽은 늪지대이고 북쪽은 가파른 경사면과 접하고 있다. 평면형태는 장방형(65×55m)으로 너비는 3,600 ㎡이다. 장축방향은 북서-동남 방향이다. 성벽의 높이는 1~2m, 너비는 6~7m 정도이다. 너비 6m로 절개된 문지는 남쪽 성벽의 중앙에 위치한다. 북쪽과 서쪽의 성벽에는 너비 1.5~1.7m의 해자가 돌아간다. 성벽의 내면은 편평한데, 인공 평탄지와 내성은 확인되지 않는다. 내성벽의 안쪽에는 붉은 색 흙이 0.4~0.5m로 둥글게 솟은 곳이 있다.

크라스노예 오제로 발해 성은 주변이 늪지대여서 성에 접근하기가 힘들다.

(2) 성의 축조시설

성벽은 강과 비스듬하게 설치되었다. 성으로 물이 들어올 때 성벽이 마주보게 하지 않고, 성벽 모서리의 해자가 마주치게 축조되어 있다. 이는 방어적인 기능 뿐만 아니라 물을 막는 제방의 역할도 한다. 북쪽의 해자는 물이 나가는 기능을 하며, 남쪽은 자연스럽게 늪으로 물이 빠지게 한다. 동쪽 성벽이 가장 높다.

남쪽 성벽의 토층(그림 53, 사진 28). 남쪽 성벽 절개면을 통해서 크라스노예 오제로 성의 축조법을 알 수 있었다. 트렌치의 길이는 8m, 너비는 1m이다. 성벽의 너비는 6m이다. 성벽의 높이는 평균 1.4m이다. 토층은 1. 기저부, 2. 기저부의 상면, 3. 기저부를 채우는 충진층, 4. 성벽의 외면으로 나눌 수 있다.

성벽의 위쪽에는 아주 단단하고 두꺼운 층으로 덮여 있는데, 성벽이 무너지는 것을 막기 위한 것이다. 성벽은 모두 12개의 층으로 이루어 졌다.

1층. 목탄이 많이 혼입된 황갈색 사양토 두께 0.12m. 중심부의 가장 아래층에 해당된다.

2층. 단단한 암갈색 사양토로 두께는 0.11m이고, 1층을 덮고 있는 층이다.

3층. 3층은 매우 점성이 강한 검은 사양토로 두께가 0.12cm이다. 성벽의 가장 아래부분을 이루고 있는 층에 하나이며 기저부의 층과 층 사이를 덮고 있다.

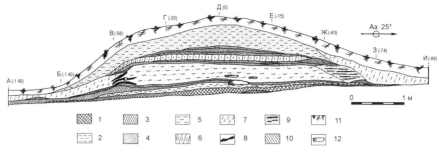

그림 53. 크라스노예 오제로 성의 남쪽 성벽 토층도(1~12층)

4층. 황갈색 사양토로 두께가 0.05m이고, 3층과 마찬가지로 성벽의 가장 아래부분을 이루고 있는 층에 하나이며 충진층이다.

5층. 목탄이 혼입된 황색과 황갈색의 점질이 강한 사양토가 혼입된 층이다. 두께는 0.4m, 내부 충진층 중에 하나이다.

6층. 암갈색부터 검은색까지 사양토로 두께는 0.11m이고, 충진토 중간을 덮고 있다.

7층. 갈색 사양토의 두께는 0.26m이고, 성벽의 측면을 덮고 있는 층이다.

8층. 검은색의 사양토로 성벽의 외면을 단단하게 다졌는데, 5cm 정도 간층을 이루고 있다.

9층. 아주 적은 모래알이 들어간 갈색 사양토로 두께가 0.26m이고, 성벽의 안쪽을 단단하게 덮고 있다.

10층. 녹회색의 사양토로 두께는 0.1m이고, 기저부의 상면을 덮고 있다.

11층. 갈색 사양토로 두께가 0.39m이고, 성벽의 전면을 덮고 있다.

12층. 황색 사양토로 두께가 0.05m이고, 기저부의 아래 부분과 그 충전층의 한 부분으로 아주 얇게 확인된다.

성벽의 토층도에서는 성벽을 축조하기 위한 장소는 바닥을 다진 것이 확인된다. 제일 처음 성의 평면형태를 구상하고, 표토를 걷어낸 후에 성벽 중심부를 축조했다. 트렌치에서 목탄조각이 많이 확인되는데, 중심부에 흙을 덮고 불을 질렀던 것으로 생각된다. 중심부의 상면은 아주 단단한 불 맞은 소토가 확인된다. 성벽 중심부는 절개면에서 평면위치 Ⅱ 격자면에 해당되는데, 아주 단단한 사양토와 큰 돌로 구성되어 렌즈 상을 이루고 있다.

성벽의 충진층은 불 맞은 흔적과 사양토가 함께 혼입되었는데, 아주 단단하고 얇은 사양토층으로 단단하게 다졌다. 흙의 구성으로 보아서 성벽 내부의 흙은 한번 채워지고, 그 뒤에 측면을 덮어서 다시 단단하게 다진 것으로 생각된다. 성벽 충진층은 밝은 층과 어두운 색 흙이 교차로 채워지면서 축조되었다. 성벽의 가장 외면은 성이 만들어진 상태에 비해서 표토가 교란된 것으로 보이지만, 두께는 거의 0.05~0.07m가량 남아 있다.

(3) 생활구역

성 안에서 지상식 건물지가 확인되었다. 하지만 이 건물지가 전면이 발굴되지는 않았기 때문에 뚜렷한 특징은 보이지 않는다. 유물은 크게 다음과 같은 토기가 확인되었다.

① 말갈의 연질토기(그림 54~55)

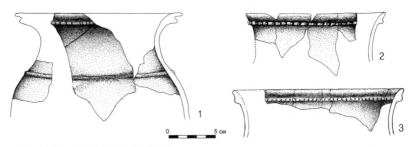

그림 54. 크라스노예 오제로 성 출토품
(1-말갈토기의 구연부편, 2,3-연질 말갈토기의 구연부편)

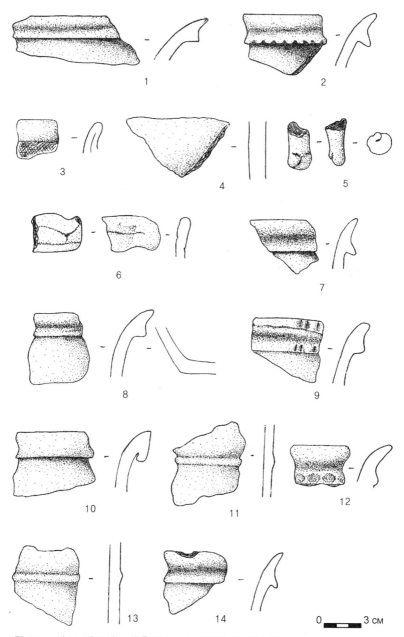

그림 55. 크라스노예 오제로 성 출토품(1~14-말갈토기의 구연부편)

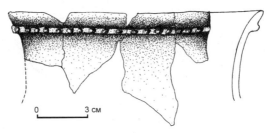

그림 56. 크라스노예 오제로 성 출토품. 연질 말갈토기의
구연부편(1~15-녹로제 토기편)

② 성형 후 녹로에서 돌린 발해 토기편

③ 완전한 녹로제 토기로 아무르 강 하류의 여진 문화와 발해 유적에서
확인되는 인화문이 시문된 토기이다(그림 56).

성의 축조 방식이나, 입지, 출토된 유물, 성의 평면형태 등으로 보아서
이 성은 발해국(698~927) 시기의 것으로 생각되고, 아무르의 여진 문화
영향도 확인된다.

* 크라스노예 오제로 성은 평지성이다. 평면형태는 장방형이고, 성의 크기
는 소형이다(3,600㎡). 성의 내부는 테라스도 없고 단순하지만, 성 안에
불룩 솟은 부분이 있다. 성의 구조물 중 치는 없고 문이 1개 확인된다. 성
벽은 흙을 층층이 쌓은 판축기법으로 제작되었다. 성의 용도는 취락용이
다. 유적은 발해시대에 축조되었는데, 유물로 보아서는 아무르 강 하류의
여진문화의 영향을 더 많이 받은 것으로 보인다. 성은 문지가 남쪽으로 향
하고 있는 남향으로 성벽의 축조방법은 중국의 것을 그대로 따르고 있다.

7) 클류치 성

舊 클류치 마을에서 동쪽으로 2.5km 떨어진 곳으로 디지기토프카 강
하류에서 서쪽으로 1km 떨어진 곳으로 강의 오른쪽 강가에 위치한다(사진

29~32, 그림 57~59, 표 5). 이 곳은 사방에서 요새 같은 언덕위에 돌이 봉긋 솟은 것처럼 보인다. 언덕의 상면은 돌로 덮였다. 이 성으로 접근하는 움직이는 물체의 어떤 행동도 관찰 할 수 있는 곳이다.

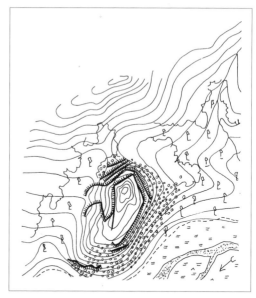

그림 57. 클류치 성의 평면도
(1907년 아르세네바 육안 작성 평면도)

클류치 성은 드지기토프카 강의 드지기트 항구로 들어가는 길목에 위치한다. 1907년에 처음으로 아르세니에프가 요새를 발견했다.

그는 일기장에 성에 대한 기록을 남겼다.

성에서는 항상 바닷가의 해안가를 주시했을 것이다. 발굴은 성벽의 안쪽에 가까운 곳에서 행해졌다. 성벽의 평면형태는 부정형이다. 북쪽과 서쪽 경사면에는 석벽을 축조하고 화살 쏘는 사람을 바둑판처럼 배치했을 것이다. 그리고 길이 놓여 있었다. 성은 18세기 초반에 만주인이 만든 것으로 생각된다.[44]

1907년 아르세니에프와 함께 조사한 페드로프도 1914년에 이 성에 대한 기록을 남겼다.

---

44) Арсеньев В.К. Путевой дневник 1907 г.

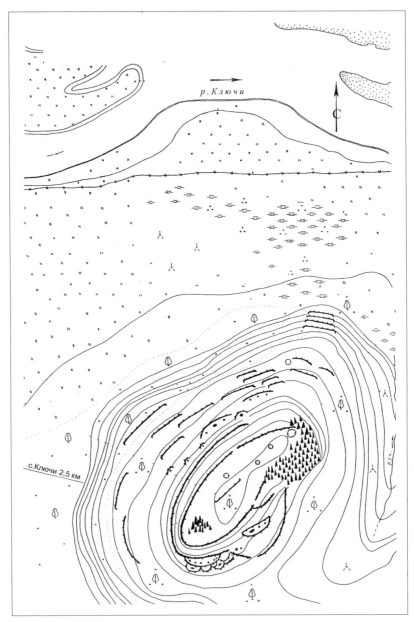

그림 58. 클류치 성의 평면도(1997년 댜코바 육안 작성)

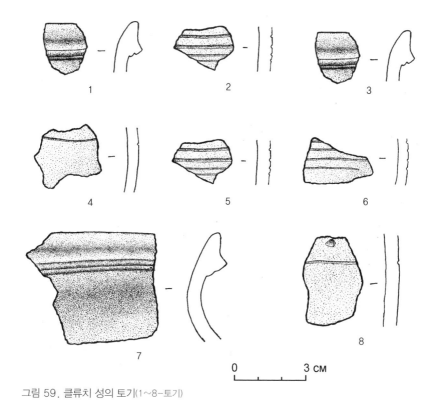

그림 59. 클류치 성의 토기(1~8-토기)

7월 2일 항구 쪽에서 하늘을 배경으로 몇 개의 옛날 성이 보였다. 오늘 아침 나와 아르세니에프는 그 쪽으로 가서 성의 곳곳을 관찰했다. 성은 둥근 언덕의 정상부에 축조되었는데, 완벽하게 남아 있는 것과 반파된 것 등 6개의 석벽을 확인할 수 있었는데, 사람이 살던 곳으로 생각된다. 그 아래에는 정상부까지 도로가 있어서 정상부까지 올라 갈 수 있었다. 성벽은 큰 돌을 이용해서 축조되었다. 엄청난 힘과 노력이 필요했을 것이다. 성에 대한 기록이 남아 있지 않기 때문에 성이 언제 축조되었는지 나는 잘 모른다. 아마도 만주인이 중국인 및 퉁구스족 혹은 그들과 친척관계의 다른 종족과 전쟁 시기에 축조했을 것으로 생각된다. 이런 성은 그 선주민의 힘과 전쟁으로 보아서 연해주의 남쪽에서 아주 많이 확인될 것으로 생각된다. 한 곳은 난간 같은 곳인데, 우리는 돌, 녹슨 화살촉과 어떤 동물의 골각기를 발견하였다. 이 골각기는 굽은칼인데, 이슬람의 긴 칼을 연상케 한다. 마지막 유물은 어떤 시대의 것인지 알 수가 없었다. 왜냐하면 아무르 지역에서는 이런 골각기는 18세기까지 계속해서 사용되었기 때문이다. 철, 돌을 대신해서 퉁구스족은 이런 뼈를 사용하고 골각기를 제작하는데 능하였다. 그리고 우리는 토기를 아주 많이 확인할 수 있었는데, 아주 작은 편으로, 그릇으로 사용되었을 것 같지 않았다. 성에서는 바다 쪽의 아름다운 광경과 이 오드지헤 강 유역이 너무나 잘 보였다(페드로프 1914).

1973년과 2002년 클류치 성은 아무르-연해주 고고학발굴단이 지표조사 했고(그림 58),[45] 1983년에는 갈락티오노프가 발굴조사했다.[46]

현재는 2중으로 높이 2m에 달하는 성벽이 확인된다. 성벽은 북동쪽에는 성벽이 없는 개방형이다.

언덕의 북서쪽과 남서쪽은 짧은 석벽이 난간처럼 설치되었다. 석벽은 이중 성벽의 아래에서부터 시작되어 북쪽으로 언덕의 아래까지 이어지는데 모두 20개에 달한다. 석벽은 다른 혼합물 없이 오직 판상의 돌로만 축조되었다.

성 내에서는 시굴했고, 문화층을 확인할 수 있었다. 그 곳에서는 말갈토

---

45) Дьякова О.В. Итоги весенней археологической разведки 1973 года по изысканию памятников железного века в Дальнегорском и Тернейском районах Приморского края // Архив ИА РАН. Р-1, № 4984; она же. Отчет о работах Амуро-Приморской археологической экспедиции в 2002 г. на городищи Куналейское, Красное Озеро и разведочных работах в Кавалеровском, Дальнегорском и Тернейском районах Приморского края.

46) Галактионов О.С. Отчет об археологической разведке в Приморском крае в 1983 г. // Архив ИА РАН. Р-1, № 10 177.

표 5. 드지기토프카 강 유역의 성 특징

유적	형	평면형태	평면적(㎡)	성벽 축조방법	성벽 너비(m)	성벽 높이(m)	성의 내부 바닥	성의 내부 내성	성의 내부 보루	축조물 치	축조물 문지	용도	문화	연대
포드네베스노예	산지성	▭	2,400	석+흙	3	2	-	-	-	없음	서쪽, 너비5m	방어용	-	-
드지기토프스코예	평지성	▭	57,600	흙	5~6	0.5~1.5	-	있음	-	없음	문지 2개, 남과 북쪽	취락용, 방어용	발해, 말갈 문화	7~10세기
체렘샤니	평지성	▭	1,000	석+흙	0.5	-	-	-	-	없음	없음	취락용, 방어용	-	-
고르부샤	산지성	-	-	-	-	-	-	-	-	-	-	-	-	-
루날레이스코예	산지성	▽	12,000	석	3~4	8	테라스	2개	있음	없음	남쪽, 동쪽	군사용, 행정관청	동하국	1217~1234년
크라스노예 오제로	평지성	▭	36,000	석	6~7	1~2	-	-	-		남쪽, 너비 6m	취락용, 방어용	말갈과 발해 문화	7~10세기
클류치	산지성	∪		석	3~4	2	있음	-	-	없음		방어용	말갈 문화	7~10세기

기의 구연부 편과 ¥녹로제의 횡방향 돌대가 표현된 발해의 동체부 편 등이 확인되었다(그림 59).

그 결과 발해시대에 축조되었고, 토기로 보아서 말갈인이 살았던 것으로 생각된다. 석벽은 고구려 전통의 것으로 고구려 주민의 일부가 발해국에 영향을 주었다는 것을 그대로 반영하고 있다. 클류치 성은 드지기토트카 강 유역과 만을 감시하고 보고하는 기능을 하고 있다.

* 클류치 성은 산지성으로 평면형태는 산의 형세를 그대로 따르고 있고, 소형이다. 성의 구조물 중에는 치는 없고, 성벽은 돌로 쌓았다. 내부에는 평탄지가 인공적으로 설치되어 있고, 내성과 보루는 없고, 아주 간단한 문지가 있다. 성은 방어 감시를 위해서 축조되었다.

8) 드지기토프카 강에 대한 소결

드지기토프카 강 유역의 성은 시호테 알린 산맥의 동쪽(동해)과 서쪽을 연결하는 교통로로써도 역할을 하는 곳이다. 드지기토프카 강 유역의 입구에서는 세 곳으로 가는 길을 통제하고 있는데, 2곳은 산에 있고, 한 곳와 가까운 곳이다.

첫 번째 고개는 체림샤니 강의 상류에 위치하는데, 그 강의 우안 지류는 드지기토프카 강에 위치한 고르부샤 성에서 통제하고 있다. 그 길은 체렘샤니 성(강의 중류역)까지 이어지고 있고 쿠날레이스코예 성을 지나서 드지기토프카 강까지 이어지고 있다. 이 성에서 내려가면 동해의 드지기트토프카 만으로 갈 수 있다. 두 번째 고개는 드지기토프카 강의 상류에 위치한 포드네베스노예 성이다. 이 성은 장방형으로 이곳을 지나 강을 따라서 가면 드지기토프스코예 성과 쿠날레이스코예 성을 통해서 동해로 들어가는 하류까지 나갈 수 있다. 세 번째 관문은 동해에서 드지기토프카 강 유역으로 들어가는 곳에 위치한다. 이 클류치 석성은 적을 감시하기 위해서 축조된 것이 아주 뚜렷하게 보인다. 드지기토프카 강 유역의 중심에는 군사 행정관청이 있는데, 동하국때 축조된 쿠날레이스코예 성으로 생각된다. 성의 크기는 시바이고우 성과 비슷한데, 지역은 다르지만 용도는 비슷하다.

7. 세레브랸카 강 유역

세레브랸카 강은 시호테 알린 산맥의 동쪽 경사면에서 흐르는 큰 강으로 볼샤야 우수르카 강의 지류와 합해진다. 이 지역의 산에는 시호테 알린 산맥 가운데, 높지 않은 산으로 강이 아주 많이 흐른다. 산의 정상부는 뾰족하며, 경사면은 아주 가파르고, 곳곳에 계단상으로 테라스가 형성되었다, 산의 아래 기슭에는 암벽이 자주 확인된다. 산의 높이는 1,200~1,400m로 낮은 곳은 300~600m가량이다. 이 강의 왼쪽의 큰 지류는 세레브랸카와 자볼레첸나야(Заболоченная, Zabolochennaya)[47] 강이다. 오른쪽 지류로는 테르네이 마을의 신추고프카(Сынчуговка, Synchugovka) 강이다. 세레브랸카 강은 스트라시느이 언덕 뒤로 동해의 한 항구로 떨어진다. 강의 하류는 매우 넓고 편평해서 사람들이 살기에 적합한 환경이다(사진 33).

세레브랸카 강의 수계는 시호테 알린 산맥의 동쪽 경계로써 아르세니에프는 1907년 다음과 같이 기록했다.

> 테르나야 항구에서부터 북쪽으로 아디미 강까지는 만도 없고 항구도 없다. 해안가는 거의 절벽에 가깝다. 많은 곳에서 파도에 의해 절벽이 침식되는 것이 관찰되고, 해안가 동굴 등이 보인다.[48]

---

47) 구 지명은 툰샤(Туньша).
48) Арсеньев В.К. Путевой дневник 1907 г.

시차 강(현재명: 세레브랸카 강) 계곡은 침엽수로 뒤덮여 있다. 이 강은 아주 두꺼운 해안 단구가 형성되어 있는데, 점토와 말머리 크기의 숯이 섞인 바위로 구성되어 있다. 시차 강은 아주 빠르게 흐른다. 강 중류역의 너비는 약 10m 정도이고, 물의 양이 작고 강 속도는 8km/h 정도이다(아르세니에프 1969).

세레브랸카 강 유역은 두 개의 석성 유적이 알려져 있는데, 산성으로써, 강의 상류부터 설명을 시작한다(그림 60, 30페이지 지도, 사진 33).

1) 자볼레첸나야 석성(별칭: 알타르)

자볼레첸나야 강의 좌안에 위치한 테르나야 마을의 중심부에서 북서쪽으로 14km 떨어진 곳으로, 세레브랸카 강의 상류에 3km 떨어진 곳에 위

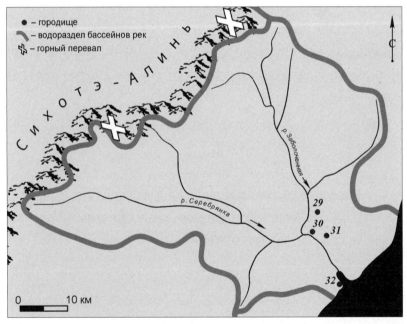

그림 60. 세레브랸카 강 유역의 지도 및 유적(29-자볼레첸나야 성, 30-자볼레첸나야 강 하류의 성, 31-스미르코프 클류치 성, 32-스트라시느이 성)

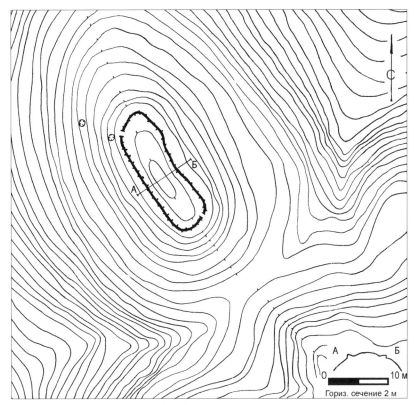

그림 61. 자볼레첸나야(알타르) 성의 평면도(1997년 댜코바 육안 작성)

치한다(사진 34~37, 그림 60, 표 6).

1997년 댜코바가 처음으로 이 유적의 평면도를 작성했고, 2001년 아무르-연해주 고고학발굴단에 의해서 조사되었다[49](사진 34~37, 그림 60, 표 6).

---

49) Дьякова О.В. Отчет об исследованиях Амуро-Приморской археологической экспедиции на Куналейском городище в 2001 г.

언덕의 경사면에는 돌무더기가 확인된다. 성의 장축 방향은 북서방향이다. 언덕의 정상부에는 석벽이 평면형태 장방형(165×45m)으로 축조되었으며, 평면크기는 7,500㎡이다. 석벽은 납작한 돌로만 쌓아져 있다. 석벽의 외면은 수직 높이가 1.2m이며, 상면은 편평하게 처리되었다. 석벽의 너비는 1.8~2m이다. 성벽에는 너비 1.2m 절개면이 2곳 있는데, 문지로 판단된다.

언덕의 경사면에는 북쪽방향으로 문이 확인되는데, 그 곳에는 석축 흔적이 남아 있는 2개의 수혈이 있다. 평면형태는 원형으로 크기는 1.5×2m, 깊이는 0.3m이다. 유물은 확인되지 않았다.

성은 방어용도로 축조되었는데, 주변이 늪지대여서 다가가기 힘든 곳에 위치하고, 바닥에 돌이 깔려 있다. 성에서는 자볼레치나야 계곡을 잘 조망할 수 있다.

테르냐야 마을에서 주민들 중에는 이곳 마이스 강의 성처럼 치유력이 있는 곳으로 믿는 사람도 있었다. 성에는 방호시설 같은 구덩이가 많은데, 금을 찾기 위한 도굴흔적으로 생각된다.

- 성은 산성으로 평면형태는 장방형이다. 크기는 소형에 해당하고, 성의 건조물은 단순하며 치가 없다. 성 내부에는 테라스, 내성과 보루가 없고, 문지가 2개 확인된다. 성의 용도는 방어용이다.

성벽은 순수한 석벽인데, 산의 정상부에 석성을 쌓은 기술은 고구려 전통과 유사하다.

2) 우스티-자볼레첸나야 석성

아르체모보(Артемово, Artemovo) 마을에서 1.5km 떨어진 곳으로 자볼레첸나야 강과 세레브랸카 강의 합류점에 위치한 언덕 정상부에 위치한다. 성의 평면형태는 'ㄱ'자 모양으로, 돌로 축조되었다. 장축 방향은 남북방향으로, 성벽의 길이는 20m, 북쪽은 15m, 성벽의 높이는 30~40cm

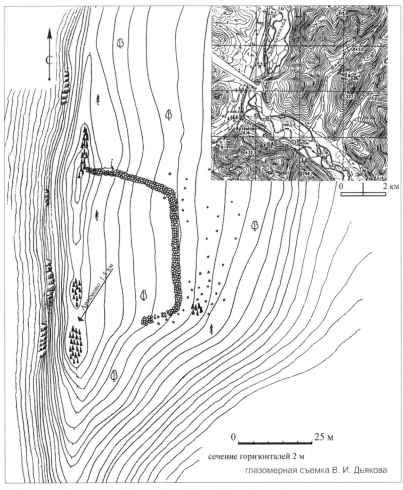

그림 62. 자볼레첸나야 강 하류의 성벽의 평면도(1997년 댜코바 육안 작성)

이다. 1997년 댜코바에 의해서 발굴되었는데[50] 문화층은 존재하지 않았다(그림 62, 표 6).

---

50) Там же.

3) 스미르코프 클류치 석성

세레브랸카 강의 우안과 합류되는 스미르코프 강과 가까운 어느 산에 위치하고 있다(사진 38~41, 그림 63, 표 6). 성은 테르나야 마을에서 서쪽으로 10~12km 떨어진 곳에 위치하는데, 거의 공항 맞은 편에 위치한다.

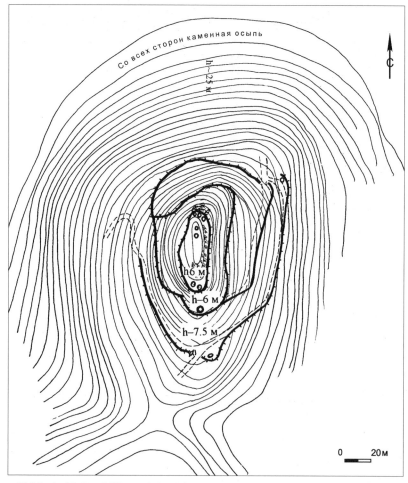

그림 63. 스미르코프 요새(1997년 댜코바 육안 작성 평면도)

이 성은 지역주민들에게 오래 전부터 잘 알려진 곳으로, 야외캠핑으로 많이 가는 곳이다. 1950~1970년대에 푸른색 관옥이 발견되기도 하였다. 현재는 그곳으로 가는 도로가 끊겨서 가기 힘들고, 언덕의 아래에는 다르메노바야 건초 만드는 곳이 위치한다.

1997년에는 댜코바가 처음 발견했고, 2001년에 아무르-연해주 고고학 발굴단이 발굴조사 했다.

성은 구릉의 정상부에 설치되었다. 외측에서부터 내측으로 4중 성벽으로 축조되었다. 남쪽 부터 시작해서 외벽(1번 성벽)이 설치되었는데, 개폐된 성벽으로 언덕의 구릉 정상부를 따라서 축조되었다. 성벽 외측 높이가 7.5m에 달한다. 성벽의 안쪽으로는 언덕 아래까지 내려 갈 수 있는 도로가 확인된다. 성벽의 길이는 200m가량이고, 그 남쪽에는 너비 3m가량의 문지가 있다. 성벽의 길이는 거의 200m에 달하고, 3m가량의 절개면이 있는데, 문지로 추정된다. 도로는 문 앞으로 들어와서, 도로의 다른 쪽 끝은 아래로 떨어진다.

2번 성벽은 1번 성벽의 내측에 축조된 것으로 부정형으로 폐쇄형이다. 성벽의 전체 둘레 길이는 280m, 성벽의 너비는 4,900㎡이다. 성벽 외측 높이는 거의 6m에 달하고, 동쪽 성벽의 안쪽으로는 성벽을 따라서 1번 성벽(외성벽)에서부터 나온 도로가 2번 성벽의 북동쪽 모서리에 위치한 문지를 통해서 구불거리며 돌아간다. 성의 남쪽과 서쪽에서는 두 번째 성벽이 세 번째 성벽과 부채꼴 모양으로 연결되어 있다.

3번 성벽의 전체 길이는 140m에 달하고, 개폐형이다. 가장 중앙 언덕의 정상부에 평면형태 타원형이다. 4번 성벽은 전체 둘레 길이는 135m이다. 성벽의 높이는 세 번째와 같은데, 6m를 넘지 않는다.

4번 성벽의 북쪽과 남쪽 끝나는 곳, 1번과 2번 성벽의 남쪽에 편평한 돌로 만들어진 둥지 같은 곳이 있다(그림 63). 성벽은 판암으로만 축조되었고, 흙으로 채운 흔적 등은 확인되지 않는다. 이 성벽의 축조방법은 자볼레치나야 성과 거의 유사하다.

* 성은 산지성으로 패쇄형이다. 테라스가 만들어져 있고, 성의 평면적은 소형이다(4,900㎡). 성벽은 석벽으로, 용도는 세레브랸카 강의 하류를 방어하기 위해서 축조되었다. 곳곳에서 푸른색 관옥이 발견되었다. 이러한 석성은 발해시기에 세워졌지만, 그 뒤에도 계속해서 이용되었을 것이다.

4) 미스 스트라시느이 토성

세레브랸카 강의 오른쪽 지류인 그 하류에 위치한다(사진 42~43, 그림 64~70, 표 6). 이 곳에는 테르나야 마을의 동쪽과 접하고 있는 스트라시느이 언덕으로, 남서쪽은 동해로 깍아지는 절벽이다.

1997년에 브라지니코프와 타타르니코바가 처음으로 발견하였고, 같은 해, 아무르-연해주 고고학발굴단에 의해서 다시 조사되었다.[51] 2000년에는 이 성에서 주거지 1동이 발견되었다.

(1) 시설과 구조물

성벽과 해자는 절벽의 가장 높은 부분에 위치하며, 평면 크기는 28,000 ㎡에 달한다. 내성벽의 전체 길이는 240m이다. 언덕의 정상부에서 부터 수직으로 서 있으며, 성벽은 절벽경사면과 비슷한 각도로 축조되었다. 내성벽을 따라서 깊이 0.5m의 해자가 있어서, 성벽이 뚜렷하게 드러난다. 내성벽은 약간 짧은데, 115m 길이로, 문지와 그 앞은 부채꼴 모양으로 볼록하게 튀어나왔다. 아마도 이 문의 모양은 안쪽의 시설을 보호하기 위한 것이다. 성벽의 높이는 1.5m를 넘지 않고, 너비는 3~5m이다. 성벽의 남쪽에는 등대로 가는 도로(테르나야 마을로 가는 옛 도로는 메드베직 계곡

---

51) Дьякова О.В. Отчет об исследованиях Амуро-Приморской архео логической экспедиции в Тернейском районе Приморского края в 1997 г. // Архив ИА РАН. Р-1, № 21 493.

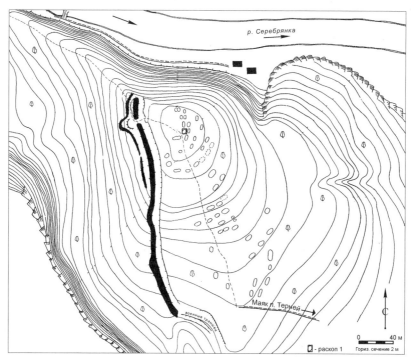

그림 64. 스트라시느이 언덕의 성 평면도(1997년 다코바 육안 작성 평면도)

을 지나서 나 있다)가 있는데, 거의 파괴되었다. 성벽이 무너진 곳을 조사
해 보니, 성벽은 자갈과 아주 적은 양의 흙이 혼합되어 축조된 것이다(사진
43).

　성 안에서는 51개의 주거지가 확인되었는데, 이 마을은 인공 평탄지 위
에 축조되었다. 언덕의 아래에는 주거 흔적과 문화층의 흔적은 확인되지
않는다. 고대 길이 남아 있는데, 현재까지도 등대에 근무하는 국경수비대
의 수비 구역이다. 주민의 버섯 채집으로 인해서 주거지 2기가 거의 파손되
었다(그림 64).

주거지의 평면형태는 거의 장방형으로 크기가 다른데, 12×9m, 5×6m, 9×7m 정도이다. 주거지의 장축방향은 남북방향이고, 깊이는 0.3~1m이다. 성은 부주의로 인해서 화재가 났던 것으로 보인다.

주거지의 서쪽에서 노지가 확인되었고, 문지는 부채꼴모양이다. 평면크기는 장방형으로 평면크기 6×4m, 깊이는 0.4m

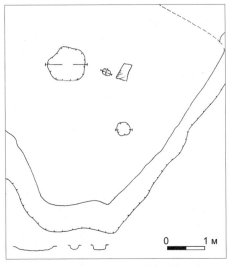

그림 65. 스트라시느이 언덕의 성과 수혈 평면도

이다. 주거지의 장축방향은 동북향이다. 생토바닥 위에 기둥구멍이 없고, 주거지 장축 벽면을 따라서 기둥구멍이 있는 것은 맞배지붕 구조이다(그림 65).

토층 상황은 다음과 같다.

1. 부식토층의 두께 5cm
2. 점성이 강한 암갈색조의 사양토 0.3~0.4cm, 문화층의 두께는 5cm
3. 자갈층, 생토

주거지의 토층도와 성벽의 내부구조 등을 볼 때 유적은 한시기의 문화층이다.

주거지에서 출토된 유물은 연질의 옹형 토기로, 리도프카 문화의 늦은 단계 토기(그림 67·69~70)와 마제 석도, 석제 펜던트(그림 68) 등이다. 출토 유물로 보아서 유적은 탄소연대 측정으로 볼 때 기원전 3000년기 중반에서부터 기원전 2000년기(ГИН-10125: 2200±90B.P.)까지 청동기

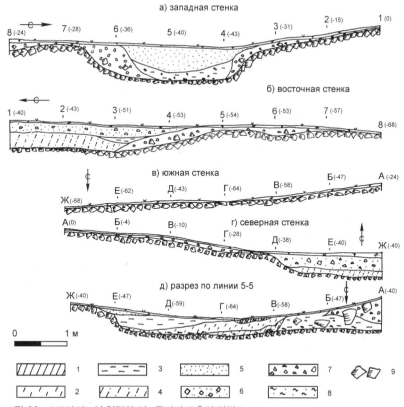

그림 66. 스트라시느이 언덕의 성. 주거지 토층의 단면도
(1-점성이 강한 검은색의 사양토로 부식토층, 2-자갈이 혼입된 검은 사양토, 3-자갈이 혼입된 암갈색 사양토, 4-황적색 사양토, 5-갈색 사양토, 6-자갈과 흙의 혼합층, 7-갈색조의 사양토가 혼입된 층으로 유물이 많이 출토, 8-황회색 사양토층, 9-생토)

시대 리도프카 문화에 해당한다.

* 스트라시느이 곶의 토성은 산지성으로 개방형인데, 성벽은 부채꼴 모양이다. 성의 내부에는 평탄지가 설치되었고 내부성과 보루가 없다. 성벽은 돌과 함께 흙이 혼합되어 축조되었으며 크기는 중형인데, 마을의 방어를 위해서 축조되었다. 이 유적의 시기는 청동기시대 리도프카 문화의 늦은 단계이다.

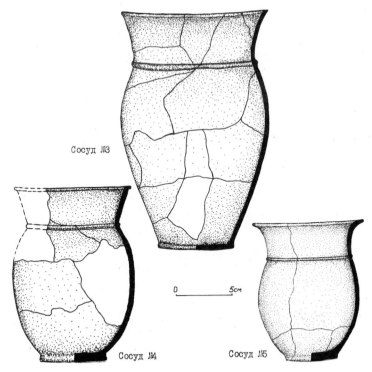

Сосуд №3

Сосуд №4

Сосуд №5

그림 67. 스트라시느이 언덕의 성, 주거지 출토 토기

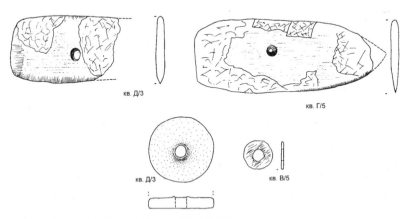

кв. Д/3

кв. Г/5

кв. Д/3

кв. В/5

그림 68. 스트라시느이 언덕의 성(1~4-석기와 토제품)

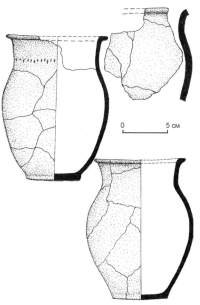

그림 69. 스트라시느이 언덕의 성, 주거지 출토품
(1-6번 토기, 2-7번 토기, 3-8번 토기)

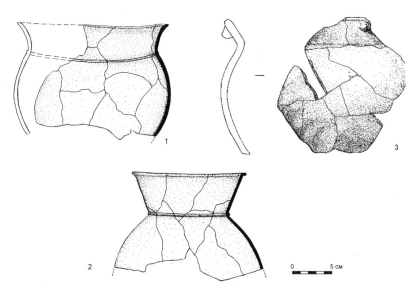

그림 70. 스트라시느이 언덕의 성, 주거지 출토품
(1-1번 토기, 2-2번 토기, 3-2호 주거지의 1번 시굴구덩이 출토품)

표 6. 세레브랸카 강 유역의 성 특징

유적	형	평면형태	평면적 (㎡)	성벽			성의 내부			구조물	용도	문화	연대
				재료	너비 (m)	높이 (m)	바닥	내성	보루	문지			
자볼레첸나야 (알타리)	산지성	(사다리꼴 도형)	7,400	석	2	1.2	테라스	없음	없음	남서쪽, 남동쪽 2기	방어용	발해	7~ 10세기
우스티-자볼레첸나야	산지성	(ㄷ자형 도형)	15m, 20m	석	0.7	0.3 ~0.4					방어용		
시미르코프 클류치	산지성	(타원형 도형)	4,900	석	3~4	2~6 -7.5	테라스 있음				방어용	발해	7~ 10세기
미스 스트라시느이	산지성	(C자형 도형)	2,800	흙_석	5~6	1.5	테라스 있음			있음	취락 방어용	청동기 시대 리도프카	기원전 3000 ~ 2000 년기

5) 세레브랸카 강 유역의 소결

세레브랸카 유역의 성과 토성은 그 강의 중류와 하류에 위치한다. 스트라시느이 언덕에 있는 청동기시대의 리도프카 문화 늦은 단계로 기원전 1천년기 후반에 해당한다. 동해의 세레브랸카 항구와 그 강의 하류를 얀콥스키 문화인으로부터 지키기 위한 것으로 생각되며, 그 당시 아주 복잡한 상황 등을 알 수 있다.

또한 비슷한 정황은 자볼레첸나야 강의 중류와 하류의 좌안 지류에 위치한 세레브랸카 강에 위치하는 발해시대의 석성(스미르코프 클류치, 자볼레첸나야)을 통해서도 알 수 있다. 석성축조 기술은 고구려 전통에 의한 것으로 판단된다. 세레브랸카 강으로 들어가는 교통로를 통제하는 기능으로 생각된다.

8. 타요시나야 강 유역
(구 지명: 벨렘베Белимбе)

타요시나야 강은 시호테 알린 산맥의 동쪽 경사면에서부터 시작하는 짧고 유속이 빠른 강이다. 볼샤야 우수르카 강 유역의 지류인 오빌나야(Оби льная, Obil'naya) 강의 수원지와 가깝다(사진 44, 그림 71). 강은 남동 방향으로 동해로 나가고 있다. 강의 길이는 71km로, 강 유역은 울퉁불퉁한 산맥과 끝이 뾰족한 절벽 등이 있는 시호테 알린 산맥의 동쪽 산맥에서부터 시작한다.

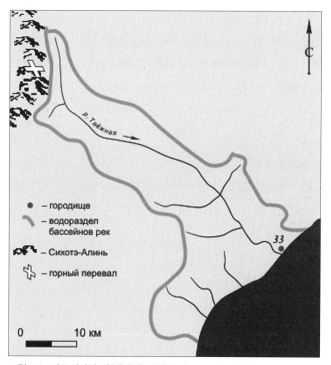

그림 71. 타요시나야 강(벨렘베) 유역의 지도(33−우스티 벨렘베 성)

1) 우스티-벨렘베 3중 토석성

타요시나야 강의 하류에서부터 북동쪽으로 6,000km 떨어진 곳으로, 제레즈냑(Железняк, Zheleznyak) 산의 남쪽 끝에 있는 테르나야 마을에서 북쪽으로 55km 떨어진 곳에 위치한다(사진 44~47, 그림 72~74, 표 7). 유적은 1992년에 크바쉬나야가 발견했다.[52]

2002년 아무르-연해주 고고학발굴단이 지표조사하고, 육안으로 관찰해서 평면도를 작성하고, 시굴조사를 하였다.

곶의 동쪽에는 시냇물이 흐르고, 남쪽은 거의 절벽으로 바다에서 수직으로 뻗어져 있다. 곶의 높이는 거의 30m에 가깝다. 곶은 아주 편평한데, 남쪽에서부터 북쪽으로 갈수록 점점 좁아지는데, 이 곳에 성벽이 3열 있다. 길이는 60m가량으로 성의 평면적은 3,600㎡이다.

이 중 가장 두꺼운 곳은 제일 안쪽에 위치한 석벽이다. 이 성벽은 돌로 축조되었는데, 돌의 크기는 대략 40×50×40cm이다. 석벽은 아주 뚜렷한 것은 아니고, 흙 없이 돌로만 쌓아진 벽만 남아 있는 정도이다(사진 46).

우스티-벨렘베 석벽은 석성 축조방법과 유사하다. 성벽의 정상부는 편평하고, 높이는 1.5m, 너비는 7m이다. 석벽 뒤에는 도로나 해자로 이용했던 것 같은 길쭉한 구덩이가 존재한다. 나머지 두 성벽은 토성벽인데, 전체 높이는 1m에 달한다.

성에서는 5개의 수혈이 확인되는데, 그 중에 4개는 무리를 이루고, 하나는 떨어져 있다(그림 72). 유적 내에서 주거지와 가까운 곳에서 시굴했는데, 층위는 다음과 같다(그림 73).

1. 부식토층의 두께는 7cm

---

52) Квашин В.Г. Отчет об археологической разведке в Тернейском районе Приморского края летом 1992 г.

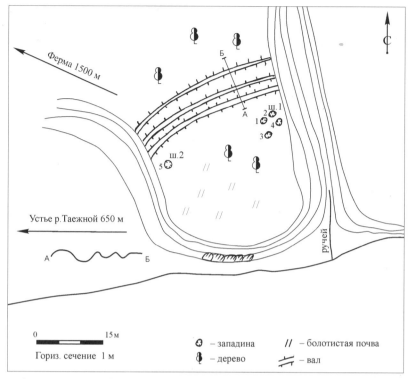

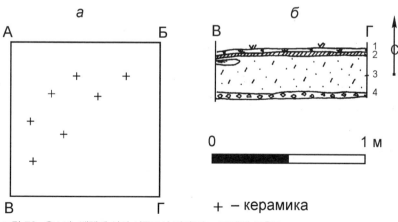

그림 72. 우스티-벨렘베 성

a

б

+ - керамика

그림 73. 우스티-벨렘베 성의 시굴조사 평면도(+-토기)와 토층도

2. 검고 부드러운 층으로 목탄덩어리가 확인됨, 문화층 두께는 30~
40cm

3. 생토층

문화층에서는 고금속기시대의 리도프카 문화 연질 토기(그림 74)가 확
인되었다.

- 우스티-벨렘베 3중 토석성은 언덕위에 축조되었고, 궁형으로 약간 휘어
  졌다. 평면형태는 단순하고, 내부성이나 보루, 테라스 등은 확인되지 않
  았다. 크기는 중형으로, 2벽은 토벽이며, 돌과 흙으로 축조되었고, 가장
  안쪽은 석벽이다. 청동기시대의 리도프카 문화의 것으로 취락을 방어하
  는 기능이다.

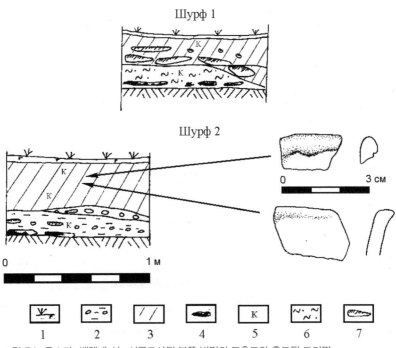

그림 74. 우스티-벨렘베 성. 시굴조사된 북쪽 벽면의 토층도와 출토된 토기편

표 7. 타요시나야 강 유역의 성 특징

유적	형	평면형태	평면적(㎡)	성벽			성의 내부			구조물	용도	문화	연대
				재료	너비(m)	높이(m)	바닥	내성	보루	문지			
우스티-벨렘베	산지성	⊂	1,000	석(1중), 흙(2중)	7	1.5	테라스 없음	`	`	`	취락 방어용	리도프카	기원전 1천년기

9. 말라야 케마 강 유역
(구 지명: 샤오 케마Сяо Кема)

타요시나야 강은 시호테 알린 산맥의 동쪽 경사면에서부터 시작하는 짧고 유속이 빠른 강이다. 말라야 케마 강의 상류는 케마 강의 오른쪽 지류인 탈니코바(Тальниковая, Tal'nikovaya) 강의 상류와 거의 접하고 있다. 말라야 케마 강 유역은 시호테 알린 산맥의 동쪽 경사면과 접하고 있지

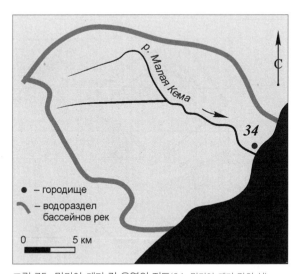

그림 75. 말라야 케마 강 유역의 지도(34-말라야 케마 강의 성)

않다.

말라야 케마 강 유역의 하류에서는 중세시대 성이 하나 알려져 있다.

1) 말라야 케마 성

말라야 케마 하류의 왼쪽 강안에 동해안과 인접한 곳으로 말라야 케마 마을에서 북동쪽으로 3km 떨어진 곳에 위치한다(사진 48, 그림 75~77, 표 8). 1907년 아르세니에프가 평면도를 작성한 바 있다(그림 76).

평면형태는 장방형으로 36.7×45.4m, 전체 평면크기는 1,600㎡으로, 장축방향은 북동방향이다. 성벽은 해안가에서 가져온 돌로 만들어졌다. 바다쪽과 강쪽 방향의 성벽은 해자가 없다. 다른 두 쪽 면에는 토성벽과 해자가 한 줄 더 확인되었다. 성벽의 남동쪽 모서리는 성벽이 하나로 이 곳에 문이 위치한다. 문화층에서는 유물이 확인되지 않았다. 아르세니에프는 이러한 근거로 성을 축조는 했지만, 사용한 것은 아니라는 결론을 내렸다.

1908~1909년 아르세니에프는 다시 이 곳을 조사했는데, 토기편을 발

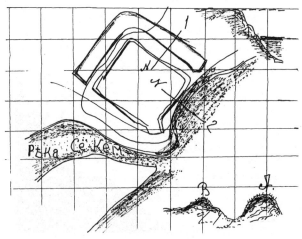

그림 76. 말라야 케마 강의 성 평면도(1907년 아르세니에프 작성)

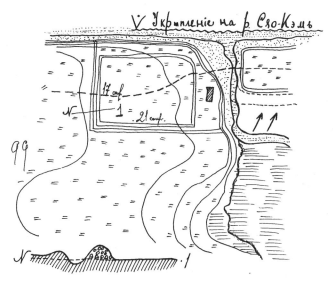

그림 77. 말라야 케마 강의 성(1908~1909년에 아르세니에프 육안 작성)

견하였고, 성의 평면도에 성으로 들어가는 도로로 보이는 것을 표시해 놓았다[53](그림 77).

2001년에 아무르-연해주 고고학발굴단이 말라야 케마 강 하류를 조사하였는데, 이 성은 거의 파괴되어서 거의 남아 있지 않고, 성벽의 흔적으로 보이는 돌들만 평면형태 장방형으로 확인되었다(사진 48).

• 말라야 케마 성은 평지성으로 평면형태는 장방형이다. 성의 크기는 소형으로, 내부에는 테라스, 보루, 내부성은 없다. 성에는 치가 없고, 성벽은 토벽으로 성에는 문이 남동쪽에 하나있다. 이 성의 용도는 취락을 방어하는 용도로, 발해시기의 것으로 생각된다.

---

53) Арсеньев В.К. Путевой дневник 1908-1909 гг. // Архив ПФРГО-ОИАК. Ф. 14, оп. 1, д. 11, л. 144.

10. 케마 강 유역(구 지명: 타케마Takema)

케마 강은 시호테 알린 산맥의 동쪽 경사면에서부터 시작하는 큰 강으로, 이 강의 수원지는 시호테 알린 산맥과 접하고 있다(사진 49, 그림 78). 강은 북서쪽에서 남동쪽 방향으로 동해의 스토르바야(Штормовая, Shtormovaya) 항구로 흐른다. 길이는 119km이다. 이 강의 왼쪽 지류가 세레브랸카, 브루스니치나야, 돌리나야 강이고, 오른쪽 지류로

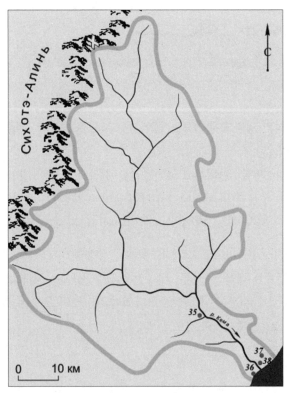

그림 78. 케마(타케마) 강 유역의 지도와 유적 위치
(35-우스티-일모, 36-켐스코예 스탈리스토예, 37-켐스코예 돌리노예, 38-켐스코예 모르스코예)

는 스메호프카(Смеховка, Smekhovka), 포로지스타야(Порожиста
я, Porozhistaya), 자파드나야 케마(Западная Кема, Zapadnaya
Kema), 탈니코바야(Тальниковая, Tal'nikovaya) 강이 있다. 강 유
역은 시호테 알린 산맥의 동쪽에 위치하며, 이 지역의 산은 전체 산맥에서
도 높지 않은 곳으로 아주 많은 강이 흐르고 있다. 산의 높이는 1,000~
1,400m, 강의 하류 산의 높이는 400~600m가량이다. 강의 하류에는 아
주 넓고, 편평해서 사람 살기에 적합하다.

1907년에는 아르세니에프는 타케미에서 살기에 적합한 곳은 강 하류에
서부터 약 2.7km 떨어진 곳이라고 했다.[54] 강 유역의 전 지역은 침엽수림
이 많은데, 강의 상류는 툰드라 식물이 많이 서식한다.

케마 강 유역에는 4개의 성이 확인되었는데, 동해의 스토르바야 항구로
흐르는 강의 상류에서부터 우스티- 일모, 켐스코예 돌리노예, 켐스코예 스
칼리스토예, 캠스코예 모르스코예 성이 있다.

1) 우스티-일모 성

벨리카야 케마 마을에서 북쪽으로 17km 떨어진 탈니코바야 강 입구에
서부터 서쪽으로 0.5km 떨어진 곳으로 케마강의 우안에서 150m 떨어진
곳에 위치한다(그림 79~80, 사진 50~51, 표 8, 30페이지의 지도).

이 성은 아르세니에프가 1907년에 성의 평면도가 작성하였고(그림 70),
1992년 크바신이 다시 평면도를 작성했다(그림 80).[55] 2001년에는 도굴
꾼이 트렌치를 파고 금속탐지기로 작업한 흔적이 확인되었다. 2002년에
아무르-연해주 고고학발굴단이 조사하였는데, 이때 정확한 평면도와 수혈
을 조사하였다.

---

54) Арсеньев В.К. Путевой дневник 1907 г.
55) Квашин В.Г. Отчет об археологической разведке в Тернейском
районе Приморского края летом 1992 г.

성은 높이 10m가량의 강안 단구대에 위치하는데, 동쪽면은 현대도로가 거의 성벽이 있는 곳까지 지나가면서 단구대가 잘린 상태이다(사진 50).

성의 형태와 성벽은 자연적 입지를 아주 잘 따르고 있다. 남쪽과 동쪽은 단구대의 경사면이 아주 가파르기 때문에 보조 성벽이 없이 내성벽은 하나이고, 북쪽과 서쪽은 경사면이 가파르기 때문에 내성벽을 제외하고 모두 4개의 보조성벽이 있다. 보조성벽은 서쪽은 4개의 성벽이 평행하고, 북쪽은 약간 구부려진 모양으로 해자도 4개 확인되었다. 기본적으로 성벽은 폐쇄형으로, 평면형태가 거의 방형인데, 긴 쪽의 길이가 50m, 평면적은 2,500㎡이다.

성에는 문지가 동쪽과 서쪽에 서로 마주보고 2개 위치한다. 문의 너비는

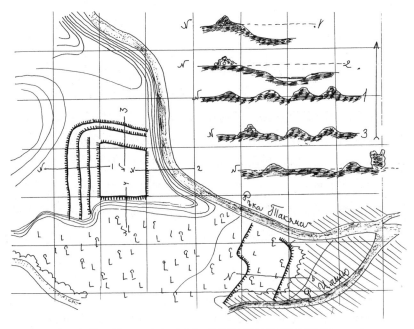

그림 79. 우스티-일모 성(1907년 아르세니에프에 의해서 육안으로 작성된 평면도)

1m, 깊이는 0.25~0.3m가량이다. 동문으로 도로가 지나가며, 옹성이 설치되어 있다. 두 번째 도로는 테라스에서부터 올라와서 북동쪽 모서리에 있다. 남쪽 성벽에는 3개의 절개면과 0.5×0.7m 크기의 수혈이 있다.

성의 내면은 서쪽으로 갈수록 2m가량 높아진다. 그 곳에서 수혈이 많이 확인되었는데, 대략 면적은 15~25㎡이다. 그 곳에서 층위를 조사했는데, 그 결과는 다음과 같다.

1. 부식토의 두께 0.1~0.15m
2. 암갈색 사양토 두께 0.3~0.4m, 문화층
3. 명갈색 사양토로 발해토기가 확인됨. 주춧돌

가장 안쪽의 내성벽은 폐쇄형으로, 큰 돌로 축조된 석벽이다. 하지만 이 돌의 크기는 각기 다른 것으로 10×20cm, 40×30cm, 50×30cm로 다양하다. 몇몇 장소에는 돌이 아주 많이 쌓여 있는 곳도 있다. 내성벽의 높이가 일정하지 않는데, 북쪽벽은 0.3~0.5m, 동쪽은 0.9m, 너비는 5~7m가량이다. 성벽의 정상부는 편평하고 너비는 1~1.5m이다.

외성벽은 4중의 흙과 돌로 제작되었는데, 4중이다. 내성벽에서 부터 1번 외성벽 사이에는 깊이 0.5m의 해자가 설치되었다. 3번과 4번 성벽은 테라스를 두고 축조되었는데, 높이는 0.3~0.6m로 일정하지 않다. 성벽의 3번 성벽 너비는 2~4m, 4번 성벽의 너비는 7m이다.

* 우스티-일모 성은 언덕형으로 평면형태는 방형에 가깝다. 내부에는 평탄지, 내성, 보루 등이 없고, 성벽의 구조물로써 옹성이 설치된 문이 2개 있다. 소형으로, 취락 방어용으로 제작되었다. 성의 축조시기는 출토된 토기로 보아 발해시기이며, 10세기 말에서 12세기 초까지 계속해서 사용되었던 것으로 판단된다.

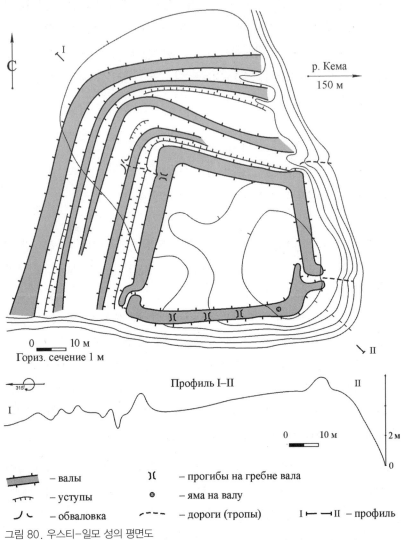

р. Кема
150 м

Гориз. сечение 1 м

Профиль I–II

- валы
- уступы
- обваловка
)(– прогибы на гребне вала
⊛ – яма на валу
- - - - – дороги (тропы)
I ⊢—⊣II – профиль

그림 80. 우스티-일모 성의 평면도
(I-II절개면, 성벽, 떨어지는 표시, 낮은 둔덕, 성벽의 절개면, 성벽 위의 구멍, 도로)

그림 81. 케마 강 하류의 성의 입지(1-켐스코예-돌리노예, 2-켐스코예-스칼리스토예)

2) 켐스코예-스칼리스토예 석성

벨리카야 케마 마을에서 북동쪽-동쪽으로 200km 떨어진 곳으로 케마 강의 왼쪽 강변에 동해안의 스토르모바야 항구에서 500km 떨어진 곳에 언덕의 경사면에 위치한다. 절벽의 서쪽 경사면에 위치하는데, 그 동쪽에 성벽이 축조되어 있다. 성벽은 높이가 1.5m에 달한다. 남쪽에는 고대의 도로와 연결된 문지가 확인된다.

이 유적은 1907년에 아르세니에프가 처음으로 발견하였는데, 타케마 강 유역의 큰 성에서 가까운 곳에 위치하고 있다고 밝히고 있다.[56] 1908년 이

---

56) Арсеньев В.К. Путевой дневник 1907 г.

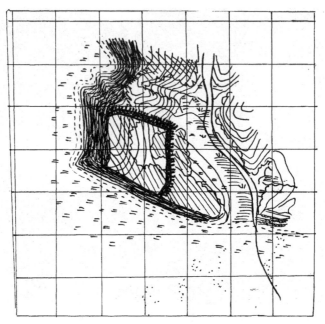

그림 82. 켐스코예-스칼리스토예 성(1907년 아르세니에프 작성)

성의 평면도가 작성되었다(그림 82).[57] 1984년에는 타타르니코바가 지표 조사 한 바 있고,[58] 2001년 아무르-연해주 고고학발굴단이 조사했다.[59]

성은 절벽위에 축조되었다. 성벽은 돌을 쌓았는데, 길이는 90m가량이고, 평면적은 2,000㎡이다(그림 83).

57) Арсеньев В.К. Путевой дневник № 3, 1908-1909 г. // Архив ПФРГ О-ОИАК. Ф. 14, оп. 1, д. 12, л. 30.

58) Татарников В.А. Отчет об археологических исследованиях в се веро-восточном Приморье в 1984 г. // Архив ИА РАН. Р-1, № 10 599.

59) Дьякова О.В. Отчет об исследованиях Амуро-Приморской архео логической экспедиции на Куналейском городище в 2001 г.

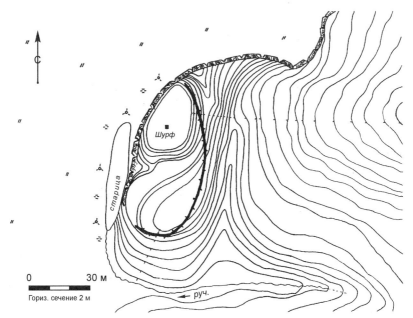

그림 83. 켐스코예−스칼리스토예 성(2001년 아무르−연해주 고고학발굴단 작성)

이 유적에서는 멧돼지 모양의 석제품과 연질 토기 동체부 편 등이 출토되었다(그림 85, 사진 52, 표 8, 지도 1). 이 성의 북쪽에 시굴조사를 하였는데, 다음과 같은 토층상황을 알 수 있었다(그림 84).

  1. 부식토층, 두께 0.11m
  2. 검은색 사양토, 두께 0.09m
  3. 점성이 강한 갈색 사양토로, 숯이 혼입됨. 두께 0.2m, 층의 아래에서는 석기가 확인됨(문화층)
  4. 점성이 강한 검은색 사양토로, 숯이 혼입됨. 두께 0.44m
  5. 자갈이 혼입된 암갈색 사양토 층으로 얇은 숯이 혼입된 간층(두께 0.5cm)이 있음.

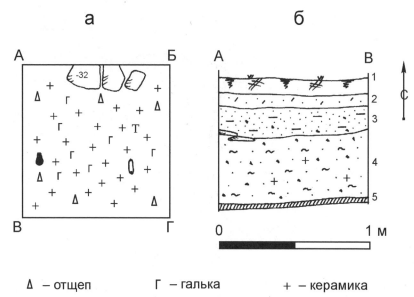

Δ – отщеп　　　　Г – галька　　　　+ – керамика

그림 84. 켐스코예-스칼리스토예 성, 시굴1(a-평면도, 6-토층도(1~5층))

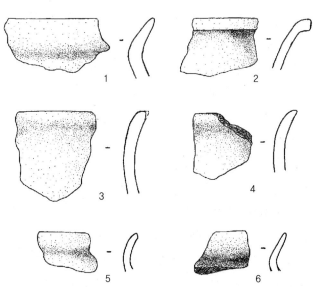

그림 85. 켐스코예-스칼리스토예 성 출토 토기(1~6-연질 토기 구연부편)

3층에서는 연질 토기편이 30개 출토되었다. 회흑색으로 구연부가 직립하는 것, 구연부가 두터운것, 외반한 것 등 모두 3점이다(그림 85). 연질토기의 저부도 확인되었다. 석기의 박편 6점, 길이 8cm 가량의 사암제 굴지구(8cm), 납작하고 편평한 자갈 5점 등 모두 고금속기시대의 유물이다.

- 켐스코예-스칼리스토예 석성은 산지성으로 평면형태는 폐쇄형으로써, 성벽이 약간 휘어진 모양이다. 평면시설물은 확인되지 않고, 성벽의 구조물도 별다른 것이 없다. 벽체는 돌로 축조되었다. 성은 소형으로, 취락을 방어하는 용도로 제작되었다. 청동기시대 리도프카 문화시기에 동해와 접한 절벽위에 먼 곳을 감시하기 위해서 축조되었다.

3) 켐스코예-돌리노예 성

케마 강의 왼쪽 해안가에서 이 강의 하구에서 1.5km 떨어진 곳으로 벨린카야 케마 마을 안에 위치한다(그림 86~87, 사진 53~55, 표 8, 30페이지 지도). 처음으로 1907년 아르세니에프가 유적의 평면도를 작성하였다(그림 86).

2001년 아무르-연해주 고고학발굴단이 이곳을 조사하였다. 성은 케마 강의 좌안 강가와 강 줄기 사이에 위치한다. 평면형태는 북쪽의 양 모서리가 깎인 방형이다(그림 86~87).

성벽의 길이가 130m가량이고 평면적은 1,700㎡에 달한다. 북, 서, 동 성벽의 중앙에 너비 5~7m의 문 시설 3개가 있다. 성벽은 흙과 큰 자갈돌로 쌓았는데, 높이는 대부분 1~1.5m, 북서쪽은 2m 정도이다. 성벽의 기저부 너비는 5m, 상부 너비는 1m이다. 성내부에는 구조물이 파괴된 채 확인되었는데, 여러 번 축조가 반복되었던 것으로 보인다.

문화층을 조사했는데, 유물이 확인되지 않았고, 지표에서 시대를 알 수 없는 토기편 들이 채집되었다.

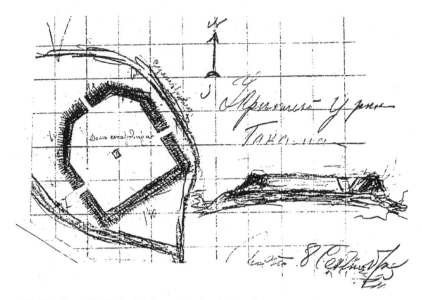

그림 86. 켐스코예-돌리노예 성(1907년도 아르세니에프 작성)

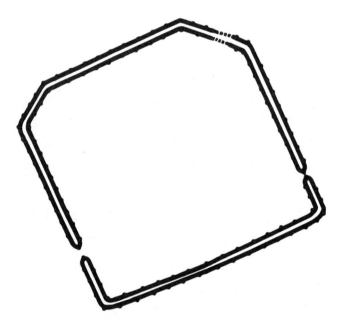

그림 87. 켐스코예-돌리노예 성(2001년도 아무르-연해주 고고학발굴단 작성)

4) 켐스코예-모르스코예 성

벨리카야 케마 강 하류의 동해 바닷가에 위치한다. 1908~1909년 아르세니에프가 유적의 평면도를 작성했다(그림 88). 유적의 평면형태는 장방형에 가깝고, 장축방향은 남북이다.

아르세니에프는 이 성에 대해서 다음과 같이 기록을 남겼다.

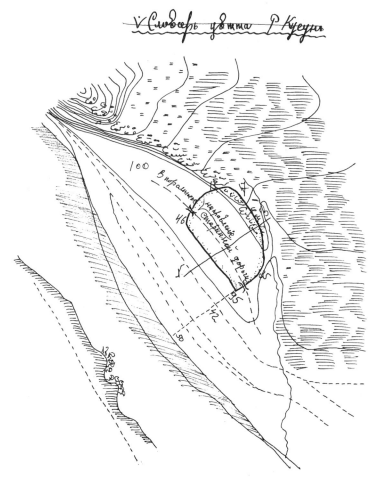

그림 88. 켐스코예-모르스코예 성(1908~1909년도 아르세니에프에 의해 육안으로 작성)

이 요새에서부터 북-서-북쪽으로 약 3km 정도 가면 산 정상 위에 3개의 구덩이가 있다. 좀 더 가까이에서 관찰하면 고대인은 이곳에서 자신의 집을 위해서 편편한 돌을 이용했다는 것을 알 수 있다.[60]

또한 아르세니에프는 중국인에게서 들은 이야기도 기록으로 남겨두었다.

중국사람이 이야기 하기를, '타케마 강에는 아주 오래전에 남쪽에서 어떤 사람들이 와서 강 하류 부근에 성을 짓고, 갔다. 오랜 시간이 흐른 후에 20명 정도의 군인이 와서, 이 곳에서 오래 머물지 않았는데, 10인 정도가 남고 나머지는 가버렸다. 그 사람들은 모두 검과 활과 화살 등으로 무장하고 있었다. 어느 날 새벽에 그들한테 오로치 족들이 다가가서 활을 쏘았고, 그 중에서 2명이 살아나서, 반대쪽 강가로 달아나 버렸다'고 한다. 그 후로 지금까지 어떤 사람들도 타케마 강가로 오지 않았다.[61]

2001년 아무르-연해주 고고학발굴단은 이곳을 조사했는데, 성은 거의 파괴되었고 남아 있지 않았다.

* 켐스코예-모르스코예 성은 평지성으로 평면형태는 장방형이다. 이 성의 용도는 방어 감시용으로, 동해의 스토르모바야 항구쪽에서 강의 하류로 들어오는 곳을 통제하기 위해서 축조되었다.

5) 케마 강 유역의 소결

케마 강 유역에서 확인되는 제일 이른 성은 청동기시대로 기원전 1천년

---

60) Арсеньев В.К. Путевой дневник 1908-1909 гг., л. 145-146.
61) Арсеньев В.К. Путевой дневник 1907 г., л. 79.

기 후반의 켐스코예-스칼리스토예 석성이다. 산지성으로는 미스 스트라시느이 성(세레브랸카 유역), 두브로빈스코예 성(리도프카 강 유역), 우스티-제르칼노예 성(제르칼나야 강 유역), 우스티-벨렘베(타요시나야 강 유역) 등이 앞서 설명되었다. 케마 강의 하류에 성을 축조하는 것은 일반적이지 않은데, 거주용이 아니라 방어용인데, 동해로부터 들어오는 적을 막기 위해서 축조되었다.

이 강 유역에서 발해시기 성은 켐스코예-돌린노예, 켐스코예-모르스코예 유적이다. 모두 해안가로 향한 도로를 따라서 축조된 것으로 이 길의 위험을 막고 영역을 보호하기 위해서 축조되었다.

표 8. 말라야 케마 강과 케마 강 유역의 성 특징

유적	형	평면형태	평면적(㎡)	성벽		성의 내부			구조물		용도	문화	연대
				재료	너비(m)	바닥	내성	보루	치	문지			
말라야 케마	산지성	▭	16,000	석		˙	˙	˙			취락 방어용	발해	7~10세기
우스티-일모	산지성	▭	2,500	석+흙	3	˙	˙	˙	있음	있음	취락 방어용	발해 후	10~12세기
켐스코예-스칼리스토예	산지성	⊂	2,000	석+흙	3~4				없음	없음	취락 방어용	청동기 시대	기원전 1천년기
켐스코예-돌리노예	평지성	⬡	1,700	석+흙	5	˙	˙	˙	?	3기	취락 방어용	발해 후	10~12세기
켐스코예-모르스코예	평지성	▭		˙		˙	˙	˙	˙		방어용	발해	7~10세기

케마 강 유역은 시호테 알린 산맥의 영동지역으로서, 지형학적인 특징으로 서쪽으로부터 험준한 산맥으로 인해서 고립된 곳이다. 케마 강의 하류로 부터는 들어오기가 쉽지만, 상류는 거의 가능성이 없다. 탈니코바야 강 유역으로부터 들어오는 길에 위치한 우스티-일모 성이 이 곳으로 들어오는 문의 역할을 하는 곳이다. 이 성에서부터 도로가 뻗어서 하류의 두 성까지 이어진다. 하지만 연대를 알 수 있는 유물이 확인되지 않아서 유적의 정확

한 연대를 아는 것은 힘들다. 발해 이후에 축조 되어, 그 뒤에도 오랜 기간 이용된 것은 확실하다.

11. 페세르나야 강 유역
(구 지명: 코룸베Колумбе)

페세르나야 강은 시호테 알린 산맥의 동쪽에서부터 발원해서 동해로 떨어지는 작고 짧은 강이다. 우안의 지류는 말라야 페세르나야 강이다.

콜룸베 강 유역은 대략 60km 정도 된다. 이 강의 상류에는 3개의 지류가 있는데, 베이차(Бейца, Beica), 난츠자(Нанцза, Nanza), 산차(Санца, Sanza) 강 등이 있다. 베이차 강을 따라서 이틀 정도 가면 아르무(Арму, Armu) 강에 다다를 수 있고, 산차 강에서 3일 정도면 산호베(Санхобе, Sanhobe)까지 갈 수 있는 거리이다. 콜룸베(Кулумбе, Kulumbe) 강의 우안 지류는 얀후(Янху, Yanghu) 강이고, 좌안 지류는 다난추(Дананцу, Danantsu) 강이다. 중국인은 이 강을 따라서 3일 정도가면 산호베 강의 수원지에 다다른다고 한다. 그리고 이 강의 하류에는 다베이차(Дабейца) 강과 네이쿨랴(Нейкуля, Neykul)(아르무 강의 지류) 강으로 가는 고개가 있다. 페세르나야 강의 하류에서는 샤오베이차(Сяобейца, Xiaobeyn)와 샤오난차(Сяонанца, Siaonantsa) 강이 만난다. 콜룸베 강 유역 전체에는 점판암이 많이 확인되는데, 이만 강까지 이러한 현상이 보인다. 이 돌을 이용해서 건축물을 건조하였다(아르세니에프 1969).

이곳에 성 3곳을 발견한 아르세니에프가 성에 대한 기록을 다음과 같이 남겼다.

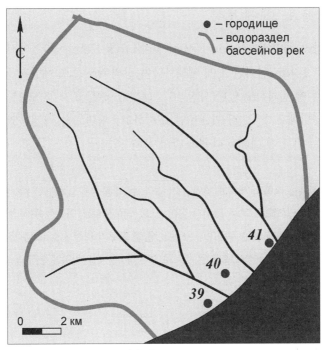

그림 89. 페세르나야 강 유역의 성
(39-우툐스노예, 40-야수, 41-미스 알렉산드라)

이온툰라쟈(Ионтунлаза, Iontunlaza) 암벽에서부터 이 강의 좌안에서 바다까지 접근성이 좋은 곳이다. 페세르나야 강과 우툐스나야 강에서는 3개의 성이 확인되었다.[62]

현재도 우툐스노예 토성, 미스 알렉산드라 성, 야슈 성이 동해로 들어가는 강의 하류에 위치한다(그림 89).

---

62) Арсеньев В.К. Путевой дневник 1907 г., л. 79.

1) 우툐스노예 토성

벨리카야 케마(Великая Кема, Velikaya Kema) 마을에서부터 북동쪽으로 13km 떨어진 곳에 페세르나야 강의 우안으로 해안가 우툐스노예 언덕 위에 위치하고 있다(사진 56, 그림 90~93, 표 9, 지도 1).

아르세니에프가 1908~1909년 조사하고, 평면도를 작성했었다(그림 90). 그는 이 성에 대해서 다음과 같이 기록하였다.

성에는 북쪽과 서쪽에 개의 문이 있다. 문의 옹성을 설치하기 위해서 북벽의 성벽이 안쪽으로 움푹 들어간 곳이 있고, 남쪽으로도 이러한 곳이 보인다. 이 문지 시설 사이에는 구덩이가 있는데, 물을 모으기 위한 시설로 생각된다. 또한 다리시설은 인공적으로 만든 것으로 보인다. 절벽 가까이에 현대의 방어용 구

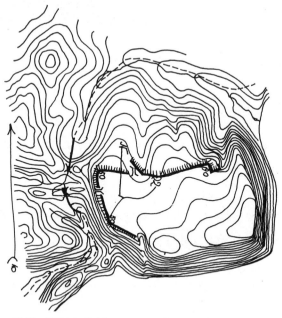

그림 90. 우툐스노예 성(1908~1909년도 아르세니에프 작성)

덩이가 있다.[63]

1984년 타타르니코바, 2001년 아무르-연해주 고고학발굴단이 발굴조
사 했다.[64]

성은 절벽 위에 위치하고 있는데, 지형특징 때문에 성의 북쪽과 서쪽에
는 벽을 축조하였고, 동쪽과 남쪽에는 절벽 경사면과 거의 맞닿아 있어 벽
이 설치되지 않았다. 평면형태는 지형을 그대로 따르고 있다. 북쪽 벽은 직
선이고, 성의 북서쪽은 성 안 전체에서 약간 낮아진다. 서쪽에는 2중 석벽
이 직선으로 축조되었는데, 경사면과 거의 맞닿았다. 외벽은 절벽면과 거의
일치한다.

성벽은 돌을 섞은 흙을 기본으로 했는데, 북쪽 성벽의 아랫부분은 돌로
축조했다. 높이는 1.5~2m인데, 북동쪽에서 성벽이 직진하는 곳은 거의
3m가량이다. 성벽의 기저부 너비는 3m, 길이는 200m이다. 남쪽의 일부
분에는 환호가 설치되어 있다. 북쪽 성벽에는 문지가 있는데 그 흔적이 뚜
렷하게 남아 있다.

유적의 남쪽에서 성벽의 상부에서 시굴구덩이를 조사했는데, 층위는 다
음과 같다(그림 91).

1. 부식토층 0.07m
2. 암갈색 사양토 두께 0.07m
3. 적갈색 반점이 있는 갈색 사양토로 아주 작은 쇄석이 혼입됨
4. 쇄석과 돌이 혼입된 암갈색 사양토(생토)

63) Арсеньев В.К. Путевой дпсвпик 1908-1909 гг., л. 143.
64) Дьякова О.В. Отчет об исследованиях Амуро-Приморской архео
логической экспедиции на Куналейском городище в 2001 г.

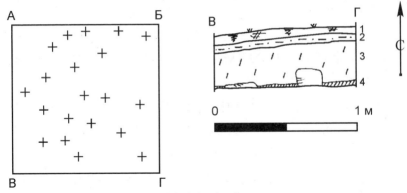

그림 91. 우됴스노예 성 시굴1 구덩이의 평면도와 토층도
(1:a-평면도, б-토층도, 1~4 층(층에 대한 설명은 본문에 따름))

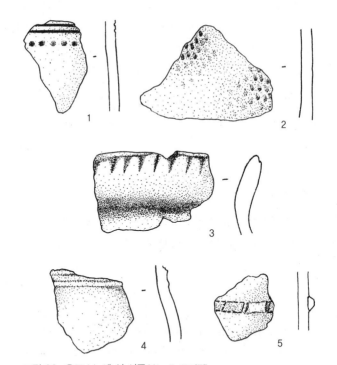

그림 92. 우됴스노예 성 시굴1(1~5-토기편)

2층에서는 3층 상면에서 청동기시대 연질 토기편 23점이 출토되었다. 횡선문과 연접문양이 시문된 토기 동체부편, 타날문 흔적 동체부 편, 외반된 구연부 편, 융기문이 부착된 토기편, 외반된 연질 구연부 편, 동체부가 두텁고 문양이 시문된 토기편, 동체부에 각목으로 시문된 돌대가 부착된 토기편(그림 92), 편평하고 둥근 자갈돌 등이 확인되었다.

* 우툐스노예 토성은 절벽 위에 축조된 것으로 평면형태는 개방형이다. 테라스, 내성, 보루 등은 확인되지 않는다. 벽은 흙에 돌을 섞은 토성벽으로, 취락 방어용이다. 아르세니예프가 조사한 바와 같이 도로가 지나가고 있다. 이 성은 청동기시대에 축조된 것으로 미스 스트라시느이 토성, 두브로빈스코예 토성, 켐스코예-스칼리스토예 석성도 동시기의 것이다.

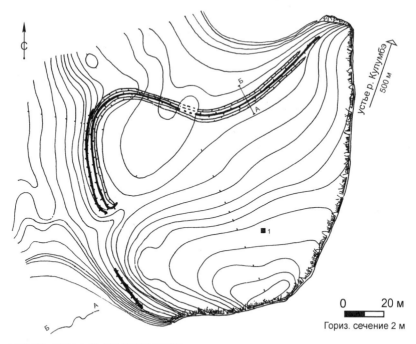

그림 93. 우툐스노예 성의 지형과 평면도

2) 야수 성

동해에서 1.5km 떨어진 곳으로, 로시하야(Лосихая, Losikhaya)
(야수) 강과 우툐스나야(나이나) 강 사이에 페세르나야 강(쿠룸베) 쪽으

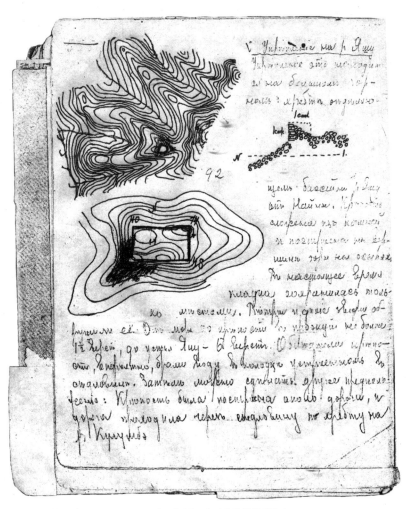

그림 94. 야수 성(1908~1909년도 아르세니에프에 의해 작성된 평면도)

로 향하고 있는 산 정상부에 위치하고 있다. 1908~1909년 아르세니에
프가 평면도를 작성했었다(그림 94). 평면형태는 장방형으로 전체 길이가
475.2m, 전체 평면적은 14,000㎡이다. 성벽은 돌로 축조되었는데, 곳에
따라서 쌓인 모양도 확인된다. 성벽의 내 측면에서 잰 높이는 2.16m이다.

아르세니에프는 '성은 콜룸베 강의 고개를 넘어가는 고대교통로 옆에 축조
되었다'고 했다.[65]

● 야수 성은 산지성으로 평면형태는 장방형이고, 평면적은 중형이다. 성
  내부는 편평하고, 내성이나 보루, 치는 없고, 돌로 쌓은 성벽 뿐이다. 용
  도는 방어용이다. 성은 발해시기에 축조되어 그 뒤 13세기까지 사용되었
  다. 축조 방법은 고구려 석성 전통을 따르고 있다.

12. 페르바야 우토스나야 강 유역

우토스나야 강 유역에서는 동해로 흘러 들어가는 페르바야 우토스나야
강의 하류 알렉산드르 곶에 유적이 1곳 확인된다.

1) 미스 알렉산드라 2중벽

벨린카야 케마 마을에서 북동쪽으로 33.5km 떨어진 곳으로, 남쪽에 페
르바야 우토스나야 강의 우안 동쪽 절벽에서 300m 떨어진 알렉산드르 곶
에 위치한다(그림 95, 표 9, 지도 1).

아주 좁은 곳에 성벽이 2개 나란히 지나간다. 성벽의 길이는 40m, 높이

---

65) Арсеньев В.К. Путевой дневник 1908-1909 гг., л. 140.

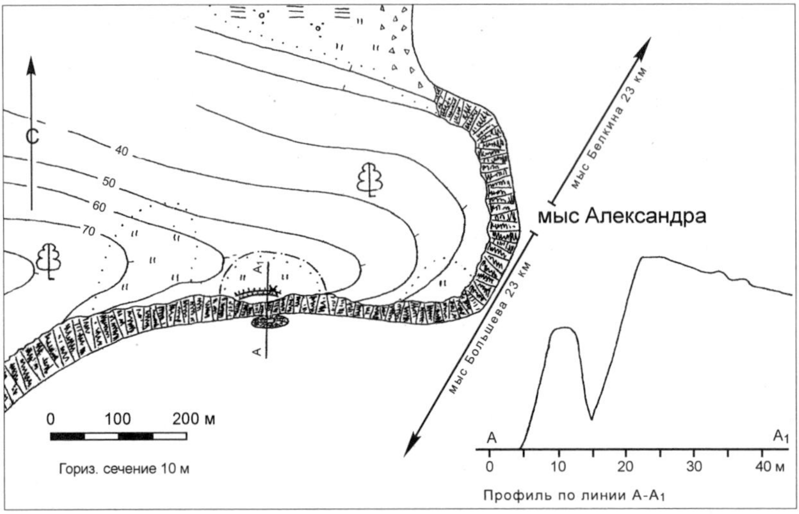
С
40
50
60
70
A₁
A
мыс Белкина 23 км
мыс Александра
мыс Большева 23 км
0 100 200 м
Гориз. сечение 10 м
A
A₁
0 10 20 30 40 м
Профиль по линии A-A₁

그림 95. 미스 알렉산드라 성의 평면도(1992년도 크바시나 육안 작성)

는 2m, 기저부 너비는 5m가량이다. 이곳의 지표에서는 검은색 연질 토기편이 확인되었다. 해안가의 이 성에서는 남서쪽 방향으로 우툐스노예 성까지 약 18km 가량인데, 조망할 수 있는 곳이다. 이 성은 1992년 크바시나야가 처음으로 조사했다.[66]

- 미스 알렉산드라 성은 산지성으로 평면형태는 단순하며, 성 내부는 편평하다. 내성이나 보루도 확인되지 않는다. 성 벽에는 치가 없고, 취락을 방어하는 용도이다. 축조시기는 청동기시대로 미스 스트라시느이 토성, 두브로빈스코예 성, 켐스노예 스칼리스토예 석성과 같은 시기이다.

66) Квашин В.Г. Отчет о результатах комплексной экспедиции по Тернейскому району Приморского края в 1992 г., с. 106

표 9. 페세르나야 강(코룸베) 유역의 성 특징

유적	형	평면 형태	평면적 (㎡)	성벽			성의 내부				용도	문화	연대
				축조 방법	너비 (m)	높이	바닥	내성	보루	문지			
우토 스노예	산지성	개방형		석+흙	3	1.5~3	'	'	'		취락 방어용	발해	7~ 10세기
야슈	산지성	☐	14,000	석		2.2	'	'	'		취락 방어용	발해	7~ 10세기
미스 알 렉산드라	산지성	(	12,000	'	5	2	'	'	'	'	취락 방어용	청동기 시대	기원전 1천년기

2) 페세르나야 유역과 페르바야 우툐스노예 강 유역의 소결

이 강 유역에는 청동기시대부터 성이 존재하였는데, 산 위에 축조된 우툐스나야, 미스 알렉산드라 유적이 그 증거이다. 이는 미스 스트라시느이 토성, 두브로빈스코예 토성, 켐스코예-스탈리스토예 석성과 같은 시기이다. 두 번째는 발해 야슈 성과 같은 시기이다. 이 성은 고구려 축조 기술을 따르고 있는데, 동해에서 강으로 들어오는 입구와 도로를 지키기 위한 것이다.

13. 암구 강 유역

암구 강은 높지 않은 산에서 발원하는데, 막시모프카(Максимовка, Maksimovka) 강과 암구 강으로 갈라진다. 이 강은 동쪽 방향으로 흐르는데, 중류역에서 남동쪽으로 방향을 꺾어서 동해(암구 마을)로 들어간다. 강의 길이는 거의 50km이다. 이 강의 좌안은 레오노프카(Леоновка, Leonivka) 강이고 우안은 세르바토프카(Щербатовка, Shcherbatovka) 강이다. 강의 입구는 넓은데, 자주 홍수가 난다. 암구 강의 상류 유역은 시호테 알린 산맥의 동쪽과 관련되지 않았고, 마시모프

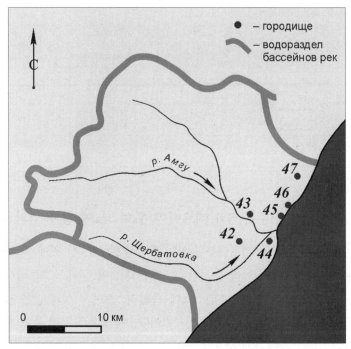

그림 96. 암구 강 유역의 성 위치도(42-쿠댜 성, 43-데두스킨 클류치 성, 44-소프카
류브비 성, 45-미스 테플리이 성, 46-말라야 카리마 성, 47-카라만스키 성)

카 강의 상류가 그 경계이다. 이 강의 상류역에는 높이가 1,400~1,500m
에 달하는 산인 두만(Туман, Tuman), 세르바타야(Щербатая,
Shcherbataya) 산이 있는데, 이 강이 시작되는 곳이다. 이 강 중류역의
산 높이는 500~800m, 하류역은 300m이다. 이 강 유역에는 많은 강이
흐르고 있다.

1) 쿠댜 토성

암구 마을에서 서쪽으로 4.5km 떨어진 곳에 위치한다(사진 57, 그림
96~98, 표 10, 30페이지 지도). 1974년에 댜코바가 이 성의 평면도를 작

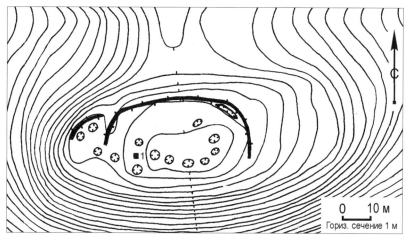

그림 97. 쿠댜 유적의 성, 지형 평면도

성하였다(그림 97).[67]

2001년에 아무르-연해주 고고학발굴단이 지표조사 했다. 쿠댜 강의 좌
안에 위치한 언덕의 정상부에서 13개의 원형 수혈이 확인되었다. 언덕의
북쪽은 고개로 이어지는데, 이곳에 부채꼴 모양의 벽이 잔존한다. 이 성벽
의 길이는 75m이다. 서벽은 독립된 벽으로, 언덕의 정상부를 따라서 길
이 15m가량 성벽이 남아 있다. 벽은 언덕의 정상에서 보이는 자갈이 섞
인 흙으로 축조되었다. 벽의 높이는 안쪽에서는 0.3~0.4m가량이고, 바
깥쪽에서는 언덕의 경사면으로 바로 떨어지고 있다. 성벽 기저부 너비는

---

67) Дьяков В.И., Дьякова О.В. Отчет об археологических исследова
  ниях в Дальнегорском, Тернейском районах Приморского края и
  Хабаровском районе Хабаровского края. 1974 г. // Архив ИА РАН.
  Р-1, № 5274; Дьякова О. В. Отчет об исследованиях Амуро-Прим
  орской археологической экспедиции на Куналейском городище
  в 2001 г.

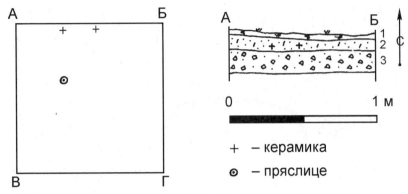

그림 98. 쿠댜 유적의 시굴 1 평면도와 토층도(1~3층, 층에 대한 설명은 본문에 따름)

1.5~2m이다.

언덕의 정상부에는 시굴흔적이 남아 있는데, 층위는 다음과 같다(그림 98).

1. 부식토층으로 두께 0.05m
2. 쇄석이 혼입된 갈색 사양토 두께 0.1m
3. 갈색조가 혼입된 자갈층으로 생토

2층에서는 문양이 없는 연질 토기가 2점 확인되었는데, 토제 방추차도 확인되었다.

- 쿠댜 토성은 산지성으로 개방형이고, 성벽은 부채꼴 모양이다. 성의 안은 편평하고, 내성과 보루 등도 확인되지 않는다. 성벽에는 치와 같은 구조물은 없고, 성벽은 자갈이 혼입된 흙으로 축조되었다. 취락을 방어하는 용도로 제작되었다. 청동기시대의 리도프카 문화로 기원전 1천년기에 축조되었다.

2) 데두스킨 클류치 성벽

암구 마을에서 북서쪽으로 2.5km 떨어진 곳에 위치한다(그림 99, 102, 표 10, 지도 1). 타타르니코바가 처음으로 이 환호를 발견했고,

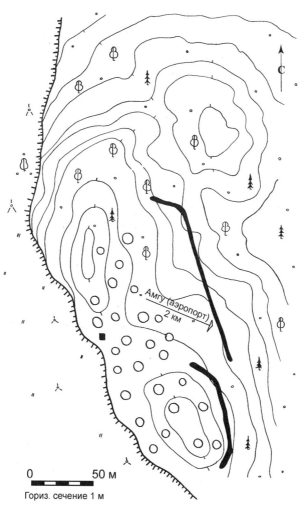

그림 99. 데두스킨 클류치 성

2001년 아무르-연해주 고고학발굴단이 조사했다.[68] 데두스키나(Дедуш кина, Dedushkina) 강과 돌가노바(Долганова, Dolganova) 강 사이의 언덕 정상 위에 위치하며, 서쪽 경사면에는 27기의 수혈이 확인되었다. 동쪽에서부터 서쪽 경사면에는 2기의 석벽이 잔존한다. 북쪽의 것은 직진하는데, 끝이 안쪽으로 굽었다. 그 내부에 수혈이 잔존하며, 환호 벽의 길이는 95m가량이다. 남쪽 벽은 서쪽으로 굽은 부채꼴 모양으로 성벽의 길이는 60m 정도이다. 성벽의 높이는 0.5m를 넘지 않는다.

유적 내에서 시굴을 했는데, 층위는 다음과 같다(그림 100).

1. 부식토 층 0.04m
2. 희미한 황등색의 사양토 두께 0.02m

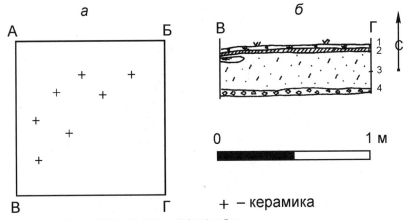

그림 100. 데두스킨 클류치 성 시굴 1 평면도와 토층도
(a-시굴평면도, б-토층도, 자세한 설명은 본문에 따름)

---

68) Дьякова О.В. Отчет о работах Амуро-Приморской археологическ ой экспедиции в 2002 г. на городищах Куналейское, Красное Оз еро и разведочных работах в Кавалеровском, Дальнегорском и Т ернейском районах Приморского края.

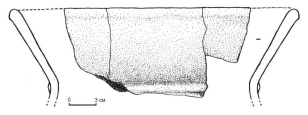

그림 101. 데두스킨 클류치 성, 연질 토기의 구연부 편

3. 자갈이 혼입된 적갈색 사양토 두께 0.24m
4. 자갈층, 생토

3층에서는 4개의 문양이 없는 연질 토기편이 확인되었다. 경부에 돌대가 부착된 구연부 편, 직립된 구연부 편인데, 기면이 울퉁불퉁하다(그림 101). 편평하고 둥근 자갈 2점도 출토되었다. 데두스킨 클류치의 석성에서 출토된 유물로 보아서 이 성은 청동기시대로 기원전 1천년기 후반인 것을 알 수 있다.

* 데두스킨 클류치 환호는 산지성으로 개방형이다. 성 내면은 편평하고, 내성과 보루, 치와 같은 구조물은 확인되지 않는다. 취락을 방어하는 용도로 스트라시느이 토성, 우툐스나야 토성, 켐스노예-스칼리스토예 석성, 우스티-벨렘베 3중 토석성, 두로빈스크 토성과 같은 시기의 성격이다.

3) 소프카 류브비 성

암구 마을에서 남쪽으로 0.5km 떨어진 곳으로, 이름 없는 강의 오른쪽 강가로 이 강의 하류에서는 1.5km 떨어진 곳으로 소프카 류브비 위에 성이 위치한다(그림 102, 표 10, 지도 1). 성은 남쪽 경사면 떨어지는 곳에 위치하는데, 늪지대의 아래에서부터 언덕의 기슭을 따라서 2줄 부채꼴 모양의 토성벽과 해자가 있다. 북쪽과 서쪽에는 절벽과 맞닿아 있기 때문에 자연적인 경계가 가능하다. 언덕의 절벽은 세르바토프카(암구 강의 오른쪽 지류)와 암구 강과 맞닿아 있다. 성벽은 높이는 0.7~1m로 돌로 쌓아졌다. 해자의 너비는 1m, 깊이는 0.5m, 성의 평면크기는 4,500㎡이다.

성의 안은 온돌이 설치된 주거지가 있는 평탄지가 확인되었으나 내성과 보루는 없다.

이 성은 1908~1909년 아르세니에프가 처음으로 평면도를 작성했는데, 성에는 3개의 짧은 성벽이 언덕의 정상부 쪽으로 있고, 문지가 있다고 표시해 놓았다.[69] 1974년 댜코바가 조사했고(그림 102),[70] 유적에서는 문화층이 2층 확인되었다. 아래층은 갈색 사양토로 청동기시대 리도프카 문화와 관련되었고, 상층은 중세시대 문화층이다.

1982년에 니키틴과 이블리예프가 조사시, 트렌치에서 온돌이 있는 주거지가 확인되었다.[71] 1997년에 아무르-연해주 고고학발굴단이 지표조사했고, 유적에 2개의 문화층이 있음을 확인했다. 출토된 유물은 회색의 녹로제 토기로 화병형 토기와 푸른색의 관옥으로 보아 상층은 동하국과 관련된 것을 확인할 수 있었다.[72]

* 소프카 류브비 성은 산지성으로 개방형으로, 성 안은 편평하지 않다. 성 내부에는 내성과 보루 등이 확인되지 않았고, 성벽의 구조물로는 치가 없

69) Арсеньев В.К. Путевой дневник 1908-1909 гг., л. 138.

70) Дьяков В.И., Дьякова О.В. Отчет об археологических исследова ниях в Дальнегорском, Тернейском районах Приморского края и Хабаровском районе Хабаровского края. 1974 г.

71) Никитин Ю.Г. Отчет о результатах обследования городища око ло поселка Амгу в Тернейском районе. Приморский край. 1982 г. // Архив ИА РАН. Р-1, № 10 101.

72) Дьякова О.В. Отчет об исследованиях Амуро-Приморской архео логической экспедиции в Тернейском районе Приморского края в 1997 году // Архив ИА РАН. Р-1, № 21 493.

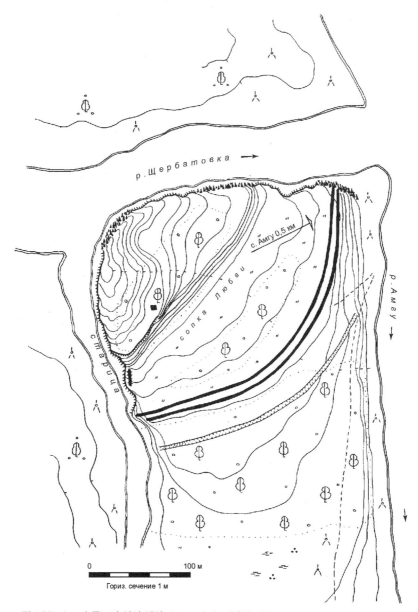

р. Щербатовка →

с. "Амгу 0.5 км"

сопка Любви

старица

р. Амгу →

0   100 м

Гориз. сечение 1 м

그림 102. 소프카 류브비 성의 평면도(1974년 댜코바 육안 작성)

다. 성벽은 흙과 돌을 섞어서 축조했다. 소형으로 취락을 방어하는 용도로 사용되었다. 동해쪽에서 항구로 들어오는 문지와 북서쪽 해안가를 따라서 가는 길을 통제한다.

4) 미스 테플리이 토성

암구 마을에서 북동쪽으로 3km 떨어진 곳에 동해로 불룩 튀어나온 테플리이 곶의 정상부에 위치한다. 북쪽과 남쪽 절벽으로 동해와 맞닿아 있다 (그림 103~104, 사진 58~59, 표 10, 지도 1). 1908~1909년 아르세니에프는 처음 이 성을 하고, 육안으로 관찰해서 성의 평면도를 작성했다.[73] 그 후에 1984년에 타타르니코프가 처음 왔고,[74] 1997년 아무르-연해주 고고학발굴단이 이곳을 조사했다.[75] 유적의 평면크기는 16,000㎡이다.

곶은 설상으로 길쭉하게 나온 지형으로 동해와 124m 떨어진 곳으로, 높이 50m가량이다. 곶의 입구는 3줄의 벽으로 막혀 있다. 안쪽 2줄 성벽의 길이는 26m, 가장 외곽선 세 번째 벽은 짧은데 문지 때문으로 생각된다. 세 번째 벽은 총 20m인데, 성벽의 중간부터 두 번째 벽쪽으로 10m가량 구부러져 맞닿았다. 성벽은 처음 시작하는 부분이 훨씬 더 넓었을 것으로 추정된다.

이 점은 아르세니에프의 기록을 통해서 추정할 수 있다.

늙은이들이 말하기를 성의 북동쪽은 몇 십 년 동안 해안가 절벽이 4.42㎡보다 훨씬 더 깎여 내려갔다. 그렇다면 성벽이 처음 시작하는 부분 너비는 0.71m

---

73) Арсеньев В.К. Путевой дневник 1908-1909 гг., л. 142.

74) Татарников В.А. Отчет об археологических исследованиях в северо-восточном Приморье в 1984 г.

75) Сидоренко Е.В. Отчет о разведочных работах в Тернейском и Дальнегорском районах Приморского края в 1997 г.

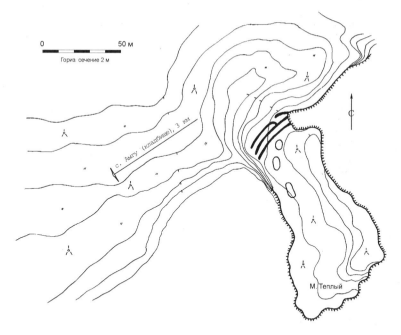

그림 103. 미스 테플리이 성

정도 였을 것이다.[76]

성벽은 돌이 혼입된 흙으로 축조되었는데, 성벽 사이는 4~5m, 높이는 0.5~0.7m이다. 성벽을 따라서는 깊이 0.5m가량의 해자가 설치되어 있다. 성 안쪽에는 3개의 장방형 수혈이 확인된다. 최근에 확인된 평면크기는 3,000㎡인데, 처음 조사시에는 이 보다 큰 7,200㎡로 추정했다.

여러 시기가 중첩된 다층위 유적으로 신석기시대(석기 박편)와 고금속기시대-리도프카 문화의 유물(곰배괭이, 석도, 토기, 장신구, 소조품), 말갈

---

76) Арсеньев В.К. Путевой дневник 1908-1909 гг., л. 142.

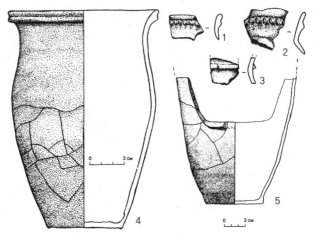

그림 104. 미스 테플리이 성의 토기(1~4, 6-말갈토기 형식, 5-주구 토기편)

문화의 토기(그림 104)가 확인되었다.

* 미스 테플리이 토성은 산지성으로 평면형태는 폐쇄형, 성벽이 부채꼴 모양이다. 평면크기는 소형으로 성의 내면은 편평하고, 내성과 보루 등이 확인되지 않는다. 성벽에는 치가 없고, 성벽은 돌이 혼입된 흙으로 축조되었고, 문 시설이 확인된다. 마을을 방어하기 위해서 축조된 것으로 10세기 후반 말갈 문화의 것으로 생각된다.

5) 말라야 카리마 성

암구 마을에서 북동쪽으로 6.5km 떨어진 곳으로 동해쪽으로 향하는 절벽 위에 위치한다(사진 60, 그림 105~107, 표 10, 30페이지 지도).

1908~1909년 아르세니에프의 여행기에서 이곳의 성에 대해서 서술하고 있다. 이 곳의 입지는 암구 마을과 소욘 마을 사이에 위치하는데, 해안과 가까운 곳에 성이 위치하는 것으로 표시되어 있다(그림 105~106).

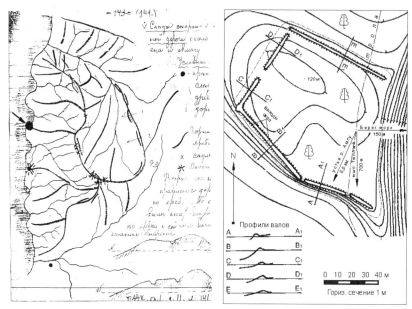

그림 105. 말라야 카리마 성의 평면도
(1908~1909년 아르세니에프)

그림 106. 말라야 카리마 성의 평면도
(1992년 크바시나 작성)

　1992년 크바신은 유적을 조사했는데,[77] 평면형태가 오각형(그림 106)
이다. 남쪽 성벽은 돌과 흙으로 축조되었다. 성벽의 높이는 외측면의 기준
으로 6m에 달한다. 북쪽 성벽은 2m 너비로 절개된 문지 때문에 두 부분
으로 나눠진다. 남쪽 성벽은 4m 너비의 문지가 있어서 각각 30m와 20m
로 잘렸다. 성벽의 북쪽에는 10m 너비로 절개되었고 그 양쪽의 길이는 각
각 80m와 75m이다. 북동쪽의 성벽은 토벽으로 문지의 너비는 10m가량
이다. 북동쪽 성벽은 흙과 돌로 축조되었는데, 높이는 3m이다. 북서쪽과
남서쪽의 접하는 부분에는 편평하게 처리되고 둥글게 튀어 나온 부분이 있

---

77) Квашин В.Г. Отчет об археологической разведке в Тернейском
　　районе Приморского края летом 1992 г.

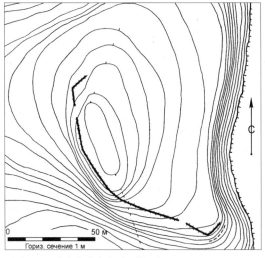
그림 107. 말라야 카리마 성(아무르-연해주 고고학발굴단 작성)

다. 성의 평면크기는 1,000㎡이다.[78]

2001년에 아무르-연해주 고고학발굴단이 조사했다. 말라야 카리마 성은 나즈막한 고개에 위치하고 있고, 성벽은 아르세니에프가 조사한 것과는 양상이 다르다. 성벽은 곳의 정상부 남쪽 가장자리를 따라서만 축조되어 있다(그림 107). 성벽은 석성으로 외벽은 비스듬하게 경사져 있다. 성벽중의 일부 지역에는 성벽과는 다른 돌을 사용했는데, 문지로 추정된다. 성의 내측에서 잰 내벽 높이는 0.3m가량이다. 남쪽은 절벽면과 거의 맞닿아 있고, 그 성벽 아래로 도로가 지나간다.[79]

성은 전체적으로 'ㄷ'자형으로 개방형이다. 2곳에서 3m가량 절개된 문지가 확인된다. 유물은 확인된 바가 없다.

* 말라야 카리마 성은 산지성으로 평면형태는 'ㄷ'자형이고, 성 안의 내부는 편평하며, 내성과 보루 등은 없다. 평면적은 소형(1,000㎡)이고, 성벽

---

78) Там же.
79) Дьякова О.В. Отчет об исследованиях Амуро-Приморской архео
логической экспедиции на Куналейском городище в 2001 г.

의 시설물로 치는 없고, 문지가 2개 확인된다. 성의 용도는 방어용으로 동해로 들어가는 길목에 위치해서 해안가의 도로 등을 통제하기 위해 축조된 것으로 판단된다.

6) 카라만스키 흐레베트 성

암구 마을에서 북쪽으로 10km 떨어진 곳에, 바다로부터 1.5km 떨어진 곳에 암구 강 유역과 소욘 강 사이에 카라만스키 산맥이 위치한다. 1908~1909년도에 조사한 아르세니에프가 평면도를 작성했고(그림 108), 성에 대해서 기록을 남겼다.

성은 산 정상부의 고개에 위치한다. 해자는 경사면에 위치하고 있다. 경사가 심한 곳이 바다쪽과 가까운 곳이다. 바다는 이 곳에서 대략 1km 정도 떨어진 곳에 위치한다. 성의 평면형태는 부정형으로, 지형을 따라서 만들어 졌다. 해자가 있는 성은 바다쪽으로 향하는 경사가 급한 곳을 제외하고는 성벽으로 둘러

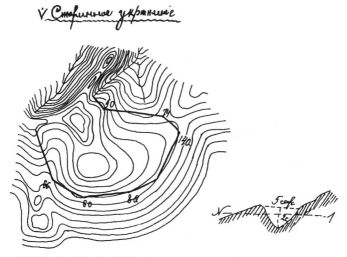

그림 108. 카라만스키 산맥의 성(1908년도 아르세니에프 작성)

졌다. 성벽은 해자를 만들면서 퍼 올린 흙으로 쌓아졌다. 해자의 너비는 대략 10.8m로 깊이는 대략 4.3m이다. 절벽과 가까운 쪽의 성벽에 문이 있고, 문의 길이는 1,071m 정도이다.[80]

* 카라만스키 흐레베트 성은 산지성으로, 성벽은 개방형이다. 내부에는 내성이나 보루와 같은 시설물이 확인되지 않는다. 성벽의 시설물로는 치가 없고, 해자가 있으며, 성벽은 흙으로 축조되었고, 용도는 방어용으로, 말갈시기에 축조되었다.

표 10. 암구 강 유역의 성 특징

유적	형	평면형태	평면적 (㎡)	성벽			성의 내부			구조물		용도	문화	연대
				축조방법	너비 (m)	높이 (m)	바닥	내성	보루	치	문지			
쿠댜	산지성	◠		석+흙	1.5 ~2	0.3 ~0.4	ᇲ	ᇲ	ᇲ			취락용	청동기 시대	기원전 1천년기
데두스킨 클류치	산지성	◠		석	2	0.5	ᇲ	ᇲ	ᇲ	ᇲ	ᇲ	취락 방어용	청동기 시대	기원전 1천년기
소프카 류브비	산지성	◠	4,500	석+흙	5 ~4	0.7 ~1	있음	ᇲ	ᇲ		있음	취락 방어용	동하국	1217 ~1234
미스 테플리이	산지성	◠	7,200	석+흙	3 ~4	0.5 ~0.7	ᇲ	ᇲ	ᇲ		있음	취락 방어용	말갈	10세기
말라야 카리마	산지성	⊓	1,000	석	1~ 1.5	0.3	ᇲ	ᇲ	ᇲ		있음	방어용	말갈	10~ 12세기
카라만스키 흐레베트	산지성	⊓		석+흙	ᇲ	ᇲ	ᇲ	ᇲ	ᇲ			방어용	말갈	10~ 12세기

7) 암구 강 유역에 대한 소결

암구 강 유역은 지형학적인 특징에 따라서 고대의 교통로와 고고학유적이 분포하고 있다. 암구 강은 다른 지역의 강과는 달리 시호테 알린 산맥에

---

80) Арсеньев В.К. Путевой дневник 1908-1909 гг., л. 140.

서 발원하지 않아서, 강의 상류가 시호테 알린 산맥의 영서지역으로도 흘러내리지 않는다.

암구 강 유역에서 확인되는 성은 두 가지 교통로를 입증한다. 하나는 동해바다로 연결되는 길과 하나는 해안가를 따라서 나 있는 좁지만 편한 해안로다.

제일 이른 시기는 청동기시대 리도프카 문화의 토성이다. 모두 산지형으로 쿠댜, 데두스킨 클류치 토성이 해당되는데, 바다에서 멀지 않은 곳에 위치한다. 청동기시대 이후에는 10세기 무렵부터 생겨난 퉁구스-만주족의 중세시대가 시작되었고, 말갈 문화와 관련 깊은 미스 테플리이 성도 해당된다. 그 후에는 극동 퉁구스 만주족의 발해국가인 새로운 문화가 파장을 일으킨다.

그러나 암구 강 유역에는 이러한 발해시기의 유적은 확인되지 않는다. 이는 말갈인 중에서 발해국으로부터 고향을 지키고, 발해가 이곳으로 영역을 확장하지 못했다는 것을 증명한다. 그 이유가 시호테 알린 산맥의 서쪽으로부터 이 곳으로 들어오는 길이 없었기 때문이다.

이 지역에서 중세시대 세 번째로 두각을 나타낸 것은 여진족인데, 그들은 암구 강 유역 뿐만 아니라 연해주 전체에서 각양각색의 성을 남겨 놓았다. 이 지역은 동하국의 북동쪽 지역과 인접한 지역으로, 방어용으로 사용된 것이 소프카 류브비 성인데, 이 곳에서 바다로 가는 길과 육상으로 가는 길을 모두 통제 할 수 있었다. 직접 고대도로가 확인되는 곳은 말라야 카리마와 카라만스키 흐레베트 성이다. 그 존재는 아르세니에프가 남긴 여행기에서만 확인된다.

암구 강에서 쿠수누 강까지 가는 길에서 바다 절벽 안에 동굴이 있고, 그곳에는 옛날 도로를 확인할 수 있었다. 동굴은 300발걸음 정도가 되고 깊이는 대략 4.3~6.5m 정도이다. 다른 도로는 산을 따라서 올라간다. 옛 도로는 소욘

강을 따라서 와서... 성은 상기한 오솔길 혹은 도로를 따라서 사람들이 오고 간 곳에 위치한다.[81]

14. 지보피스나야 강 유역(구 지명: 소욘Соён)

지보피스나야 강 유역은 지보피스나야 강, 세셀레프카(Сеселевка, Seselevka) 강, 세바스탸노프카(Севастьяновка, Sevast'yanovka) 세 개의 강이 흐른다. 그다지 높지 않은 산에서부터 해안가로 20~25km 떨어진 곳에서 위치한다. 부루스니치나야 언덕 부근 강의 하류에서 합류되어 동해로 합쳐져서 들어간다. 이 강의 상류는 시호테 알린 산맥에서 발원하지 않는다. 지보피스나야 강은 거의 암구 강 유역(남쪽에서 서쪽)과 마시모프카 강(북쪽)과 맞닿아 있다.

이 소욘 강이 늪지대라고 하였다. 강의 하류에는 석호가 형성되어 있는데, 수렵채집 등이 주요한 생업활동인 것으로 생각된다. 물고기는 해류를 따라서 아주 좋은 어장을 형성하고 있다. 모기와 파리 등 해충은 없다.[82]

지보피스나야 강 유역에는 두 개의 유적이 확인된다(그림 109). 하나는 세셀레프카 강의 상류에 있고, 다른 하나는 세 개의 강이 합류되는 지점에 있다. 유적에 대한 설명은 상기한 순서대로 이다.

1) 세셀레프스코예 성

지보피스나야 강(세셀레프카 강)의 상류에 위치하는데, 암구 마을에

---

81) Арсеньев В.К. Путевой дневник 1908-1909 гг., л. 140.
82) Арсеньев В.К. Путевой дневник 1907 г., л. 108

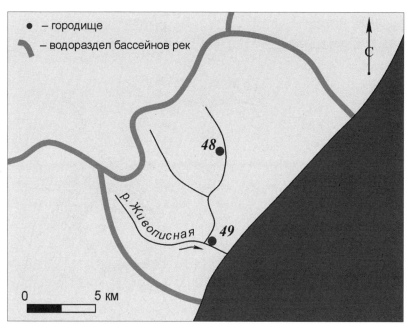

그림 109. 지보피스나야 강 유역의 성 위치도(48-세셸레프스코예 성, 49-소욘스코예 성)

서 북동쪽으로 11km 떨어진 곳이다(사진 61, 그림 110, 표 11). 1908~
1909년도에 아르세니에프가 처음으로 평면도를 작성했다(그림 110).[83]
이 성은 평면형태가 오각형으로, 산꼭대기부터 동쪽 경사면을 따라서 축조
되었다. 이 성벽은 곳곳이 허물어져 있는데, 주로 산 아래 쪽이다. 전체 성
벽의 둘레길이는 100m이다. 성벽은 돌로 축조되었고, 남쪽과 서쪽이 잘
남아 있다. 북쪽과 동쪽은 경사가 심한 암벽이어서 자연적인 방어벽을 형
성하고 있다.

83) Арсеньев В.К. Путевой дневник 1. Маршруты 1907 г. // Архив П
    ФРГО-ОИАК. Ф. 14, оп. 1, д. 11.

2007년 아무르-연해주 고고학발굴단이 다시 조사하였다.[84]

* 세셀레프스코예 성은 산지성으로 평면형태는 오각형이고, 성 내부에 내성이나 보루도 없고 편평하다. 성벽에는 치도 없다. 성벽은 돌로만 축조되었다. 이 성은 방어와 보호용으로 도로를 통제하기 위해서 축조되었다.

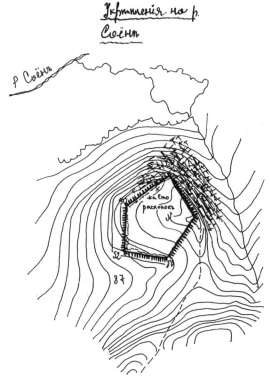

그림 110. 세셀레프스코예 성
(1908~1909년도 아르세니에프 육안 작성)

2) 소욘스코예 토성

암구 마을에서 북동쪽으로 11km 떨어진 곳으로, 지보피스나야 강의 좌안으로 하류에서 상류쪽으로 2km 떨어진 절벽의 정상부에 위치한다(그림 111~113, 표 11). 1907년 아르세니에프가 처음으로 성을 조사하였고,

---

84) Дьякова О.В. Работы Амуро-Приморской археологической экспе
диции в Приморском крае в 2007 г. // Архив. ИА РАН. Р-1.

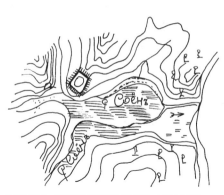
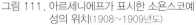

그림 111. 아르세니에프가 표시한 소욘스코예
성의 위치(1908~1909년도)

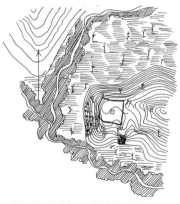

그림 112. 소욘스코예 성의 평면도(1908
~1909년도 아르세니에프 작성)

1908~1909년 재조사하였는데,[85] 성을 시굴할 때 구석기시대와 신석기시
대 유물이 확인되었다고 기록을 남겼다.

    소욘 강 유역은 늪지대 이기 때문에 항구는 확인되지 않는다. 언덕 위에는
유적이 있는 것이 당연하다. 나중에 그 곳에 성이 설치되었다. 발굴에서는 구석
기시대의 석기가 확인되었는데, 긁개, 밀개 등과 함께 신석기시대의 석기가 확
인되었다.[86]

  1992년에는 크바신이 유적의 평면도를 재작성하였다.[87] 그림 113은
2001년 아무르-연해주 고고학발굴단이 작성했다.

85) Арсеньев В.К. Путевой дневник 1907 г., л. 80; он же. Путевой д
невник 1908-1909 гг., л. 106.
86) Арсеньев В.К. Путевой дневник 1908-1909 гг., л. 107.
87) Квашин В.Г. Отчет об археологической разведке в Тернейском
районе Приморского края летом 1992 г.

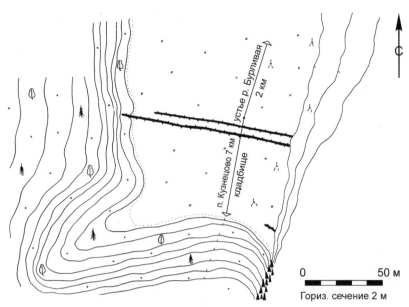

п. Кузнецово 7 км

устье p. Бурливая
2 км

кладбище

0   50 м

Гориз. сечение 2 м

그림 113. 소욘스코예 성의 평면도(2001년도 아무르–연해주 고고학발굴단)

토성은 방형에 가까운 장방형이다. 서쪽, 북쪽, 남쪽 벽의 길이는 65m,
동쪽 성벽의 길이는 50m이다. 전체 평면적은 3,300㎡이다. 벽은 돌이 섞
인 흙으로 축조되었는데, 벽면이 비스듬하다. 바깥쪽에서 잰 성벽의 높이
는 0.3~0.4m인데, 한쪽은 아주 경사가 급한 곳도 있다. 안쪽에서 잰 벽
의 높이는 0.5m 정도이다. 벽의 서쪽에는 돌무더기가 한 곳 확인된다. 동
쪽 벽의 바깥쪽에 해자가 있는데, 너비는 4~5m, 깊이는 1m에 달한다.
벽의 동쪽에서 시굴 구덩이를 팠는데, 다음과 같이 층위가 파악된다.

1. 부식토 층으로 두께가 0.05m
2. 자갈이 혼입된 암갈색 사양토 두께가 0.25m
3. 자갈이 혼입된 명갈색 사양토, 생토바닥

2층에서는 문양이 없는 연질 토기가 확인되었는데, 구연부가 외반하며, 편평하고 둥근 형태이다. 이 유물에 따르면 이 성은 청동기시대로 판단된다.[88]

- 소욘스코예 토성은 산지성으로 평면형태는 말각방형이다. 내부에는 내성과 보루 등은 확인되지 않고, 성벽에서는 치도 없다. 돌이 섞인 흙으로 축조되었는데, 용도는 취락용이다. 유물로 보아 청동기시대로 판단되지만, 이 성의 평면모양은 다른 청동기시대 토성과는 차이가 있다. 시굴에서 중세시대 층이 발견되지 않았으나 평면모양으로 보아서 이 성은 중세시대까지 사용된 다층위 유적일 가능성이 있다.

3) 지보피스나야 강 유역의 소결

지보피스나야 강 유역의 지질학적 특징으로 인해서 세셀레프카 성과 소욘 토성이 확인되었다. 세셀레프카 성은 석성으로써 강의 계곡부를 통제하기 위해서 축조되었다. 소욘 토성은 해안가를 따라서 나 있는 고대도로 가까운 곳에 축조된 것이 확실하다. 이 도로는 현재까지도 사용된다.

표 11. 지보피스나야 강 유역의 성 특징

유적	형	평면형태	평면적(㎡)	성벽			성의 내부			구조물		용도	문화	연대
				축조방법	너비(m)	높이(m)	바닥	내성	보루	치	문지			
세셀레프스코예	산지성	⬡		석	`	`	`	`	`	`	`	방어용	중세시대	기원전 1천년기
소욘스코예	산지성	▭	3,300	석+흙	2~3	0.5	`	`	`	`	`	취락 방어용	청동기시대	

88) Дьякова О.В. Отчет об исследованиях Амуро-Приморской архео логической экспедиции на Куналейском городище в 2001 г. 167.

15. 소볼레프카 강 유역
(구 지명: 타호베Taxoбe)

소볼레프카 강 유역은 시호테 알린 산맥의 동쪽 경사면에서부터 시작해
서 우스티-소볼레프카(Усть-Соболевка, Ust'-Sobolevka) 마을 주변
의 동해로 떨어진다. 강의 길이는 68km, 지류는 상류에 있는데, 좌안에
레바야-소볼레프카(Левая-Соболевка, Levaya-Sobolevka) 우안에
는 수하야-소볼레프카(Сухая-Соболевка, Suhaya-Sobolevka) 강
이 있으며, 산에서부터 흘러 내린다. 산의 높이는 1,000m가량이고, 중류
역은 500~700m, 하류역은 최대 400m이다. 해안가와 가까운 곳에는 경
사면은 가파르지 않고, 낮은 경사면을 이룬다. 산에서 강과 시내가 많이 흘

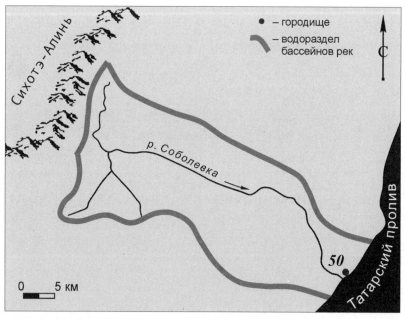

그림 114. 소볼레프카 강 유역의 지도(50-우스티-소볼레프스노예 성)

러서 골짜기가 많아서 암벽과 암반이 무너진 곳이 확인된다. 강 유역에는
침엽수가 95%가량으로 덮여 있다. 강의 하류는 2km가량으로 넓고, 농사
를 짓기에 알맞다(그림 114, 30페이지 지도).

1) 우스티-소볼레프스코예 성

우스티-소볼레프스코예에서 동쪽으로 1km 떨어진 곳으로 소볼레프카
항구의 북쪽 해안단구에 위치한다(사진 62, 그림 115~116, 표 12).

1908~1909년도 아르세니에프가 유적의 평면도를 처음 작성했다[89](그
림 115). 이 성은 해안가의 단구대 위에 축조되었고, 장축 방향은 남북방
향으로, 소볼레프카 강의 지류 사이에 위치한다.

성의 서쪽에는 석벽과 해자가 3줄 축조되어 있고, 동쪽에는 1열의 석

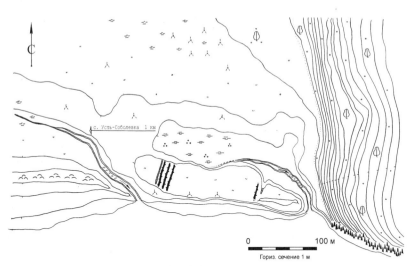

그림 115. 우스티-소볼레프스코예 성의 평면도(2001년도 아무르-연해주 고고학발굴단 작성)

---

89) Арсеньев В.К. Путевой дневник 1908-1909 гг., л. 142.

벽과 해자가 석벽을 따라 확인된다. 석벽의 높이는 1m, 해자의 깊이는
0.5m이다. 시굴 구덩이에서는 깊이 0.5m 지점에서 연질토기와 '寬永'명
동전이 출토되었다. 이것은 일본의 연호로 1624년부터 19세기까지 사용
된 것으로 알려져 있다.

1984년에 타타르니코바가 이 성을 발굴하였다.[90] 말갈토기 가운데서
트로이츠코예 형식의 토기가 확인되었다. 2001년 아무르-연해주 고고학
발굴단이 성을 지표조사 하였는데, 개발로 인해서 성은 10~15㎡ 정도만
남아 있었고 파손이 심각했다(그림 116).

출토된 유물로 보아서 이 성은 말갈 문화 중에서도 트로이츠코예 그룹과
관련되어 있고 10세기 정도로 생각된다.

* 이 성은 평지성으로 평면
형태는 개방형으로, 성벽
은 부채꼴 모양이다. 내부
는 편평하고, 내성과 보루
가 없다. 성에는 치와 같
은 시설물이 없고, 성벽은

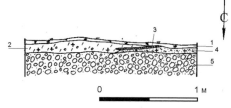

그림 116. 우스티-소볼레프스코예 성, 2001년도
절개면의 토층도

돌로 쌓았다. 용도는 취락을 보호하는 것으로 말갈 문화의 사람들이 축조
한 것으로 10세기 무렵으로 판단된다.

표 12. 소볼레프카 강 유역의 성 특징

유적	형	평면 형태	평면적 (㎡)	성벽			성의 내부			구조물		용도	문화	연대
				재료	너비 (m)	높이 (m)	바닥	내성	보루	치	문지			
우스티-소볼레프스코예	평지성	(	`	석	`	`	`	`	`	`	`	취락 방어용	말갈 문화	10세기

90) Татарников В.А. Отчет об археологических исследованиях в сев
еро-восточном Приморье в 1984 г.

16. 쿠즈네쵸바 강 유역

쿠즈네쵸바 강은 시호테 알린 산맥의 동쪽 산 기슭에서 시작해서 쿠즈네쵸바 산 아래를 지내서 타타르스키 만의 쿠즈네쵸바 항구로 흘러들어간다. 강의 길이는 53km이고, 강은 시호테 알린의 동쪽부의 산면에서부터 시작되는데, 산의 정상부는 높지 않고 울퉁불퉁하다. 산의 높이는 1,200~1,400m이고, 하류는 100~170m이다. 산은 경사가 매우 가파르고, 강과 그 지류들로 인해서 많은 계곡이 형성되었다. 가장 큰 지류는 이 강의 왼쪽 지류인 쿠포로스나야(Купоросная, Kuporosnaya), 베레조바야(Березовая, Berezovaya) 등이다. 강의 계곡은 좁고, 하류 너비가 1km 가량이다(그림 117). 쿠즈네쵸바 강 유역에는 쿠즈네쵸바 성이 강 하류에서 확인되었다(그림 117, 지도). 아르세니에프에 의하면 강 하류에서

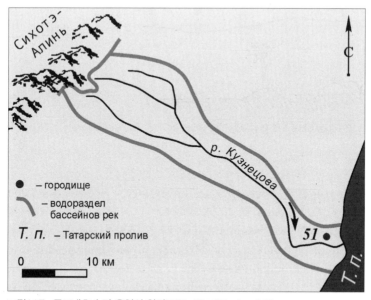

그림117. 쿠즈네쵸바 강 유역의 위치도(51-쿠즈네쵸프스코예 성)

7.2~8.5km 떨어진 곳에 위치한다.[91]

1) 쿠즈네쵸프스코예 토성

舊 쿠즈네쵸바 마을에서 남서쪽으로 3km 떨어진 곳에 쿠즈네쵸바 강의 좌안 절벽 위에 위치한다(사진 64, 그림 118~121).

1908~1909년도 아르세니에프가 평면도를 작성했다(그림 118).[92] 1984년도 타타르니코바가 성을 조사했고,[93] 2001년과 2003년 아무르-연해주 고고학발굴단이 재조사했다.[94]

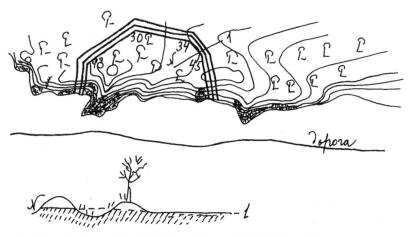

그림 118. 쿠즈네쵸프스코예 성의 평면도(1908~1909년 아르세니에프 작성)

---

91) Арсеньев В.К. Путевой дневник 1908-1909 гг. // Архив ПФРГО-ОИАК. Ф. 14, оп. 1, д. 10, л. 10а об.

92) Арсеньев В.К. Путевой дневник 1908-1909 гг., л. 61.

93) Татарников В.А. Отчет об археологических исследованиях в сев еро-восточном Приморье в 1984 г.

94) Дьякова О.В. Работы Амуро-Приморской археологической экспе диции 2001 г.

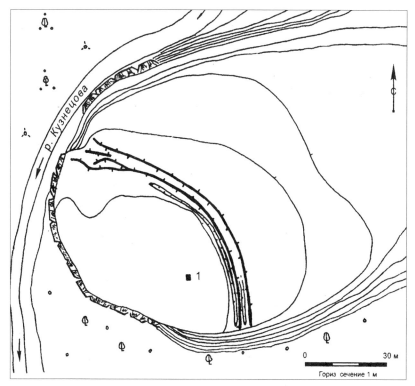

그림 119. 쿠즈네쵸프스코예 성의 지형과 평면도(2001년도 아무르-연해주 고고학발굴단)

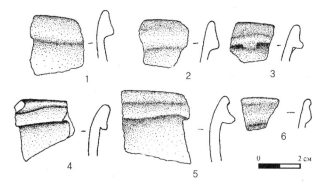

그림 120. 쿠즈네쵸프스코예 성의 출토 토기(1~6-말갈토기의 구연부편)

성은 높은 절벽 위에 위치하는데, 동쪽과 북쪽이 그나마 접근에 용이하고, 절벽이 끝나는 곳에 토성이 2줄 축조되었다. 서쪽과 남쪽은 절벽이어서 성벽이 없는 채로 자연적으로 방어가 가능하다.

평면형태는 토성벽이 부채꼴 모양으로 휘어졌는데, 95~100m가량이

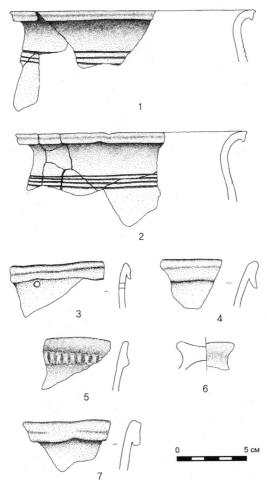

그림 121. 쿠즈네쵸프스코예 성의 출토 토기(1~7-말갈토기의 구연부편)

다. 북쪽 토성벽 끝이 양쪽으로 넓어지는데, 2줄의 성벽에 문지로 사용되었을 것이다. 성벽의 안쪽으로, 성벽 사이에 해자가 존재한다. 성벽의 외측면 높이는 1m, 내측면 높이는 1.5m이다. 성벽의 너비는 2.5m, 해자의 너비는 2~2.5m, 깊이는 0.2~0.4m가량이다. 성벽의 내부에는 원형 수혈이 존재하는데, 직경이 2.5m, 3m, 4m 정도 되는 것이다(그림 119).

유적에서는 문화층이 2층 확인되는데, 아래층은 명갈색 사질토층으로 청동기시대의 리도프카 문화와 관련되었다. 상층은 검은색 부식토층으로 두께가 10~60cm가량으로 말갈 문화에 해당하며, 유적과 직접적인 연관이 있는 것으로 판단된다. 출토된 유물은 말갈토기와 발해토기이다(그림 120~121).

북쪽에서는 현대의 방호 때문에 성벽 일부가 파손되었는데, 이 곳의 절개면을 확인해 본 결과 검은흙으로만 1층위만이 확인되었다. 성의 평면크기는 7,000㎡이다.

* 성은 산지성으로 평면형태는 개방형이고, 성벽은 토성으로, 둥글게 돌아간다. 성의 내부에는 내성과 보루 등이 확인되지 않는다. 성벽에는 치가 없다. 취락의 방어용으로 바다로 향하는 강의 길목을 통제하기 위한 성격이다. 말갈 문화와 관련된 10세기에 축조된 것으로 판단된다.

17. 부르리바야 강 유역

부르리바야 강은 시호테 알린 산맥의 동쪽 경계면에서부터 시작해서 아렌타(Алента, Alenta) 산의 북쪽 타타르(Татар, Tatar) 만으로 흘러간다. 이 강의 범위는 시호테 알린 산맥의 동쪽 경계면에서부터 시작된다. 아렌타 산의 성상부는 높지 않고 울퉁불퉁 하며, 강의 지류 가 흘러서 계곡이 많다. 산의 수원지 높이는 800~1,300m, 하류는 200~300m이다. 강

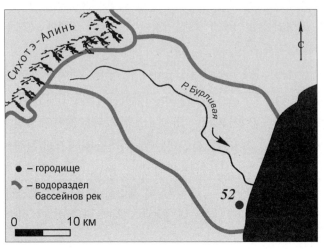

그림 122. 부르리바야 강 유역의 지도(52-오아시스 성)

의 왼쪽으로는 타라소프(Тарасов, Tarasov), 오른쪽으로는 예레멘킨(Еременкин, Eremeikin)과 푸도프(Пудов, Pudov) 지류가 있다. 강의 계곡은 좁고, 경사가 심하며, 강 하류의 너비는 2km가량이다.

부르리바야 강 유역에는 오아시스 성 1기가 알려져 있다(그림 122, 지도 1).

1) 오아시스 성

쿠즈네쵸바 마을에서 북쪽으로 7km 떨어진 해안 단구대 위에, 부르리바야 강 하류에서 남쪽으로 2km 떨어진 곳에 위치한다. 단구대의 남쪽과 서쪽은 알렌타 산의 경사면과 맞닿아 있고 하류인 동쪽은 바다와 접하고 있는데, 접한 부분은 가파른 경사로 인해서 접근이 쉽지 않다. 이 성은 단구대 북쪽에 2줄의 토성벽이 있다(그림 123, 표 13). 1984년도 타타르니코바가 처음 조사했는데,[95] 유적에서 말갈토기가 출토된 것으로 알려졌다.

---

95) Татарников В.А. Отчет об археологических исследованиях в северо-восточном Приморье в 1984 г.

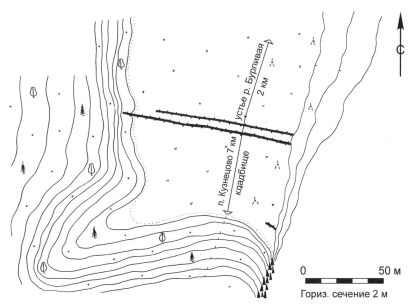

그림 123. 오아시스 성의 평면도(1984년도 타타르니코바가 육안 작성)

* 오아시스 성은 평지성으로 개방형이다. 성 내부에는 내성과 보루 등은 확
인되지 않고 편평하고, 성벽에는 치 등의 구조물은 확인되지 않았다. 성은
바다로 가는 길을 통제하기 위해서 축조되었다.

18. 페야 강 유역

페야 강은 시호테 알린 산맥 동쪽의 늪지대에서부터 시작해서 타타르
만으로 흘러들어가며, 강의 길이는 59km가량이다. 강은 가파른 경사
면과 좁은 계곡을 지나고 있다. 큰 지류는 볼샤야 페야(Большая Пея,
Bol'shaya Peya)와 말라야 페야(Малая Пея, Mal'aya Peya) 강인데,

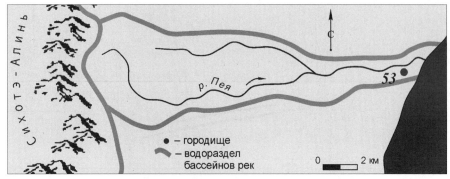

그림 124. 페야 강 유역의 지도(53-우스티-페야 성)

페야 강으로 합쳐진다. 성이 1개 알려져 있다(그림 124, 지도).

1) 우스티-페야 성

페야 강 하류에서 남서쪽으로 300~400m 떨어진 언덕의 북서 경사면에 위치한다. 해발높이 40m, 경사면을 따라서 깊이 60m, 너비 7~8m의 큰 해자가 있다. 해자로부터 북서쪽으로 돌과 흙으로 축조된 성벽이 있는데, 높이 5m, 길이 20m가량이다. 성벽을 따라서 2줄의 해자가 성벽과 함께 축조되어 있다. 해자의 길이는 20m, 너비는 2m, 깊이는 1m가량으로 성벽과 나란히 있다. 절벽의 경사면 부근에서 수혈이 확인된다. 유적은 1992년 크바신이 조사한 바 있다.

* 페야 성은 산지성으로 평면형태는 개방형이다. 성의 내부에는 내성과 보루가 확인되지 않고 편평하며, 성벽 구조물은 아무것도 확인되지 않았다. 취락 방어용이다.[96]

---

96) Квашин В.Г. Отчет об археологической разведке в Тернейском районе Приморского края летом 1992 г.

19. 예딘카 강 유역

예딘카 강은 연해주에서 큰 강 중에 하나로 시호테 알린 산맥의 이름 없는 수원지 두 곳에서부터 시작한다. 이 곳은 한자(Ханза, Hansa) 산에서 남쪽으로 5km 떨어진 곳으로, 높이는 1,666m이다. 강은 산의 동쪽면에서부터 시작하는데, 아주 많은 지류가 흘러서 계곡이 형성되었다. 왼쪽으로는 아브로라(Аврора, Avrora), 베(Бе, Be), 보도파드느이(Водопадный, Vodopadnyy), 체르니셰프카(Чернышевка, Chernyshevka), 니즈니이 사마로프스키이(Нижний Самаровский, Nizhny Samarobskii) 강인데, 20~30km가량 계속 흐른다. 오른쪽에는 이즈유리니이(Изюбриный, Izyubrinyy), 토포그라피체스카야(Топографическая, Topograficheskaya), 옐리세프 클류치(Елисеев Ключ, Eliseev Kluch), 솔로하(Шолоха, Soloha), 아듀가(Адюга, Adyuga), 콜레티프카(Коллективка, Kollectivka), 파세치느이(Пасечный, Pasechnyy) 등으로 그 길이가 12~30km이다. 강 수계의 높이는 1,300m이다. 예딘카 강은 타타르 만으로 흘러들어가며, 길이는 113km이다. 집수지의 면적은 2,120,000㎡이다. 예딘카 집수지는 비킨 강, 사마르가 강, 카반예이(Кабаньей, Kaban'yey) 강, 베뉴코프카 강, 쵸르나야 레치카(Черная речка, Chernaya rechka) 강과 같은데, 서로 경계를 이룬다. 강의 하류는 지반이 낮은 심한 늪지대로 지류가 심하게 갈라져 있으며, 기후에 따라서 지류가 사라지기도 한다. 하류의 너비는 50~500m이다. 자주는 아니지만 물이 올라오면 범람되기도 한다. 넓은 강은 강의 유속이 온도와도 관련이 있다. 예딘카 강의 물은 연해주 다른 강보다 아주 찬 편이다. 그 이유는 예딘카 강의 수계가 매우 넓게 때문이다. 강이 시호테 알린 산맥의 동과 서쪽을 연결되면서 강의 상류는 아무르 강의 지류인 비킨 강과도 가깝다.

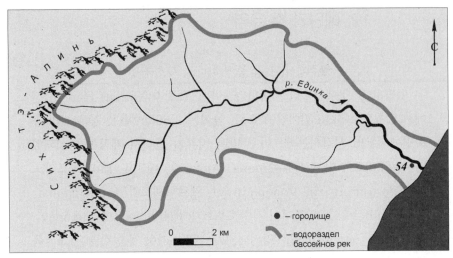

그림 125. 예딘카 강 유역의 지도(54-예딘킨스코예 성)

예딘카 강 유역에는 1기의 성이 알려져 있다(그림 125, 30페이지 지도).

1) 예딘킨스코예 성

예딘카 강의 좌안으로, 그 강의 한 지류의 오른쪽 강안 단구대 위에 위치하는데, 강의 하류에서부터 15~17km 떨어진 곳으로, 에딘카 마을의 헬리곱터 광장에서부터 북동쪽으로 2~3km 떨어진 곳에 위치한다.

이 성은 높이 12m의 예딘카 강 절벽 위에 위치한다(그림 126). 절벽 끝에 2줄 성벽이 있는데, 폐쇄형이다. 성벽 내측 높이는 해자에서부터 3m, 해자를 제외하고는 0.3m가량이다. 성벽 외측면 높이가 1.5~3.5m, 성벽의 너비는 6~7m이다. 성의 남서쪽에는 높이 0.5m가량의 세 번째 성벽이 약간 남아 있다. 성벽을 따라서는 해자가 둘러져 있는데, 성벽의 길이는 100m가량이다.

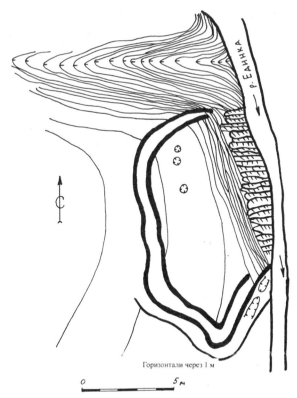

그림 126. 예딘킨스코예 성의 평면도(2006년 댜코바 작성)

2006년에 처음으로 댜코프와 댜코바가 이 유적을 조사하였다.[97]

- 이 성은 평지성으로 평면형태는 'ㄷ'자형이고, 성의 안에는 내성이나 보루가 없고, 편평하다. 성벽의 구조물은 확인되지 않았으며, 취락을 방어

---

97) Дьякова О.В. Дьякова О.В. Работы Амуро-Приморской археолог
ической экспедиции в Приморском крае в 2006 г. // Архив. ИА Р
АН. Р-1.

하기 위해서 축조된 것으로 생각된다. 말갈의 것으로 대략 10세기로 생
각된다.

표 13 . 쿠즈네쵸바 강, 부르리바야 강, 예딘카 강 유역의 성 특징

유적	형	평면 형태	평면적 (㎡)	성벽			성의 내부			구조물		용도	문화	연대
				축조 방법	너비 (m)	높이 (m)	바닥	내성	보루	치	문지			
쿠즈네쵸 프스코예	산지성	⊂	7,000	흙	⸜	⸜	⸜	⸜	⸜	⸜	⸜	취락 방어용	말갈 문화	10세기
오아시스	산지성	⊂		⸜	⸜	⸜	⸜					취락 방어용	말갈 문화	10세기
예딘킨 스코예	산지성	⊓	7,500	⸜	⸜	3~5				⸜		취락 방어용	말갈 문화	10세기

20. 사마르가 강 유역

사마르가 강은 연해주에서 큰 강 중에 하나이다. 이 강의 수원지는 시
호테 알린 산맥에서 발원하는데, 거의 호르 강과 우수리 강 유역과 접하
고 있다. 이 강 수계의 길이는 515km이고, 강의 흐름은 북서쪽에서 남동
쪽으로 타타르만으로 흘러들어간다. 이 강의 집수지 너비는 7,760,000
㎡이고, 강의 길이는 212km이다. 수원지에서 하류까지 길이는 1,080m
에 달한다. 이 강의 좌안 지류는 다그디(Дагды, Dagdy)(길이 70km),
모이(Мои, Moi)(길이 45km), 이시미(Исими, Isimi)(길이 45km),
아그주(Агзу, Agzu)(길이 30km), 우안의 지류는 호타게(Хотаге,
Khotage), 푸히(Пухи, Pukhi)(길이 60km), 쿠크시(Кукси, Kuksi)
(길이 30km), 볼샤야 소하트카(Большая Сохатка, Bol'shaya
Sokhatka)(길이 36km), 부르리바야 강이다. 사마르가 강 유역에서 가
장 넓은 부분의 너비는 105km, 길이는 140km이다.

사마르가 강의 집수지는 예딘카, 코피 강, 안뉴이(Анюй, Anyuy) 강, 보트치(Ботчи, Botchi), 넬마(Нельма, Nel'ma) 강, 브토라야 사마르가(Вторая Самарга, Vtoraya Samarga) 강, 호르, 아디미(Адими, Adimi), 루드자(Лудза, Ludza) 강과 접한다.

사마르가 강은 시호테 알린 산맥의 동쪽과 서쪽을 연결하는 교통로 역할을 하며, 남과 북으로도 통한다. 강 유역에서는 사마르가-6으로 명명된 자

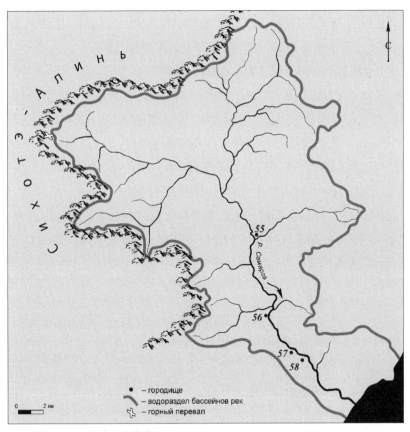

그림 127. 사마르가 강 유역의 지도(55-사마르가-6 성, 56-고라 크루글라야)

연방어적인 성격이 강한 유적과, 고라 쿠르굴나야 성이 알려져 있다[98](그림 127, 30페이지).

1) 사마르가-6 토성(루체이 죨타야)

사마르가 강의 지류인 죨타야(Желтая, Zheltaya) 냇가에서 700~800m 아래로 떨어진 곳으로, 사마르가 마을에서 9km 떨어진 곳으로 사마르가 강 좌안의 절벽 가장 끝에 위치한다. 토성은 아주 높은 곳으로 사마르가 강의 계곡과 하류가 모두 보이는 곳에 입지하고 있다. 절벽의 오른쪽으로 가장 끝에는 꼭대기의 끝으로 올라갈 수 있을 정도로 단단하게 돌로 덮였다. 이 절벽은 '돌머리 산'으로 불리는데, 사마르가 강을 기준으로 높이 60m, 서에서 동쪽으로 성벽이 축조되었다(그림 128).

이 절벽의 시작지점에서부터 성벽까지는 70~77m, 성벽의 전체길이는 97m, 높이는 0.5~0.5~1m이다. 기저부의 너비는 3~4~4.5m이다. 성벽은 부채꼴 모양으로 휘어졌다. 돌을 섞은 흙으로 축조되었고, 최소 0.5m부터 다양한 크기의 돌을 사용하였다. 흙은 환호로부터 퍼 올린 것이다. 환호는 성벽을 따라서 안쪽에 있으며, 깊이는 0.5~0.7m, 너비는 1~1.5m~2m이다. 성벽은 매우 단순하며 문이 없다.

성벽에는 치나 다른 집석 시설은 확인되지 않는다(사진 65, 그림 128~129, 지도 1). 환호의 내부는 단순한 편인데, 너비 3~4m, 깊이 0.4~0.5m의 수혈이 4기 확인된다. 동쪽의 2번 수혈은 방형으로 4벽은 동서남

---

98) 파니체바(А.М. Паничева)가 편집한 책 《Самарга: прошлое, настоящее, будущее(사마르가의 과거, 현재, 미래)》. Владивосток, 1998에서 포드마스킨(В.В. Подмаскин)이 작성한 민속학 자료가 소개됨. 그곳에 자아미 강 주변의 운티 마을의 성에 대한 기술이 있음.
사마르가 강 유역에는 댜코프와 댜코바가 고고학 지표조사를 한 바 있는데, 고고학적 유물들은 연해주의 것과 상당히 유사한 것으로 판단된다.

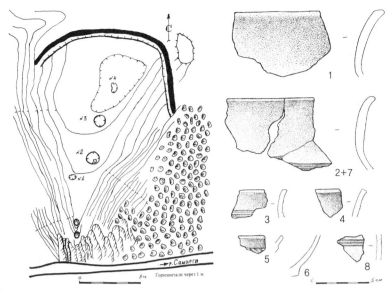

그림 128. 사마르가-6 환호
(루체이 졸티이)(2006년도 댜코바 작성)

그림 129. 사마르가-6 환호 출토 토기
(1~8-토기편)

북 방향과 일치한다. 동쪽벽면의 토층은 다음과 같다.

1. 표토-0.07~0.10m

2. 노란색 간층과 숯과 돌이 혼입된 베이지색 사양토층(문화층)-0.35m
시굴 구덩이에서 북동과 남동쪽 모서리의 깊이는 부식토층을 기준으로
0.20~0.25m이다. 청동기시대 리도프카 문화의 토기와 석제의 자귀 등이
확인되었다(그림 129).

• 사마르가-6번 토성은 산성으로 성벽의 평면형태는 궁형, 크기는 소형이
다. 성벽은 돌과 흙을 혼합했는데, 평면형태는 매우 단순하고 내부는 편
평하다. 치와 보루, 내성 등은 확인되지 않는다. 리도프카 문화의 것으로

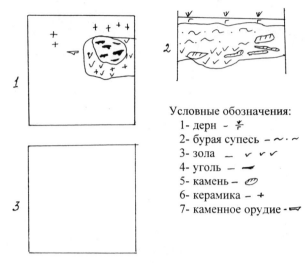

그림 130. 사마르가-6(루체이 졸티이) 성의 시굴 평면도와 토층도

Условные обозначения:
1- дерн - ♑
2- бурая супесь - ～·～
3- зола ＿ ✓✓✓
4- уголь ＿ ➤
5- камень - ⌒
6- керамика - +
7- каменное орудие - ➤

기원전 1천년기에 해당된다.[99]

2) 고라 크루글라야 자연 방어시설

크루글라야 산의 정상부에, 사마르가-5 유적의 아래에 위치한다. 산 경사면의 자연 테라스 면을 이용하였는데, 석벽이 정상까지 지어지고 있다. 성은 2006년 아무르-연해주 고고학발굴단이 연구했다.[100] 지표에서 채집된 유물은 없지만 이 자연방어시설은 말갈 이후의 것으로 판단된다(사진 66).

---

99) Дьякова О.В. Дьякова О.В. Работы Амуро-Приморской археоло
     гической экспедиции в Приморском крае в 2006 г.
100) Там же.

3) 바트치 성

바트치 강의 좌안의 강중 섬에 위치하는데, 바다에서부터 16km, 무크파 지류를 따라서 4.3km 떨어진 곳에 위치한다. 1908~1909년에 아르세니에프가 발견했는데, 평면도는 작성되지 않았고,[101] '만주 성'으로만 알려졌다.

드넓은 사마르가 강 유역은 시호테 알린 산맥의 서와 동쪽을 연결하지만, 고고학 유적은 확인된 예가 적다. 알려져 있는 유적도 작은 성이 몇 개지만, 이 성은 앞으로 많은 과제를 남기고 있다.

연해주의 북동쪽 타이가 지역은 12개의 강-부루실로프카 강, 제르칼나야, 루드나야, 리도프카, 케도로바야, 드지기토프카, 세레브럇카, 타요지나야, 말라야 케마, 케마, 페르바야 우툐스나야, 페세르나야, 암구, 지보피스나야, 소볼레프카, 쿠즈네쵸바, 부르실바야, 페야, 예딘카, 사마르가 강이 흐른다. 현재까지 성 56기가 조사되었는데, 청동기시대부터 발해, 말갈, 동하국까지 강을 따라서 교통로를 통제하는 곳에 위치한다. 가장 오래된 것은 기원전 1천년기에 해당하는 우스티 제르칼노예, 두브로빈스코예, 미스 스트라시느이, 우시티-벨렘베, 켐스코예-스칼리스토예, 우툐스노예, 쿠댜, 데두스킨 클류치 등이 해당된다. 산위에 축조된 성으로 동해를 따라서 뱃길로 가는 길목에 설치되었다. 대부분 리도프카 문화의 것이다.

발해국(669~926년)에 해당하는 복잡하고 다양한 형태의 성이 있다. 성은 동해의 해안가 혹은 시호테 알린 산맥의 영동지역의 깊숙한 곳에서도 확인된다. 발해 유적들은 다음과 같이 분류할 수 있다.

1. 평지형(사도비이 클류치, 부루실로프스코예, 드지기토프스코예, 체렘샤니, 크라스노예 오제로, 켐스코예-모르스코예, 켐스코예-돌린노예,

---

101) Арсеньев В.К. Путевой дневник 1908-1909 гг., л. 48.

말라야 케마)

2. 산지형(클류치, 바시코프스코예, 스미르코프 클류치, 자볼레첸나야, 세셀레프스코예, 야수)

발해 이후에도 산지성(모노마호프스코예, 고르노레첸스코예-1,2,3, 우스티-일모)은 계속 축조되었다.

다음 시기에 해당하는 것이 말갈 문화의 것으로 10세기에 해당하는데, 미스 테플리이, 우스티-소볼레프스코예, 쿠즈네쵸프스코예, 오아시스, 예딘킨스코예 성이 해당된다. 산지성과 평지성으로 구분되고 동해안가를 따라서 축조되어 있는데, 적으로부터 방어하기 위해서 축조되었다.

여진의 동하국(1217~1234)은 이 지역에서 마지막으로 성을 축조하던 국가로, 큰 성을 남겼다. 산지성에서는 치, 집석시설, 내성과 보루 등을 성 안에서 확인할 수 있었다(시바이고우, 쿠날레이스코예, 소프카 류브비).

그런데 성 유적의 공통점들은 전 시기에 걸쳐서 모두 교통로와 관련된 곳에 축조되었다는 점이다. 시호테 알린 산맥을 드나 든 문지 역할을 하는 곳이 그 대상 지역이다.

솔로비에프(1973)는 베뉴코바, 비추린, 안비랴, 아르세니에프, 부디세프 등의 자료를 인용해서 만주로부터 이 곳으로 들어오는 큰 길이 2개 있다고 밝혔다.

첫 번째 길은 수분하 강을 따라서 블라디보스톡과 아무르 만까지 들어가고, 다른 하나는 마이헤 강(말라야 케드로바야)의 수푸틴카 강을 따라서 가서 해안가 까지 다다르는 길이다(솔로비에프 1973).

두 번째 길은 만주에서 연해주로 들어가는 것인데, 우수리 강의 상류를 통해서 들어갈 수 있다. 이 길은 우수리 강을 통하는 것으로 상류로 가면 다우비헤 강과 우라헤 강까지 다다른다. 뿐만 아니라 다우비헤 강을 따라서 시호테 알린 산맥의 남쪽 사면을 지나서 수찬 강의 유역과 해안가로도 통할 수 있다. 다른 길은 울라헤-산다고우-시난차 강 유역을 따라서 해안가로 통한다(솔로비에프 1973).

　따라서 본고에 소개된 연해주 동해안가에 위치한 동북쪽의 성은 해안가로 이르는 길을 통제했다. 다른 길은 고개에서부터 제르칼나야 강, 루드나야 강, 세레브랸카 강, 케마 강으로 내려가서 사마르가 강까지 가는 하나로 합쳐지는데, 해안 도로로 생각된다.

참고문헌

아르세니에프, 1969, Арсеньев В.К. По Уссурийскому краю. Дерсу У
  зала. Хабаровск, 1969. С. 303-304.

보로빈스키, 1967, Бобринский Н.А. Животный мир и природа ССС
  Р. М., 1967. С. 187-206.

보로비요프, 1961, Воробьев М.В. Древняя Корея. М., 1961. С. 146.

보로비요프, 1975, Воробьев М.В. Чжурчжэни и государство Цзинь
  (X в. — 1234 г.). М., 1975.

보로비요프, 1983, Воробьев М.В. Культура чжурчжэней и государс
  тва Цзинь. М., 1983.

베뉴코프, 1970, Венюков М.И. Путешествие по Приморью, Китаю и
  Японии. Хабаровск, 1970. С. 131.

비트비츠키이, 1969, Витвицкий Г.Н. Климат // Природные условия
  и естественные ресурсы СССР. Южная часть Дальнего Вос
  тока. М., 1969. С. 70.

다비도바 외, 1960, Давыдова М.И. и др. Физическая география СС
  СР. М., 1960. С. 624.

글라디셰프, 1986, Гладышев С.А. Археологические разведки в дол
  ине р. Зеркальной (Южное Приморье) / Проблемы археолог
  ии Северной и Восточной Азии: Сб. науч. тр. Новосибирс
  к, 1986. С. 89-90, 94-95.

쿠랄코프, 1972, Кулаков А.П. и др. Основные проблемы четвертич
  ной геологии и палеогеографии Приморья и Приамурья //
  Проблемы изучения четвертичного периода. М., 1972. С.
  27.

니콜스카야, 1974, Никольская В.В. О естественных тенденциях ра
  звития физико-географических провинций юга Дальнего
  Востока. Новосибирск, 1974. С. 27.

오클라드니코프, 1959, Окладников А.П. Далекое прошлое Приморья. Владивосток, 1959.

페드로프, 1914, Петров (Бардаков). На побережье Японского моря // Юная Россия. 1914, № 2. С. 230-231.

솔로비에프, 1973, Соловьев Ф.В. Китайские отходники и их геог рафические названия в Приморье. Владивосток, 1973. С. 175-174.

타타르니코프, 2001, Татарников В.А. Краеведческий клуб《Тетюхе》 г. Дальнегорска и новые открытия в археологии северо-в осточного Приморья // Тетюхинские чтения: Тез. докл. н ауч.-практ. конф. 21-22 ноября 2001. Дальнегорск, 2001. С. 4-5.

후댜코프·쿠알코프·코로트키, 1972, Худяков Г.И., Кулаков А.П., Кор откий А.М. Позднекайнозойские перестройки гидрограф ической сети в южной части советского Дальнего Востока // Проблемы изучения четвертичного периода. М., 1972. С. 420.

제3장
연해주 동북지역 성(城)의 특징

1. 1980년대 이후 연해주 발해~여진시대의
성 연구사

러시아 극동에서 발해 및 여진시대 성곽에 대한 연구는 거의 120년 가까이 된다. 시대를 막론하고 어떤 연구자들이든지 그 다양한 형태의 성을 보면 감개무량하다. 연구자마다 자신의 관심사에 따라서 동아시아 지역 전체에서 어떠한 시간적 위치인지 밝히려 했다. 또한 연구자들은 국가의 시기, 민족, 고고문화에 따른 성을 분류하고 유형화 하는데 주력했다. 오랜 연구기간동안 여러 번에 걸쳐 이러한 경향은 변화되어 왔다. 최근에는 동북아시아 성곽 중에서도 연해주 성곽에 대한 조사가 집성되면서, 극동의 중세시대 성 연구에서 여러 연구와 조사를 총망라 할 수 있는 많은 정보를 집성시킬 수 있게 되었다.

이러한 성과는 19세기 후반부터 이 지역의 성을 연구했기 때문이다. 첫번째는 파라라디 카파로프가 연해주의 성을 분류한 것이 초석이 되었다. 그는 각 시대별로 연해주 성의 평면형태를 분류했다. 하지만 이 연구는 남아 있지 않고, 간접적으로 후대의 연구자가 인용해서 알려졌다. 예를 들면 부세는 1888년 『Остатки древностей в долинах Лефу, Даубихэ и Улахэ(레푸, 다우비헤와 올라헤 계곡의 고대 유적)』라는 저서에서 '파라라디 신부의 연구에 의하면, 이 지역에서 보다 오래된 성곽의 평면형태는 타원형이다'고 기록했다(부세 1888). 카파로프의 연구는 아마도 중국 고대의 기록물을 번역하면서 얻은 결과일 것이다.

19세기 연구자는 중국의 역사서와 연해주 고고자료와의 비교를 통해서 연해주 성 축조연대가 연해주 최초의 국가로써 발해일 것임을 명확하게 밝혔다. 공식적으로 연해주 성의 유형화에 관한 최초의 연구물은 부세가 1888년에 출간한 그의 저서였다. 그는 성을 오랜 기간 동안 사용한 것과 한정된 기간 동안 사용한 것으로 나누었다. 오랜 기간 사용된 성은 평면적이 크고 성벽이 두텁다. 방어용으로 축조되었고, 그 연대는 668년보다 올라가지 못하며, 퉁구-만주지역에 존재했던 발해국의 것으로 보았다(부세 1888).

같은 기간에 많은 연구자들은 아무르 강 유역의 고대와 중세시대 성의 형태, 크기, 특징을 연구했다. 예를 들면 나다로프는 성의 평면형태 중 부정형인 것을 구분했고, 팔체프스키는 평면형태 중 방형과 그 크기를 계측하였다. 하지만 성 특징을 파악해서 유형화 하는 것은 아르세니에프가 최초로 시도했다. 그는 군인으로서 성의 용도와 역할을 파악한 듯하다. 성의 형태, 용도를 교통로의 역할을 하는 것과 산으로 들어가는 문지 역할을 하는 것으로 구분했다.

1916년에 러시아 오리엔트 연구회에서 아르세니에프는 극동의 성을 다음과 같이 분류하였다.

1) 17~18세기 지역민과 만주족과의 전쟁 동안 축조된 성으로, 테라스에 축조된 것
2) 12~13세기 산지성과 평지성
3) 고대 도로에 축조된 성곽
4) 경계를 표시하는 긴 장벽

이것은 연해주 고고학 자료를 이용해서 극동의 성을 시기별로 용도와 지형에 따라서 구분한 최초의 분류이다. 성의 입지에 따른 구분은 다음과 같다.

1) 단구대
2) 산지형
3) 평지형

용도에 따라서 구분은 다음과 같다.

1) 성
2) 요새
3) 교통로
4) 장성

마지막은 국경과 같은 역할을 하는 것을 의미한다. 고고학 유적을 민족학적 분류 할때 단구대에 설치된 성곽의 일부는 만주족이 축조한 것처럼 해석했다(12~13세기 여진족)(아르세니에프 1947).

1950년대는 오클라드니코프는 여진 성의 용도에 대한 분석을 했다. 그의 저서 『Далекое прошлое Приморье(연해주의 고대)』에서는 여진족의 성곽 중에서 '취락을 보호하기 위한 성곽'과 '군사용도'의 것으로 분류했다(오클라드니코프 1959).

1960년대는 보로비요프가 성곽의 유형화에 대한 문제점에 주목해서, 중국의 사서와 연해주 고고학자료를 심도 깊게 연구했다. 아르세니에프의 연구를 많이 인용해서, 성의 용도에 따라서 산지성과 평지성으로 유형 구분하였다(보로비요프 1983). 그의 연구성과는 연해주 성 유적의 유형화에 기본이 되었고, 거의 대부분 연구자들도 따랐다. 또한 최초로 연해주의 중세 성곽을 역사와 비교했다. 논문과 저서로 발표되었는데, 성을 방어시설로서, 성벽은 방어시설에서 가장 기본이 되는 것으로 내부 시설을 보호하기 위한 장치로 이해했다. 투석기를 위한 장소, 치의 위치에 대한 분석(치 사이의 거리가 30~80m), 해자는 긴 성벽의 물 집수지로 파악했다. 문은 둥근 문지, 'ㄱ'자형 문지, 'ㄷ'자형 문지 등으로 분류하였다. 또한 중국 사서를 연구해서, 성벽을 올리는데 '판축'이라는 방법이 있음을 알았고 연해주에서도 이 기술을 사용했다는 것을 알았다(보로비요프 1983).

보로비요프는 현대의 성곽 연구 유형화에 있어서 초석을 다졌다고 할 수 있으며, 후대의 많은 성곽 연구자들은 연해주의 고고학 자료를 위와 같은 방법으로 분석하여서 국내외에 많이 발표하였다(Nikitin Y.G., Kliuyev N.A. 2001).

보로비요프와 동시기에 성곽의 유형화 문제를 연구한 사람이 동방학자 샤프쿠노프다. 그는 발해와 여진의 유적을 40년 동안 연구하였다. 그의 저서 『К вопросу о перидиоцации и классификации средневековых памятников Приморья』에서 그는 연해주의 성을 민족 혹은 국가 규정, 지형과 용도에 따른 분류 등을 시도했다. 발해의 평지성은 행정관청용이고, 산지용은 교류와 관련된 것으로 보았다.

여진 성은 다음과 같이 3가지로 구분된다.

1) 산지성
2) 큰 평지성
3) 작은 평지성

그는 평지성과 산지성(평면형태)의 시기를 구분하는데 중점을 두었다(샤프쿠노프 1968, 1990). 산지성에 있어서는 '숨겨진 성'은 작은 내성채로 평면모양이 방형으로, 여진의 산지성은 금나라의 산업교류나 행정관청과 관련이 있는 것으로 결론 내렸다. 평지성은 내부가 거의 바둑판 모양에 가까운데, 사원지나 승려들과 관련된 것으로 보았다. 그래서 샤프쿠노프는 여러 고고학 유적을 역사적 사실로 다가고자 했다.

하지만 그의 연구가 모두 올바른 것은 아니었지만, 새로운 고고자료와 연구 및 분석들은 후에 큰 영향을 미치게 되었다. 특히 이 지역 역사연구에 기초적 자료를 많이 제시해서, 후대의 학자들에게 많은 자료를 제공했다.

1980년대는 이블리예프가 관련된 업적을 남기게 된다. 1983년에 동아시아의 거란 성곽 연구가 중국어, 몽골어, 일본어, 한국어, 러시아어로 된 여러 나라의 연구들을 종합해서 12세기 거란족의 다양하고 새로운 방어시스템을 밝히고, 그 성지가 시대별과 지역별로 어떻게 발전했는지를 시도하했다. 뿐만 아니라 동하국과 관련된 '여진형 평지성'을 분류했다(이블리예프 1983). 이는 여진 역사 연구에 있어서 많은 문제점들을 해결할 수 있는 방향을 설정했다는 데서 그 중요하다.

1992년부터 거의 10여 년간 볼딘은 발해성을 연구조사 하고, 『Госуда рство Бохай(698-926 гг.) и племена Дальнего Востока России』라는 저서를 발표했다(볼딘 1994). 아르세니에프, 보로비요프, 샤프쿠노프 등의 뒤를 이어서 볼딘은 발해성곽의 특징을 유형화 하기 위해서 성지의 입지, 크기, 방어시설의 특징 등을 파악하였다. 발해성은 다음과 같은 2가지로 나눌 수 있다. 그는 산지성은 길게 뻗은 구릉의 절벽 정상부에 설치되는 것으로 보았다.

1) 산지성
2) 평지성

그의 연구는 1990년대 초반까지 중세시대 성 연구의 기초가 되었다. 1990년대 중반에 지역의 중세시대 성 연구에 중요한 전환점이 생겼다. 그때 까지만 해도 연해주에서 성의 발생과 용도는 퉁구-만주 국가인 발해와 여진과 관련된 것으로 생각하였다.

그런데 1996년에 댜코바와 사크마로프가 연해주 동북지역을 조사하게 되었고, 새로운 성 유적을 발견했는데, 이는 10세기의 말갈과 기원전 1천년기의 리도프카 문화와 관련된 것이다(댜코바·사크마로프 1996). 극동에서 성의 기원으로 볼 수 있는 것이 거의 천년 이상 올라 갔다.

물론 고대 성지에 대해서는 처음으로 1960년대 말에 오클라드니코프가 하린 계곡의 유적 중에서 해자가 있는 유적을 언급했다.[1] 1965년에 브로댠스키는 페트로프 섬 크로우노프카 문화의 고대성지에 관해서 설명한 바 있다(브로댠스키 1965). 1973년에 케드로프카 유적에서 이른 철기시대의 성곽이 언급되었고,[2] 다음해 쿠댜 언덕 위의 고금석기시대 유적도 성으로 보았다.[3] 물론 다른 연구자들은 이것들을 인지하지 못했거나 혹은 수수께끼로 생각했을 것이다. 30년이 지난 지금은 층위적으로 이를 입증할 수 있는 유물이 충분히 많아져서 중세시대 보다 더 오래된 청동기시대에 성 혹은 방어시설에 대한 존재를 입증할 수 있게 되었다.

청동기시대의 산지 방어시설은 시호테 알린 산맥의 서쪽과 동쪽, 연해주의 남서부와 중부, 호르 강 유역 등에서도 확인된다(Nikitin Y.G., Kliuyev N.A. 2001). 극동대학의 폴체시대 연구자인 콜로미예츠는 리도프카 문화, 크로우노프카 문화, 폴체 문화의 방어시설을 분류했다. 러시아 연해주 동북지역 몇 개의 성을 조사하였는데, 지표조사 유물에 따르면 아무르 강과 연결된다고 한다(콜로미예츠 2002, 2003).

---

1) 하린 계곡의 유적에도 필자는 성이 존재할 수 있는 것으로 생각했는데, 브로댠스키도 이에 동의했다.

2) Дьякова О.В. Итоги весенней археологической разведки 1973 г. по изысканию памятников железного века в Дальнегорском и Тернейском районах Приморского края // Архив ИА РАН. Р-1, № 4985.

3) Дьяков В.И. Отчет по весенней разведке 1973 г. памятников каменного и бронзового веков в Дальнегорском и Тернейском районах Приморского края // Архив ИА РАН. Р-1, № 4985.

그런데 이 연구는 극동지역의 중세 고고학에서 또 하나의 중요한 성과로 평가된다. 중국 연구자들은 중국 동북지방의 여진국가인 동하국의 산지성을 하나로 분류했다. 연해주의 여진 문화의 성지를 유형화 하고 많은 연구를 한 이블리예프도 여진형 산지성은 동하국(1217~1234), 여진형 평지성은 여진국(1115~1234)과 관련된것만 분류했다(이블리예프 1993, 이블리예프·아르테미예바 1996). 하지만 중세시대 이전에도 성의 존재를 알린 콜로미예츠의 연구는 이 지역의 성의 역사가 발해와 여진국가의 것으로만 생각되었으나, 이보다 이전부터 존재했다고 하는 인식전환을 가져오게 한 중요한 전환점이 된다.

샤프쿠노프[4]는 연해주의 남부, 중부, 서부 등 큰 지역을 대상으로 이 지역 성곽의 발달사를 총정리 했다. 방대한 작업으로 극동의 중세시대 토기를 형식에 따라 분류했고, 중국, 한국, 일본, 시베리아 지역과의 전쟁, 경제, 민족학적인 문제 등 동아시아에서 형성된 역사적 사실들을 설명했다는 점이 주목된다(댜코바 1993). 샤프쿠노프의 연구는 비판도 받았지만, 중요한 점도 있다.

그리고 2003년에 코로비가 발표한 건축사적인 고찰은 연해주 건축문화에서 최초로 고구려를 언급했다는 점에서 괄목할 만하다. 「Взаимовли е градостроительных культур на Дальнем Востке в X-XIII вв.(10~13세기 극동 건축문화에 대한 영향)」은 크지는 않지만 매우 중요한 논문이다. 퉁구-만주스 지역의 발해와 동하국의 건축문화 모티브의 기본이 되는 것은 중국과 고구려의 영향을 받은 것임을 밝혔다(코로비 2003).

이것은 필자가 이끈 아무르-연해주 고고학발굴단이 연해주 동북지역 성지의 토층과 평면 등을 조사한 결과이다. 이 지역 고고문화의 여러 성곽을

---

4)   역자 주. 샤프쿠노프 박사의 아들.

특징별로 유형화 했고, 보로비요프의 연구를 뒷받침 했고, 연해주 성곽의 발생시기가 좀 더 이르다는 것을 알 수 있다(다코바·사크마로프 2002a, 2002b).

2. 연해주 동북지역 성의 분류

이 절에서는 '멘델레예프 주기[5]'와 같이 주기적으로 나타나는 연해주 동북지역의 여러 성에 대한 유형화를 하고자 한다. 고고문화의 기원, 편년과 계통문제와 관련된 기본문제와 국가적 통일 문제 뿐만 아니라 극동에서 일어난 역사적 사실과 고고물질간의 해석과도 관계가 있다.

앞서 제2장에서 살펴보았듯이, 연해주의 동북지역에는 12개의 강이 존재하고, 58개의 성지가 조사되었다.

먼저 유적이 입지한 지형에 따라서 유형화 하고, 좀 더 구체적인 입지에 따라서 형식으로 나누었다. 그래서 전체 입지에 따른 유형은 1) 산지성, 2) 평지성), 3) 곶 성[6]으로 나눠진다.

---

5) 역자 주. '멘델레예프 주기'는 1869년 그 당시까지 알려진 63개의 원소를 원자량으로 배열할 때 일정한 간격을 두고 주기적으로 비슷한 성질이 있는 원소가 있다는 사실을 멘델레예프가 발견한 것이다. 이를 다코바 박사는 비슷한 성격의 유적이 주기적으로 나타난다는 것을 고고유적에 적용시켜서 빗대어 표현했다.
즉 필자는 러시아 연해주에서는 청동기시대부터 여진시대까지 일정한 주기로 성이 나타남을 유형화 해서 설명하고자 한 것이다.

6) 역자 주, 곶은 바다쪽에서 돌출된 곳을 곶이라고도 하지만, 육지 내도에서 주변과 지형적 특징을 날리한 돌출된 곳에도 쓰기도 한다. 본문에서는 곶을 꼭 바다와 관련한 지형만을 의미하지는 않지만, 우리말 곶과 거의 유사한 용도로 쓰이고 있기 때문에 그대로 사용하고자 한다.

1) 1유형. 산지성

이 유형은 15개의 유적(베뉴코보, 시바이고우, 바시코프스코예, 클류치, 쿠날레이스코예, 포드네베스노예, 고르부샤, 스미르코프 클류치, 자볼로첸노예, 세셀레프스코예, 야슈, 소프카 류브비, 소욘스코예, 카라만스키 흐레베트, 말라야 카리마)이 모두 포함된다.

산지성은 아주 높은 곳으로 주변과 성쪽으로 다가오는 길을 모두 관찰할 수 있는 곳에 위치한다. 특히 전쟁에 관련된 것이 많은데, 입지의 성격에 따라서 다음과 같은 형식으로 나눌 수 있다.

1형식-구릉성, 2형식-고개, 3형식-봉우리, 4형식-절벽

표 14. 개방형 구릉성 산성

유적	평면적 (㎡)	평탄지	장대	내성	보루	치	성벽 축 조방법	성벽높이 (m)	입지	문화	연대
시바이고우	200,000	○	○	4	있음	있음	토석 혼축	`	강의 하류	동하국	1217~ 1234
쿠날레이스코예	120,000	○	○	2	있음	있음	토석 혼축	8	강의 하류	동하국	1217~ 1234
소프카 류브비	4,500	○	×	×	없음	없음	토석 혼축	1	강의 입구	동하국	1217~ 1234

(1) 1형식-구릉성 산지성

이 형식은 시바이고우, 쿠날레이스코예, 소프카 류브비 성이 해당된다 (그림 131, 표 14). 구릉성 산지성은 성벽이 모든 방면을 다 두르는 것이 아닌 개방형 성벽이다. 한 형식의 온돌이 설치되었고, 크지 않은 다양한 형태의 방어시설로 군사행정용 관청과 관련있다. 이러한 형식의 성곽은 아주 짧은 기간 동안만 사용되었다. 성벽, 주거지, 궁전지, 보루 등을 고쳐서 쓴 흔적은 보이지 않는 점도 이 형식의 성이 아주 짧은 기간만 이용되었다는 점을 파악할 수 있다.

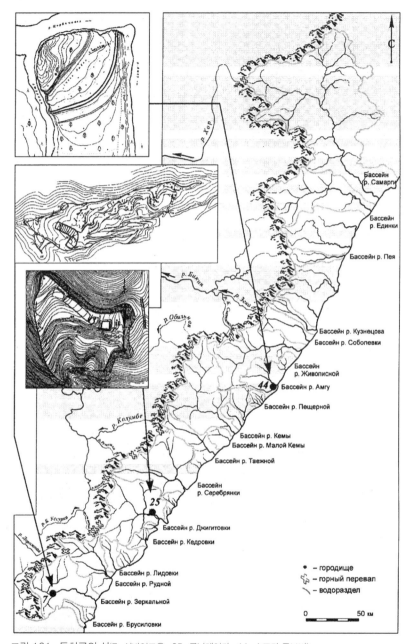

그림 131. 동하국의 성(7-시바이고우, 25-쿠날레이카, 44-소프카 류브비)

가. 입지. 이 형식의 성은 항상 산에서 내려오는 깨끗하고 차가운 시내물이 집수되는 곳과 가까운 곳에 축조된다. 각 성은 큰 강의 지류 하류에 입지하는데, 시바이고우 성은 제르칼나야 강의 지류인 우스티노프카 강 하류보다 약간 위쪽에, 쿠날레이스코예 성은 드지기토프카 강의 지류인 쿠날레이카 강의 하류, 소프카 류브비는 암구 강 지류인 세르바토프카 강의 하류에 축조되었다.

강의 하류에 설치된 시바이고우 성과 쿠날레이스코예 성은 연해주 북동지역만의 특징이 아니라 연해주 전체에서 확인된 산지성과 같다. 비슷한 예가 샤이긴스코예(Шайгинское, Shaiginskoye), 스칼리스토예(Скалистое, Skalistoye), 예카테리노프스코예(Екатериновское, Ekaterinovskoe), 아나네프스코예(Ананьевское, Anan'yevskoye) 성이 그러하다. 이러한 산지성은 성벽이 모두 둘러지지 않은 개방형으로, 대체로 전쟁이나 군사용 행정관청이고, 드물게 가축을 기른 흔적도 확인된다. 그래서 당연히 대량의 말이 필요하기 때문에 물과 가까운 곳에 입지했다.

그런데 소프카 류브비 성은 약간 예외인데, 동해에서 0.5km 떨어진 곳에 입지하며, 이는 방어나 보초 시설과 같은 기능을 한다.

산지성의 성벽은 구릉의 산마루를 따라서 주로 축조되는데, 구릉 사면에서부터 시작해서 밑으로 내려가는 방식으로 문은 아래쪽에 설치된다. 소프카 류브비는 예외적으로 강과 접한 절벽 위에 지어져서 따로 방어시설이 필요하지 않았다. 방어시설이 필요한 곳은 높은 곳 보다는 낮은 곳에 필요해서 거기에 축조되었다.

나. 성곽 내부구조. 산지성의 내부구조는 그 곳의 지형에 따라서 결정된다. 성곽은 성벽으로 구획되고, 내부에는 보루, 내성, 생활구역으로 나눠진다.

생활구역은 항상 경사면을 특별히 편평하게 평탄지로 다듬은 곳에서 확인된다. 시바이고우 성 내에서는 3~5~8m 높이에 설치되어 비교적 높다. 쿠날레이스코예 성 내에서는 2~4m 높이, 소프카 류브비 유적에서는

1~3m 높이에 설치되는데, 가장 단단한 구릉사면에 설치된다.

평탄지는 대부분 다음과 같이 축조된다.

1) 구릉을 가로 질러서 편평하게 다듬고, 2) 소토로 기초를 다지고, 3) 무거운 흙으로 번갈라 가면서 층층이 쌓아서 만드는 방법을 따르고 있다. 평탄지의 크기가 각 성마다 다르기 때문에 주거지가 1기 확인경우도 있고, 어떤 경우에는 여러 기 확인되는 경우도 있다. 주거지에서는 'ㄷ'고래나 'ㄱ'고래 온돌이 설치되었다.

16세기 사서에 따르면, 여진족은 이 평탄지 위에 설치된 '숨겨진 도시(내성)' 안에서 귀족이나 그의 친척들이 살았다는 기록이 있다(판 2003).

내성은 시바이고우와 쿠날레이스코예 성에서 확인된다.

① 내성은 산쪽으로 가까운 곳에 축조되는 특징이 있다. 쿠날레이스코예 성은 북쪽 성벽, 시바이고우 성은 서쪽 성벽에 가까운 곳에 축조된다.

② 내성의 평면형태는 장방형에 가까운데 쿠날레이스코예, 시바이고우 성도 몇 개의 장방형 내성이 모여서 큰 성벽으로 두른 것이다.

③ 내성벽과 평탄지는 정형화되었다. 그 장소를 편평하게 다지고, 흙을 채워서 기저부를 만들고, 그 위에 건축물의 계측하고 그 곳에 내성의 모서리부터 성벽을 쌓아 올렸다.

④ 내성에는 중심지가 되는 큰 건물지가 있는데, 그 건물지의 모서리가 동서남북 방향과 일치하고 있다.

16세기 사서에 의하면 내성 안에는 만주족의 귀족과 그 친인척 들이 살았다고 기록되었는데, 이에 동의한다. 연해주의 경우도 내성이 행정관청으로 이용되었을 것으로 생각되기 때문이다. 반면에 소프카 류브비 유적에서는 이러한 건물지가 없는 데, 내성이 있는 성과는 성의 용도가 다를 것으로 추정된다.

보루는 시바이고우와 쿠날레이스코예 성에서 확인되고, 소프카 류브비에서는 확인되지 않는다. 성벽과 멀지 않은 곳에 설치되었는데, 쿠날레이스코예 성에서는 동쪽, 시바이고우 성에서는 북쪽과 가까운 곳에서 확인된다. 특징은 다음과 같다.

① 평면형태-방형
② 장축길이-19~20m
③ 성벽의 모서리는 동서남북의 방향과 일치
④ 보루 내에는 'ㄷ'자형 혹은 'ㄱ'자형 온돌이 설치된 주거지가 2~3기 확인됨
⑤ 문지는 2~3m 성벽을 절개한 것으로 현존하는데, 나무로 시설물을 만들었을 것으로 추정
⑥ 성벽은 판축기법을 이용해서 흙으로 쌓아서 만든 것
⑦ 평면크기 400㎡
⑧ 용도는 군사용이다.

방어시설은 세 성에서 다음과 같이 확인된다.

① 성벽은 모두 판축기법으로 축조되었고, 이 방법으로 높이 8m인 성벽을 올릴 수 있었다.
② 좀 더 낮은 성벽의 경우(쿠날레이스코예 성)도 판축기법을 이용했는데, 시바이고우 성지에서는 문에 옹성시설을 한 곳도 있다.
③ 치
④ 집석시설
⑤ 성벽에 보초와 관련된 시설
⑥ 성벽에 투석을 할 수 있는 시설물(시바이고우, 쿠날레이스코예 성)

각 형식은 하부 형식을 내포한다.

구릉성 산지에서 소프카 류브비 성은 아래와 같은 특징이 있어서 하부형식 1로 구분된다.

A. 하부형식 1

① 성벽은 산마루가 아닌 범람원을 따라서 설치되었다.

② 치와 집석시설이 없다.

③ 내성이 없다.

④ 보루가 없다.

⑤ 성의 평면크기가 4,500㎡로 작다.

소프카 류브비 성은 방어와 보초용으로 동하국의 바다와 육지의 경계를 통제하는 용도로 축조되었다.

다. 용도. 산성의 평면크기와 위치가 남쪽에서 북쪽을 향하고 있는데, 이는 연해주의 남쪽과 중부지역을 통제하기 위함이 명확하게 나타난다. 연해주 산성 중에서 24개의 유적이 구릉에 위치하는데, 동북지역에서는 3개 확인된다. 이 중에서 가장 중요한 유적은 시바이고우 성으로, 평면적이 20,000㎡가량으로 가장 크다. 성 내부에는 보루, 내성, 생활구역 등이 설치되었고, 성벽에는 치, 투석시설, 방어시설 등이 확인된다.

하지만 아주 두터운 성벽과 사용되지 않은 많은 투석기 등은 이곳에서 실제로 전쟁은 없었던 것으로 보인다. 왜냐하면 화재의 흔적이나 주거지가 파손 혹은 불에 탄 흔적 등도 없고, 유물에서도 이런 전쟁의 흔적이 관찰되지 않기 때문이다. 만약에 성곽 내부가 파괴 된 채 남아 있었다면, 거의 붕괴된 것으로 보는 것이 맞지만 이 성에서는 그런 점이 확인되지 않기 때문이다.

쿠날레이스코예 성은 연해주 동북지역에서 두 번째로 큰 성으로 면적이 12,000㎡에 달한다. 가장 높은 성벽은 동쪽벽으로 높이가 8m에 달하는데, 적으로부터 침략을 막기 위한 것이다.

전쟁이나 충돌의 상황에 직면한 흔적은 소프카 류브비 성에서만 관찰된다. 동하국의 해안 동북경계 중에서 동해 바다쪽을 지키기 위해서 축조된 것으로 생각된다. 푸른 관옥과 철제 화살촉이 출토되었는데, 이는 성에 갑작스런 침입 때문에 버려졌을 것이다. 동하국의 동북경계를 표시하는 유적은 말라야 카리마 성이다. 이곳은 지보프스나야 강의 지류인 암구 강으로부터 들어오는 길목과 교통로를 지키기 위해서 세워졌다.

구릉 상 위의 산지성은 동하국의 군사행정관청용으로써, 성벽이 모든 사방을 둘러싼 것은 아닌 개방형이다. 이 성은 동해 바다를 통제하기 위해서 축조된 것으로, 1천년기 중반부터 퉁구스-만주족의 조상격인 말갈족이 이러한 지형에 성을 짓기 시작한 것으로 생각된다.

말갈족은 교통로에 아주 두터운 방어시설을 축조하는 것에 능했다. 동하국은 여진족의 후속국가로 말갈족이 아닌 몽골족으로, 전쟁과 관련된 무기(旋風五砲)와 같은 전쟁용 화차, 불화살촉, 투석기, 기병 등이 있었고, 전쟁의 기술도 상당했다.

쿠날레이스코예 성에서 알 수 있듯이 성의 주민은 스스로 자급자족한다. 이 성의 동북쪽은 구릉과 가까운데, 이곳에서 중국에서 농사를 지을 때와 비슷하게 이용된 경작지가 확인되었다. 현재까지도 현지민이 농사를 짓고 있다. 평면형태와 개축한 흔적이 없는 것으로 보아서 성곽은 20~25년 정도 아주 짧은 시간 동안 축조되어 이용되었다.

성을 축조하는 방법은 아주 정형화 된 것으로서, 원주민인 퉁구스-만주족이나 고아시아족의 전통과는 판이하게 다르다. 이러한 성을 축조하기 위해서 중국에서 기술자를 데리고 왔을 것이고, 지형에 맞게 축조하고, 직접 짓는 것은 군인과 지역민들이 했을 것이다. 성을 계획하고 축조하는 시간은 아주 빨리 행해졌으나, 이는 모두 전쟁을 위한 것은 아쉬운 점이다.

라. 기원. 개방형의 성벽인 산성의 축조방법은 혼합적인 요소가 있다.

성의 입지는 상대적으로 높은 곳에 축조하는 특징을 보이는데, 이는 현재 고구려 성의 특징에서 찾아 볼 수 있다. 연해주와 한국의 지형이 거의 유사하다는 점과 연결시켜 볼 수 있고, 그 용도 또한 방어나 적의 접근을 막기 위한 것 등과 같다.

건축물은 각기 다른 전통을 따르고 있다. 성의 평면형태에서 내성, 보루, 생활 구역, 성의 모서리가 동서남북 방향, 흙으로 기단을 설치하는 것 등은 중국의 축조기술이다. 성벽을 흙으로 층층이 다지는 판축기법과 성벽의 모서리 부분부터 축조하는 방법 등은 모두 중국의 특징이다.

하지만 그 외의 성벽을 자연지형에 따라서 모두 돌리지 않는 점, 언덕의 산마루에 축조하는 점 혹은 강의 범람원에 축조하는 것과, 산이 아닌 곳 등에 축조하는 것은 청동기시대 리도프카 문화부터 있어왔으며, 말갈 문화에서도 확인된다. 그리고 성벽 위의 투석기와 관련된 집석시설물과 치의 축조 방법 등은 거란족의 전통이다(이블리예프 1983).

따라서 개방형 성벽이 특징인 산지성은 여러 가지 문화를 받아들인 혼합된 특징을 보인다. 아마도 전쟁과 정치적 목적으로 고구려, 중국, 퉁구-만주족의 여러 기술자들을 데리고 성곽을 축조했던 것이 가장 안전하고 믿을 수 있는 성을 축조할 수 있다고 판단했던 것으로 보인다.

쿠날레이스코예 유적은 유적에서 얻어진 방사성탄소연대(745±45, COAH-4182)(다코바·사크마로프 2002)와 출토된 동전으로 보아서 말갈 문화부터 동하국(1217~1234년)까지 이어졌고 출토된 토기도 이를 입증한다. 여러 유형의 성이 혼합된 양상을 보이는 것은 신생국가로써 자신의 영토를 지치기 위해서 그 당시 존재했던 가장 좋은 성 축조기술들을 모아서 새로운 유형의 성을 축조했던 것으로 판단된다.

(2) 2형식-고개 산지성

고개 산지성은 주로 산의 고개마루에 지어지는데, 큰 강의 유역에서부터 다른 교통로로 이어지는 곳을 통제하기 위한 목적으로 지어졌다. 해당하는 산지성은 모두 4개인데, 베뉴코프스코예 성, 포드네베스노예 성, 말라야 카리마 성과 카라만스키 흐레베트 성 등이다.

베뉴코프스코예 성은 시호테 알린 산맥의 서쪽 경사면으로부터 동쪽으로 이어지는 길목에 축조되었는데, 이 교통로는 제르칼나야 강까지 이어지고, 다시 하류에서는 동, 남, 북쪽으로 지류를 따라서 갈라진다.

북쪽 방향은 제르칼나야 강에서부터 테튜헤 고개를 통해서 루드나야 강 유역의 모나스트르카 강까지 이어진다. 남쪽과 동쪽 방향은 부루실로프카 강과 사도비이 클류치 강의 상류와 연결된 교통로이다. 이 세 방향은 제르칼나야 강과 통하게 되어 있다.

포드네베스노예 성곽은 시호테 알린 산맥의 서쪽 경사면의 아무르 강 유역에서부터 동쪽으로 들어가는 길목에 위치하고 있다. 이 길은 볼샤야 우스르카 강의 지류와 드지기토프카 강의 지류인 이르티스 강을 통해서 동해안의 드지기트 항구까지 이어진다.

말라야 카리마 성곽과 카라만스키 흐레베트 성곽이 위치한 곳도 지보피스나야 강 유역의 암구 유역에서부터 들어오는 북쪽 문지의 길목에 위치하고 있다. 고개마루에 위치하고 있는 산성은 그 평면형태로 크게 3가지로 구분가능한데 방형(장방형), ㄷ자형, 다각형 등이다.

A. 하부형식 1

포드네베스노예 성곽은 방형(장방형) 평면형태로 평면적은 24,000㎡ (155×160m)이다. 방향은 성의 벽면이 동서남북과 일치한다(그림 130).

평면형태-아주 단순하고 그 내부 시설도 내성, 보루, 건축지 등은 확인되지 않는다.

성벽-동쪽 성벽에서는 치가 확인되는데, 성벽은 흙과 돌을 섞어서 사용하였다. 성문은 아주 단순한데, 5m가량의 절개면이 남아 있다.

용도-방어와 감시역할을 위한 성지이다.

B. 하부형식 2

'ㄷ'자형 평면형태로 말라야 카리마와 베뉴코프스코예 성지가 해당되며, 평면형태는 1,000㎡와 4,800㎡이다(그림 132).

평면형태-아주 단순하고, 내성, 보루, 건축지 등은 확인되지 않는다.

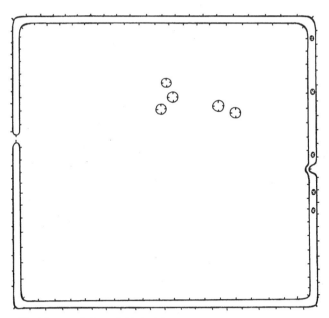

그림 132. 포드네베스노예 성의 평면도

C. 하부형식 3

카라만스키 흐레베트 성곽(그림 133)과 같은 다각형의 성지로 그 평면크기는 1,000㎡이다.

가. 평면형태-아주 단순하고, 내성, 보루, 장대(將臺) 등은 확인되지 않는다.

나. 성벽-단순한데, 치, 해자 등이 없고, 문지가 단순하다.

다. 용도-고개를 지키고 감시하기 위한 성지이다.

라. 기원-3가지 평면형태의 고개 산지성은 중국의 축조건축기술을 따랐는데, 성의 입지는 중국과는 다르다. 방형 혹은 장방형 성지는 평지에 축조되는 것은 중국의 전통인데, 이와 같은 평면형태의 성곽이 산의 고개에 위치한 것은 특이하다. 이는 교통로를 더 효과적으로 차단하기 위해서 자연

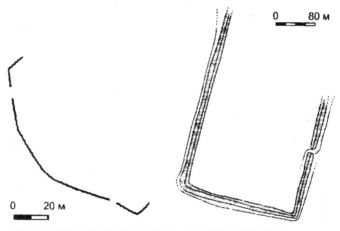

그림 133. 말라야 카리마 성(왼쪽)과 베뉴코프 성(오른쪽)의 평면도

적인 입지를 그대로 이용한 것이다. 즉 자연적인 입지를 그대로 살리면서 평지성의 특징을 그대로 유지했다.

고개 산지성의 기본적인 용도는 교통로를 통제하기 위한 장소로써 아무르 강에서부터 동해로 들어가는 길을 관장하기 위함이다. 아마도 이 길목과 길은 아주 예전 선사시대부터 현재에 이르기까지 계속해서 사용되었을 가능성이 많다. 그러나 이러한 교통로의 주요 지점에 건축물을 것은 발해로 최초로 8세기를 넘지 않는다.

새로운 지역에서 적응하기 위해서 고아시아족과 퉁구-만주족을 받아 들여야 했고, 외부의 적과 물자교류에서 얻을 수 있는 세금을 걷기 위해서 이러한 곳을 통제했을 것이다.

중국식의 방형 평지성은 러시아 극동에서는 발해에서 처음으로 축조되었는데, 발해가 평안할 때는 주로 강 주변에 축조되었다. 그 뒤에 발해가 국난에 휩싸이고, 주변 국가들에 의해서 어려워 질 때, 자연지형을 이용하는 성지 등이 새롭게 축조된 것으로 판단된다. 그래서 평지성의 평면형태가 산위에 축조되는 것으로 보인다.

⑶ 3형식-봉우리 산성

동떨어진 언덕이나 구릉 위에 성이 축조되며 돌로 쌓은 성벽이 특징이다
(표 15).

표 15. 봉우리 산성

유적	평면 형태	평면 (㎡)	성벽높이 (m)	둥지	입지	문화	연대
바시코프스코예	⊂	1,260,000	1	있음	하류	말갈, 발해	8~10세기
클류치	폐쇄형		2	있음	하류	말갈, 발해	7~10세기
자볼레첸나야 (알트리)	▭	7,400	1.2	있음	언덕		7~10세기
스미르코프 클류치	▭	4,900	6	있음	언덕		7~10세기
야수	▭				하류		
세셀레프스코예	◿			없음	언덕	청동기시대	기원전 10세기

유적은 강의 전체를 관찰 감시 할 수 있는 아주 높은 곳에 위치하는 것이
특징인데, 강으로 접근하거나 성곽으로 올라오는 것을 즉시 볼 수 있는 곳
이다. 구릉의 경사면에 돌을 쌓아서, 누군가 한 발 짝 뗄 때마다 돌이 움직
여서 소리를 들을 수 밖에 없었을 것이다.

이 형식의 특징은 자연적 지형을 그대로 따른 것으로 돌이 많은 언덕 위
에 위치한다. 스미르코프 클류치, 자볼레첸나야, 클류치, 바시코프스코
예, 세셀레프스코예, 야수 성곽 등이 해당된다.

클류치 성은 동해안의 디지기트 항구를 통제하고, 바시코프스코예 성은
루드나야 항구, 스미르코프 클류치 성과 자볼레첸나야 성은 세레브랸카 강
의 지류를 지킨다. 세셀레프스코예 성은 지보피스나야 강을 지킨다.

평면형태에 따라서 타원형 성곽과 궁형성곽으로 나눌 수 있다.

A. 타원형 성곽

성벽은 성의 모든 면에 다 돌아가는 폐쇄형으로 돌로 축조되어 있다(자볼레첸나야, 스미르코프 클류치, 세셀레프스코예, 야수).

가. 평면형태-단순한데, 취락이나 생업과 관련된 건축물은 구릉 상의 평지나 그와 가까운 곳의 단구대 시설을 이용한다.

나. 성의 축조방법-성벽은 돌로 쌓는 것이 특징인데, 돌 사이의 다른 흙이나 부수적인 것 없이 돌을 이용한 것이다. 성벽의 높이는 1~7.5m까지 다양하다. 문은 단순한데, 2~5m가량의 절개면이다. 성벽 전체 혹은 하부만 경사지게 만들어졌다. 성곽의 평면형태는 원형으로 직경 1~3m, 깊이는 0.7~1m가량이며, 화살촉 등이 발견된다.

다. 용도-동해안의 디지기트, 세레브랸카 항구 등으로 향하는 길의 문을 지키고 감시하는 역할이다.

B. 궁형 성곽

바시코프스코예 성은 궁형으로, 성벽은 돌로 쌓았다.

가. 평면형태-자연입지를 그대로 따랐는데, 성벽이 부채꼴로 휘어지는 모양이다.

나. 용도-루드나야 강과 동해의 루드나야 항구로 들어가는 길의 문지를 통제하는 성격이다.

다. 연대-유적에서 출토된 토기와 다른 유물을 통해서 말갈 문화와 관련이 있다. 하지만 석성을 축조하는 전통은 고구려의 것으로 발해시기에 축조되었다.

다. 기원-입지는 곳에 위치지만, 돌로 쌓은 성벽은 고구려 전통으로 원주민인 말갈과 고구려 전통이 혼합양상이다.

(4) 절벽 산지성

이 형식에 해당되는 산지성은 스칼라 데르수, 달네고르스코예 성곽이다. 자연성지로 강변의 높은 절벽 위에 위치하는데, 관찰과 방어를 위해서 축조하였다는 것을 쉽게 알 수 있다.

가. 평면형태-자연면을 그대로 이용해서 단순하다. 움푹 들어간 부분에 주거지가 위치한다.

나. 방어시설-자연방어시설이기 때문에 따로 설치되지 않았다.

다. 연대-출토된 토기로 보아서 발해 문화의 것이고, 8세기보다 이르지 않다.

라. 용도-루드나야와 제르칼나야 강 유역에서 나가는 길목을 지키는 지점이다.

마. 기원-석성은 고구려 전통의 것이다. 퉁구스-만주족은 지리적으로 고구려와 인접한 지역에 거주했다. 중국 사서에 남아 있는 대로, 우호적인 관계만을 유지한 것이 아니라 전쟁과 같이 대체상황도 있었다. 그러나 이런 상황은 고구려에만 적대한 것이 아니라 중국과 동아시아 전체를 상대로 그러한 경향이 있다. 7세기 고구려 멸망 이후 유민이 발해로 넘어와서, 말갈과 함께 구성원이 되었고, 그 때 함께 산에 석성 짓는 축조기술도 전해졌을 가능성이 있다. 흙을 사용하지 않고 오직 돌만을 사용하는 축성 기법은 한국과 중국에서 지금까지도 사용되지만, 중국연구자도 이는 고구려의 기술이라는데 동의한다.

다시 한번 강조하지만, 한곳에 떨어진 구릉 위에 성벽을 모두 둘린 석성은 고구려 전통의 것이다. 바시코프스코예 성은 평면형태가 궁형으로 고구려의 축성기법과 입지는 말갈인들이 주로 세우던 곳 위에 세워진 두 가지 전통이 혼합되었다. 성내에서 말갈토기가 확인되는 점도 이를 뒷받침한다.

연해주의 석성은 7세기부터 확인되는데, 발해의 건국시점보다는 올라가지 않는다. 절벽성의 하부형식 궁형의 석성은 늦은 시기에 축조된 것으로 8~9세기 정도이다. 고구려-말갈 혼합형 성이라고도 분류할 수 있다.

산지성은 입지에 따라서 4가지 형식으로 나눌 수 있는데, 구릉, 고개, 봉우리, 절벽 등이며 그 기원은 각기 다르다. 구릉 산지성은 여진성으로써 동하국(1217~1234년)의 군사 행정관청역할을 담당하던 곳이다(다코바·사크마로프 2002c). 고개성은 발해의 산지성 특징인 고개에 축조된다는 점과 성을 축조하는 기술은 중국의 것이라는 두 개의 방법이 혼합되었고, 이는 주요 교통로를 통제하던 기능을 한다. 이 고개는 현재까지도 도로망으로 이용되고 있다. 마지막으로 봉우리 산지성은 고구려의 축성기술에 원지역민(말갈족)들이 산지를 지키던 곳에 축조되었다.

2) 2유형. 평지성

강 주변에 설치되는데, 그 중에서도 높고 편평한 범람원으로 홍수의 영향이 없는 곳에 선택된다. 연해주의 동북지역에서 평지성은 모두 12개로 부루실로프스코예, 사도비이 클류치, 보고폴예, 에스톤카, 프리스탄스코예, 드지기토프스코예, 크라스노예 오제로, 체렘샤니, 말라야 케마, 켐스코예-돌리노예, 켐스코예-모르스코예, 우스티-소볼레프스코예 성 등이다.

평지성은 농경에도 편한 지역으로 물과 접근성이 좋은 중류역이나 하류에 위치한다. 평면형태는 크게 세 가지로 나눠진다. 1) 방형(장방형), 2) 다각형, 3) 궁형(개방형)

(1) 1형식-방형 성지

현존하는 평면형태 방형의 평지성은 부루실로프스코예, 사도비이 클류치, 에스톤카, 드지기토프스코예, 프리스탄스코예, 크라스노예 오제로, 말라야 케마, 체렘샤니, 켐스코예-모르스코예 성지 등 모두 9기이다(표16).

가. 평면형태. 단순하고, 내성과 보루가 없다. 예외적으로 드지기토프스코예 성지에는 아주 작은 내성이 있다. 성지의 내부는 아주 편평하고, 장대가 없다. 성내부에서 소토가 확인되는 유적은 부루실로프스코예, 드지기토프스코예, 크라스노예 오제로, 에스톤카, 체렘샤니 유적 등이다. 성벽과

표 16. 방형 평지성의 특징

유적	평면형태(m)	평면적(㎡)	성의 내부			성벽						입지	용도	문화	연대
			내성	보루	문터	축조방법	높이(m)	해자	보축벽	문지	치				
부루실로프스코예	170×170	2,890,000	〃	〃	있음	흙층/돌	1~2.4	있음	있음	있음	없음	범람원의 중부	취락 방어용	발해	7~10세기
샤도바야클류치	100×100	10,000	〃		있음	흙층/돌	1		〃	있음	없음	지류의 하부	취락 방어용	발해	7~10세기
보고폴예		8,500	〃	〃				있음			없음	중부	취락 방어용		
예스톤카	100×85				있음	흙층/돌	1~2.5	있음	있음	있음	없음	중부	취락 방어용	발해, 말갈	7~10세기
프리스탄	58.2×54						1.5	있음	있음	4층	없음	하부	취락 방어용		
체렌사니			있음				1				없음	중부	취락 방어용	발해	7~10세기
드지기토프스코예	240×240	5,760,000			있음	흙층	0.5~1.5	있음	있음	2층	없음	중부	취락 방어용	발해, 말갈	7~10세기
크라스노예오제로	65×55	5,000			있음	흙층	2		없음	있음	없음	하부	취락 방어용	발해, 말갈	7~10세기
말라야케마	36.7×45.3	1,600						있음	있음	있음	없음	하부	취락 방어용	발해	7~10세기

가까운 곳에서 구덩이가 확인되는데, 이 곳에는 성벽을 축조할 때 사용된 흙을 채취한 흔적으로 생각된다. 돌로 만들어진 우물도 확인되는데 이러한 유적은 에스톤카, 부루실로프스코예 유적 등이다. 성의 내부에서는 생활구역과 생산구역으로 나누어진다.

나. **성벽의 축조방법.** 성벽은 치가 없는 단순구조로, 성의 크기를 계측한 후 모서리부터 축조되었다. 성벽은 흙을 층층이 다져서 쌓아 올리는 판축기법을 이용하였는데, 성벽의 외면은 경사지게 해서 성벽의 단면이 사다리꼴이 되도록 쌓았다. 같은 방법으로 축조된 성벽이 다른 성에서도 관찰된다.

다. **평면특징.** 방형의 성에서는 문지가 2~4기 확인되는 것이 보통인데, 드물지만 1개인 것도 있다. 문지는 대개 단순한데, 너비 2~5m로 성벽을 절개해서 만든다. 여기에 다른 기술을 더한 것은 확인되지 않는다. 성벽의 높이는 산성과는 차이가 있는데, 전체적으로 높지 않고 1~2~2.5m에서 가량이다.

평면형태 방형의 성지는 성벽 외측에 해자가 있는 것이 보통인데, 보로비요프가 언급했듯이 2가지 기능이 있다. 하나는 성으로부터 물이 빠져나가게 하는 일종의 하수도 역할과 다른 하나는 방어적인 기능이다(보로비요프 1983).

가장 큰 방형 평지성은 디지기토프스코예 성으로 57,600㎡, 다음은 브루실로프스코예 성으로 28,900㎡이다. 나머지 성의 면적은 10,000㎡를 넘지 않는다.

라. **용도.** 평지에 위치한 성은 높지 않은 성벽과, 단순한 성문, 치와 집석시설의 부재, 화재나 다른 파손 흔적이 없는 점 등으로 보아서 평온한 시기에 평지에 방형성이 축조된 것으로 생각된다. 그리고 강과 가까운 곳에 위치하는 성들은 사냥, 어업 등 퉁구스-만주족의 생업활동을 위한 것일 가능성이 있다(베뉴코프 1960). 성 내에서 생활구역을 발굴한 결과, 오랜기간 동안 정주한 흔적이 있다. 방형성지가 취락을 위한 것을 알 수 있다.

마. 문화의 특징과 연대. 이 문제는 아주 복잡하고 현재까지도 완전히 해결되지 않은 부분들이 많다. 현재는 방형 성지에서 출토되는 토기는 대략 3가지로 구분되는데, 연질토기, 녹로를 이용한 토기, 손으로 만든 후 녹로 위에서 완성되는 토기로 구분된다. 연질토기는 원래 원주민의 전통으로 모든 유적에서 말갈토기의 특징을 보이고 있다.

녹로를 이용해서 제작된 토기는 인화문이 시문되었다. 발해의 토기로써, 방형 성지가 발해와 관계가 많음을 입증한다. 잘 알려지지 않았지만, 이 유적에서 발해토기가 출토된 것은 발해와 말갈 간의 경제교류가 아주 깊었거나 혹은 이 지역에 발해인이 들어왔을 가능성이 많다.

또 하나의 가능성은 필자가 예전에 언급한 바와 같이 아무르 강 하류 여진문화의 토기와도 관련 있어 보이는데, 이곳에서 두 문화가 마주했을 가능성이 있다. 토기를 녹로에 놓고 성형하는 기술과 기형 등은 중국의 기술이다. 그래서 평지성 중에 방형 성지도 연해주 동북쪽에 위치한 성은 말갈 문화의 것으로 생각된다. 말갈 문화를 바탕으로 성립된 국가가 발해(698~9226), 여진(115~1234), 동하국(1217~1234)이 있다는 점을 기억해 볼 수 있다. 방형 평지성에서 출토된 토기는 전체적 양상으로 보아서 8~10세기 발해 국가의 범주 안에 들어간다는 것을 알 수 있다. 그러나 유적에서 출토된 말갈토기 옹형 토기의 기형은 9~10세기에 유행한 것이기 때문에 유적의 연대는 그에 따르는 것이 더 정확한 것으로 판단된다(댜코바 1983).

바. 기원. 방형 평지성은 아주 잘 지어진 방어시설로서, 성이 확인되는 청동기시대 리도프카 문화인 기원전 1천년기 중반 이후부터 발해 등장까지 이 지역에는 없었던 건축물이다. 방어시설이라도 단순히 곶 위에 짓는 정도이다. 바둑판 같이 반듯한 평지성은 고대부터 중국의 기술로 정확한 계측을 통해서 지을 수 있는 건축물이다. 주로 방형성은 궁정 등을 짓는데 이용되었다(이보츠키나 2003).

러시아 극동에서 방형성은 발해(698~926) 이후에야 볼 수 있는 건물지이다. 발해는 연해주로 바로 들어온 것은 아니다. 중국 사료에 기록되어 있듯이, 중국 당나라의 행정을 모방해서 국가의 기초를 9세기 초반에 만들었고, 방형성을 축조하기 시작하였는데, 이 때 '오랑캐'의 땅인 연해주도 하나의 현으로 들어가서 지역 주민들을 통제하고자 하였을 것이다.

치가 없는 방형의 평지성에서는 확인되는 고고유물 가운데 무기가 지표에서도 수습되지 않고, 토층에서도 거의 확인되지 않는데, 이러한 점은 발해시기에 연해주의 동북지역에서 처음에는 아주 평화로웠다는 점을 반증한다. 성은 그 지역과 주민의 관할하는 하나의 관청과 같은 역할을 했을 것었다. 성의 지위는 그 규모와도 일치하는데, 드지기토프스코예 성은 동북지역의 중심지(현) 역할을 했을 것이다. 인접한 포드네베스노예 성에서 시호테 알린 산맥의 서쪽으로부터 들어오는 문지를 지키는 역할을 했을 것이다. 이곳은 동해까지 이어져서 드지기트 항구까지 다다르는 길을 통제한다.

또한 드지기토프스코예 성의 위상은 내성의 존재로도 알 수 있다. 고고학유물 중에서 확인되는 말갈토기의 존재는 이 평지성이 지역민인 말갈 군인들이 관장하던 것이라는 점을 증명하는데, 아직까지 외래문화(발해문화)가 들어오지 않았다는 것을 알 수 있다. 발해가 존재하던 시기에 이 지역에 발해 토기가 출토되는 것은 이전에 없었던 새로운 고고문화이다. 방형의 평지성과 녹로를 이용한 토기 등은 중국 전통이지만, 더 중요한 것은 성벽의 축조방법이다. 현재까지 러시아의 연구자들은 연해주에서 확인된 판축 기법이 여진족과 관련된 12~13세기의 것이라고 생각한다(크라딘 2003).

필자도 평지의 방형성이 발해의 것이라는 판단이었지만, 성벽축조에서는 러시아 학자들과 같은 생각이다. 연해주의 동북지역에서 말갈족에게는 너무 이른 기술이었는데, 아마도 중국 기술자에 의해서 평지성이 계획되었을 것이라고 생각해도 좋을 것이다. 따라서 이 지역은 간접적으로 발해의 국가 영역에 들어간 다는 사실을 입증한다.

(2) 다각형 성

이 형식에 해당하는 유적은 켐스코예 성곽이 해당되는데, 동해로 들어가는 켐스코예 강 하류에 위치한다. 평면형태가 다각형인데, 좀 더 정확하게 하면, 방형 성지의 두 모서리를 잘라낸 형태이다.

가. 내부형식-단순한데 내성, 보루와 장대는 없다. 평면크기는 17,000 ㎡이다.

나. 축조방법-치가 없는 단순한 구조인데, 성벽은 자갈돌로 높이 1~1.5m가량 세웠다. 문지는 2곳으로 성벽을 절개해서 만들었는데, 서로 마주보고 있다.

다. 용도-다각형 성곽은 취락을 위해서 축조되었다.

라. 기원과 연대-유적에서 연대를 판단할 수 있는 유물은 확인되지 않았기 때문에 연대와 문화적 특징 등은 논하기 힘들다. 단지 평면형태로 볼 때 발해의 평지성 일종으로 연해주 남부 지역에서도 확인된다. 아마도 다각형 평면형태는 중국 전통인 방형 평지성에서 기원했을 것인데, 이 성곽보다는 좀 더 늦은 시기에 나타난 것으로 9세기보다 올라가지 않을 것으로 판단된다.

다각형 평지성은 발해의 특징으로 생각되는데, 발해가 중국과는 다른 스스로를 나타내기 위해서 '국내법'을 만들었을 때 나타난 것으로 생각된다. 이 기간에는 신생한 통구 만주국가가 영역을 확장하고 있을 때인데, 말갈족의 후손들도 포함된다. 평화로운 시기는 아니었고, 중국 사서에 남아 있듯이 발해가 중국에 사신을 몇 번에 파견하기도 했다. 또한 거란족과 충돌

이 있었을 때는 방형보다는 좀 더 넓을 필요가 있었다. 그런 결과로 평면형태 다각형의 성이 출현했을 가능성이 있다.

(3) 개방형 성

소볼레프카 강 하류의 해안 단구대 위에 위치한 우스티-소볼레프스코예 유적만이 해당된다. 성 주변이 절벽이어서 성벽을 모든 면에 돌릴 필요가 없어 직립 평행하는 성벽이 몇 개 있는 모양이다.

가. 평면형태- 내성과 보루, 장대 등이 없고, 단순하다.

나. 성벽의 축조방법-치와 문지가 없는 석성이다.

다. 용도-취락의 방어용

라. 문화적 특징과 연대-출토되는 유물은 말갈 트로이츠코예 그룹에 속하는 것으로 7~8세기보다 이르지 않다.

마. 기원-원래의 지역적인 특징과 혼합된 양상이다. 성의 입지는 중국과 발해의 전통과 같다. 성벽의 모양이 곳에 따라서 축조되었기 때문인데, 이와 같은 경우에 발해와 말갈 중에서 트로이츠코예 유형과의 혼합된 양상이다. 발해가 국가영역을 넓혀 갈 때 소볼레프카 강 유역의 일부지역에서 연해주 동북지역의 새로운 영역에서 지역민과 마찰이 있었던 것으로 판단된다.

평지성은 성의 자체적인 발달뿐만 아니라 역사적 사실과 고고학적 사실을 함께 해석할 수 있다는 점에서 중요하다. 가장 전통적인 형식은 방형성으로 중국의 영향을 받은 발해의 것으로 8세기 초를 올라가지 않는다. 방형성에서 발달한 다각형 평지성은 방형성에서 두 모서리를 잘라낸 형태로 지형학적 입지와 방어기능 때문에 이런 모양으로 발전했다.

유적의 지형과 고고유물로 보아서 발해의 초기에는 아주 평화로웠다. 주로 강의 중 하류역에 분포하는데, 주민들은 농경과 목축, 사냥, 어업 등을 행하였다. 연해주 동북지역의 방형 평지성에 있다는 사실은 이곳까지 아주 빠른 속도로 발해의 영역으로 편입되었다는 것을 증명한다. 유물로 판단컨대, 연해주 북동지역에 존재하던 행정관청은 현 급이었을 것이다. 성의 크기나 내성의 존재 등으로 보아서 드지기토프스코예 성이 현의 행정관청이 역할을 수행했다.

현의 경계는 방형 평지성과 고개에 위치한 산지성의 위치 등으로 가늠할수 있다. 주로 제르칼나야, 루드나야, 드지기토프카, 부루실로프카, 말라야 케마 강 가에 위치하고 있다. 남서와 서쪽의 경계는 베뉴코보 고개로 들어가는 베뉴코프스코예 성과 포드네베스노예 고개로 들어가는 포드네베스노예 성이 있다.

동쪽의 경계는 바시코프스코예와 클류치 성지가 동해를 지키고 있다. 남쪽 경계는 2개의 석성인 스미르코프 클류치와 자볼로트나야 성이 있고, 평지성으로는 세레브랸카 강 유역 말라야 케마 성이 있다.

그러나 북쪽에서는 발해인과 트로이츠키 말갈인과의 저항이 만만치 않았는데, 곶 성이 이를 대변한다고 할 수 있다.

3) 곶 성

설상으로 뻗은 곶 위에 위치하는데, 청동기시대(리도프카 문화와 다른 문화) 20곳과 말갈 문화 및 발해유적에서도 확인된다.

평면형태에 따라서 궁형성, 'ㄷ'자형 성, 부정형 폐쇄형 성곽으로 구분된다(표 17).

(1) 궁형 성

이 형식의 성지는 자연의 입지에 따라서 성벽의 평면형태가 궁형이다.

곶 성 가운데서 가장 단순한 형태로 모두 16개로, 고르노레첸스코예-1, 고르노레첸스코예-2, 우스티-제르칼노예, 두브로빈스코예, 켐스코예-스칼리스토예, 미스 알렉산드라, 우툐스노예, 쿠댜, 데두스킨 클류치, 미스 테플리이, 쿠즈네쵸프스코예, 오아시스, 미스 스트라시느이, 우스티-페야, 예딘킨스코예, 우스티-벨렘베 성곽 등이다.

가. **평면형태.** 성은 장대, 보루와 내성이 없는 매우 단순한 형태이다. 미스 스트라시늬이, 우스티-제르칼노예와 같이 자연적 단구대 위에 취락을 경계 짓기 위해서 축조되었다. 성의 평면형태는 개방형으로 궁형인데 규칙적이지 않다. 가장 큰 곳은 미스 스트라시늬이(28,000㎡)이고 가장 작은 곳은 우스티 제르칼노예(15,000㎡) 유적이다.

나. **성벽의 축조방법.** 이 형식의 성은 매우 단순한데 성벽은 다음과 같이 축조된다.

① 토성벽(쿠즈네쵸프스코예 성벽)

② 토석혼축벽(미스 스트라시늬이, 미스 테플리이, 쿠댜, 우툐스노예, 켐스코예-스칼리스토예, 우스티-제르칼노예, 두브로빈스코예)

③ 돌로 비스듬히 쌓고 흙으로 채우는 성벽(고르노레첸스코예-1)

④ 토석 혼축벽이 기본이고, 돌을 깔아 놓은 곳이 있는 성(우스티-벨렘베)

⑤ 석성(데두스킨 클류치)

성벽의 높이는 0.3~1.5~2m가량이다. 깊이 1m가량의 환호가 있는데, 이 곳으로부터 흙을 퍼 올렸다.

곶 성의 문지는 3가지로 나눌 수 있다.

① 단순 절개면(미스 스트라시늬이)

② 부가성에 설치된 문지(미스 테플리이, 쿠즈네쵸프스코예)

③ 문지가 없는 것

다. **용도.** 모든 성은 취락을 경계하며 방어하는 역할이다.

라. **특징과 연대.** 평면형태 궁형의 곶 성은 최소한 세 개의 고고문화와 관련이 있고, 청동기시대 및 중세시대와 관련이 있다.

A. 청동기시대의 성. 모두 9개가 해당된다(우스티-제르칼노예, 두브로빈스코예, 켐스코예-스칼리스토예, 미스 알렉산드라, 우툐스노예, 쿠댜, 데두스킨 클류치, 스트라시늬이, 우스티-벨렘베 등이다).

강의 하류와 해안가에 위치한다. 시굴이나 지표조사에서 출토된 고고유물은 대부분 리도프카 문화의 것으로 생각되며, 탄소연대에 따라서 기원전

표 17. 꽃 성 가운데 궁형 성

유적	평면형태	평면적 (㎡)	성벽			성의 내부			용도	문화	연대
			축조방법	높이(m)	문지	외면	내성	부루			
고르노뻬쩨스꼬예-1		2,500	토석혼축	1.5	단순	장대없음	·	·	방어용	발해	7~10세기
고르노뻬쩨스꼬예-2		4,000	토석혼축	·	·	장대없음	·	·	취락방어용	발해	7~10세기
우스티-제르깔노예		1,500	자갈과 돌	1	·	장대없음	·	·	취락방어용	청동기시대-리도쁘까 문화	기원전 10세기
두브로빈스꼬예		3,200	토석혼축	1	·	장대없음	·	·	취락방어용	청동기시대-리도쁘까 문화	기원전 10세기
쩨스꼬예-스발리스또예		2,000	토석혼축	0.5	·	장대없음	·	·	취락방어용	청동기시대-리도쁘까 문화	기원전 10세기
미스 운쳰산드르		·	토석혼축	2	·	장대없음	·	·	취락방어용	청동기시대-리도쁘까 문화	기원전 10세기
우또스노예		·	토석혼축	1.5~3	단순	장대없음	·	·	취락방어용	청동기시대-리도쁘까 문화	기원전 10세기
꾸디		·	토석혼축	0.3~0.4	·	·	·	·	취락방어용	청동기시대-리도쁘까 문화	기원전 10세기
미두스킨 골류지		·	토석혼축	0.5	·	·	·	·	취락방어용	청동기시대-리도쁘까 문화	기원전 10세기

유적	평면형태	평면적(㎡)	성벽			성의 내부			용도	문화	연대
			축조방법	높이(m)	문지	외면	내성	보루			
미스 테플리이	∪	7,200	토석혼축	0.5~0.7	복잡	장대없음	·	·	취락방어용	말갈	10세기
쿠즈네쵸프스코예	∪	7,000	토벽	1~1.5	복잡	장대없음	·	·	취락방어용	말갈	10세기
오아시스	∪	·	·			장대없음	·	·	취락방어용	말갈	10세기
미스 스트라시느이	∪	280,000	토석혼축	1~1.5	단순	장대	·	·	취락방어용	청동기시대~리도프카 문화	기원전 10세기
우스티-페아	∪	·	토석혼축			·	·	·	취락방어용	·	·
예딘킨스코예	⊓	7,500		3~5	·	장대없음	·	·	취락방어용	말갈	10세기
우스티-벨렘볘	∪	3,600	토석혼축	1.5	·	장대없음	·	·	취락방어용	리도프카	기원전 10세기

10세기 후반으로 생각된다(미스 스트라시느이, 우스티-제르칼노예, 두브로빈스코예, 쿠댜, 우스티-벨렘베 유적). 우툐스노예 성에서는 지두문이 찍힌 토기가 출토되었는데, 이는 아무르 강 하류의 초기 철기시대 문화인 우릴 문화의 특징을 보이는 것도 있다.

러시아 연해주의 청동기시대 말기는 아주 복잡한 상황이었다. 리도프카인은 내륙에 주로 거주했다. 이들이 강 하류와 바다의 항구 등에 성곽을 지은 것은 적으로부터 막기 위한 것이다. 같은 시기에 연해주 남부 해안가에 살던 사람은 얀콥스키인데, 많은 리도프카 문화에서 그들의 흔적이 확인된다(블라가다트노예-3, 쿠날레이스코예 성지의 5~7번 유형 등).

또한 아무르 강 하류의 우릴 문화가 확인되는 것은 이 지역까지 아무르지역인이 왔다는 사실도 흥미롭다. 이들은 새로운 환경에 놓이게 되면서 그들의 고향에서는 짓지 않았던 성을 축조할 필요가 있었던 것으로 보인다. 현재까지도 아무르 강에서 우릴 문화에 해당하는 성은 확인되지 않는다.

B. 중세시대의 성

연해주 북동지역에서 곶 성에 해당하는 유적으로 말갈과 발해 문화의 것이 있다.

말갈 문화는 평면형태 궁형으로 강과 바다의 곶에 설치되는 된다(미스 테플리이, 쿠즈네쵸프스코예, 오아시스, 예딘킨스코예 성지). 유적의 입지는 강의 중류(쿠즈네쵸프스코예), 해안가 단구대(미스 테플리이, 오아시스, 예딘킨스코예 성지)인데, 방어나 보호가 필요한 교통로의 문지역할을 하던 곳이다.

대량의 유물이 출토되었는데 말갈과 관련된 것으로 성은 말갈의 것이다. 성은 다른 어떤 돌을 섞지 않은 순수한 토성(쿠즈네쵸프스코예 성곽)과 성에 문지를 설치하는 성(미스 테플리이, 쿠즈네쵸프스코예 성곽)이 있다.

성 내부에서 시굴조사 되거나 지표조사 된 말갈유물은 연해주, 아무르 강 유역, 중국 동북지방에서 확인되는 말갈 문화의 것과 같다. 그 중에는 북한의 동북지역, 사할린과 일본의 홋카이도에서 출토되는 유물도 있다.

발해는 말갈족을 밑바탕으로 세워진 국가로 9세기까지 오랑캐현을 편입함으로써, 그들의 땅을 스스로 편입시켰다. 당연히 발해의 정치는 말갈족과 고아시아족 등의 저항을 불러 일으켰다.

그러나 미스 테플리이 유적에서 출토된 유물은 블라고스로베노예-2(Бл агословенное-2, Blagoslovennoye-2), 쿠르쿠니하(Куркуниха, Kurkuniha), 툰젠(Тунжэнь, Tunjeni) 등에서 출토된 토기와 비슷하다. 이들 유적의 탄소연대 측정 결과 4~5세기에 해당되는데, 말갈 문화의 것과는 상응하지 않는다. 이와 같은 정황은 말갈인과 고아시아인 모두 이 유적을 이용했던 미스 테플리이 유적이 유일하다.

제르칼나야 강 유역의 고르노레첸스코예-1과 고르노레첸스코예-2 유적은 발해시기의 곶 성에 해당된다. 고르노레첸스코예-2 유적은 러시아과학아카데미 극동분소에서 연속발굴을 하고 있고, 발해의 것으로 규명되었다. 이 두 성은 소형(2,500㎡와 4,000㎡)이고 장대, 보루와 내성 등이 없는 성지로 취락용으로, 취락을 방어하기 위해서 축조된 것이다.

곶 성은 원주민(말갈인)의 축조기법을 따르고 있다. 여기에 말갈성의 존재는 그들이 9세기 어느 때 쯤 발해국가의 구성원이 되었다는 것이 입증되었다.

중국 사서에 따르면 성 축조시에는 지역 기술자나 혹은 군인 들이 지휘한 것으로 생각된다. 유적 중에서 가장 큰 주민 마을이나 성을 주 혹은 현으로 불렀을 것이다(보로비요프 1975).

(2) 'ㄷ'자형 성

'ㄷ'자형 성은 방어용으로 축조되었는데, 현재는 모노마호프스코예 성지 하나만이 해당된다. 크기는 7,000㎡이다.

가. 평면형태. 단순한데, 내성과 보루, 장대시설 등이 없다. 성안에서는 온돌이 설치된 주거지가 확인되었다.

나. 성벽의 축조방법. 치가 없는 성벽으로 지형적인 영향으로 성벽의 평

면형태는 매우 복잡하다. 한쪽은 편평하고 다른 쪽은 지형에 따라서 울룩불룩하다. 절벽과 맞닿은 부분에는 성벽이 없다. 성벽에서 위험한 부분에는 부가성벽과 해자를 설치하였다. 성의 높이는 부분마다 다른데 최대 높이는 1.5m이다.

성지의 문은 적대가 있고, 이를 지나면 바로 길로 통하게 되어 있다.

성벽은 돌과 흙을 혼합해서 축조했다. 부분적으로 성의 모서리는 돌을 비스듬하게 쌓았다.

다. 연대. 모노마호프스코예 성을 연속적으로 발굴한 결과, 발해 문화의 마지막 시기로 9~10세기에 해당하거나 혹은 발해 이후까지도 존재한다.

라. 기원. 성은 곶 위에 위치하고 부가성과 그 곳에 문이 설치된 'ㄷ'자형 평면형태로 보아서 기원은 혼합되는 양상이다. 평지의 방형성은 말갈인에게 새로운 것이었다. 자연적인 방어기능이 있는 곳을 입지로 선정한 것은 원주민의 전통이다. 그러나 성의 모서리를 직각으로 축조한 것, 지형을 그대로 이용하는 것, 성벽을 돌로 경사지게 쌓는 것, 문지에 적대를 설치하는 것은 발해 전통으로 이 지역에 새롭게 들어온 것이다. 결과적으로 이러한 성이 들어설 때는 국가가 평온하지 못하고 전운이 감 돌때였을 것이다.

⑶ 폐쇄형 성

성벽이 사방으로 다 돌아가는 형태인데 고르노레첸스코예-3, 우스티-일모, 소욘스코예 성지등이 해당된다. 성의 평면형태는 방형과 다각형이 있다.

A. 방형성

방형 평면형태는 우스티-일모, 소욘스코예, 성곽이 해당되는데, 평면크기는 소형으로 단구대나 혹은 언덕의 가장자리에 위치하며, 대체적으로 성벽의 모서리가 4개인 평면형태 방형이다.

평면형태는 단순하며, 성벽에 내성, 보루와 장대 등이 없다. 치가 없고 우스티 일모 성에는 좀 더 방어가 필요한 곳에 부가성과 해자를 설치하였는데, 특히 문지에는 적대를 설치했다. 토석 혼축성벽으로 부분적으로 돌을 비스듬하게 쌓았다. 취락을 방어하는 용도로 축조되었다. 지표조사 된 유물로 판단컨대 폐쇄형 방형성은 발해의 늦은 시기로 9세기를 올라가지 못하며, 발해 이후의 가능성도 있다.

기원. 평지의 방형성을 단구대나 언덕에 평지성을 그대로 모방해서 축조했다.

B. 다각형 성

고르노레첸스코예-3 성지로 문지가 없다.

평면형태는 단순한데, 육안으로는 어떤 시설물도 확인되지 않는다. 평면형태는 오각형이다.

성벽의 축조방법. 치가 없는 석성으로 높이는 0.5m 정도이다. 용도는 제르칼나야 강 유역을 통제하는 보호 감시용이다. 문화의 특징과 연대는 유물이 부재하기 때문에 평면형태로 밖에 판단할 수 없는데 발해의 평지성과 비교해 볼 수 있다.

곶 성은 모두 세 개의 형식으로 나눌 수 있는데, 궁형 성, 'ㄷ'자형 성, 폐쇄형 성 등이다. 연해주 동북지역에서 가장 오래된 성은 궁형성이다. 이곳에는 기원전 1천년기 중반에 청동기시대의 리도프카 문화인이 살았는데, 그들을 원주민으로 부를 수 있다. 그 이후 중세시대 초기에 초기에 퉁구-만주족(말갈)도 거의 변함없는 성을 축조했다.

그런데 곶 성을 가장 효과적으로 성공적으로 발달시킨 것은 동하국의 여진족인데, 험준한 곳을 그대로 이용하는 입지선택에 중국 건축 기술을 받아들인 것이다. 따라서 곶 성의 형식에서 새로운 것으로 따로 분리했고, 평지성이나 산지성과는 다른 입지에 세워진 성으로 볼 수 있다.

참고문헌

아르세네프, 1947, Арсеньев В.К. Памятники старины в Уссурийско
м крае и Маньчжурии. Соч. Т. 4. Примиздат, 1947. С. 313-
318.

부세, 1888, Буссе Ф.Ф. Остатки древностей в долинах Лефу, Дауб
ихэ и Улахэ. Т. 1. С. 27., 1888.

브로댠스키, 1965, Бродянский Д.Л. Укрепленное поселение культ
уры раковинных куч на острове Петрова // 8-я конференц
ия молодых ученых Дальнего Востока. Секция обществ. н
аук. Владивосток, 1965.

볼딘, 1994, Болдин В.И. Государство Бохай (698-926 гг.) и племе
на Дальнего Востока России. М., 1994. С. 62.

베뉴코프, 1970, 27 Венюков М.И. Путешествия по Приамурью, Кит
аю и Японии. Хабаровск, 1970. С. 61.

보로비요프, 1975, Воробьев М.В. Чжурчжэни и государство Цзинь.
М., 1975.

보로비요프, 1983, Воробьев М.В. Культура чжурчжэней и государс
тва Цзинь. М., 1983. С. 78.

댜코바, 1993, 20 Дьякова О.В. Происхождение, формирование и ра
звитие средневековых культур Дальнего Востока. Ч. 1-3.
Владивосток, 1993.

댜코바·사크마로프, 1996, Дьякова О.В., Сакмаров С.А. Новый тип у
крепленных поселений // Россия и АТР. 1996, № 3.

댜코바·사크마로프, 2002a, Дьякова О.В., Сакмаров С.А. Строитель
ные приемы укреплений Джигитовского городища // Мат
ериалы по военной археологии Алтая и сопредельных тер
риторий. Барнаул, 2002. С. 158-162.

댜코바·사크마로프, 2002b, Дьякова О.В., Сакмаров С.А. Городищ
е эпохи палеометалла на мысе Страшном // Традиционна

я культура востока Азии. Вып. 4. Благовещенск, 2002. С. 126-140.

댜코바·사크마로프, 2002c, Дьякова О.В., Сакмаров С.А. Первая кам неметная площадка в Приморье (по материалам Куналейс кого городища) // Россия и Китай на дальневосточных ру бежах. Благовещенск, 2002. С. 102-105.

이보츠키나, 2003, Ивочкина Н.В. Медные монеты китайских импе раторов как элемент традиционной культуры // Археолог ия и социокультурная антропология Дальнего Востока и с определьных территорий. Благовещенск, 2003. С. 368.

이블리예프, 1983, Ивлиев А.Л. Городища киданей. // Материалы п о древней и средневековой археологии юга Дальнего Вос тока СССР и смежных территорий. — Владивосток, 1983. С. 120-133.

이블리예프, 1993, Ивлиев А.Л. Изучение государства Восточное С я в КНР // Новые материалы по археологии Дальнего Вост ока России и смежных территорий. Владивосток, 1993. С. 8-17.

이블리예프·아르테미예바, 1996, Ивлиев А.Л., Артемьева Н.Г. Новы е факты в пользу отождествления Краснояровского город ища с Верхней столицей государства Восточное Ся // Тез. докл. и сообщений международ. науч. конф. ⟪Дальний Вост ок России в контексте мировойистории: от прошлого к бу дущему⟫. Владивосток, 1996. С. 101-102.

콜로미예츠, 2002, Коломиец С.А., Афремов П.Я., Дорофеева Н.А. И тоги полевых исследований памятника Глазовка-городи ще // Археология и культурная антропология Дальнего В остока. Владивосток, 2002. С. 142-155.

колломиец, 2003, Коломиец С.А., Афремов П.Я., Крутых Е.Б. Нов ые памятники среднего течения р. Уссу- ри // Археологи

я и социокультурная антропология Дальнего Востока и со
предельных территорий. Благовещенск, 2003. С. 271-278.

코로비, 2003, Коробий Е.Б. Взаимовлияние градостроительных к
ультур на Дальнем Востоке в X-XIII вв. // Археология и со
циокультурная антропология Дальнего Востока и сопреде
льных территорий. Благовещенск, 2003. С. 373-378.

크라딘·니키틴, 2003, Крадин Н.Н., Никитин Ю.Г. Некоторые рез
ультаты изучения средневековых памятников Уссурийск
а // Археология и социокультурная антропология Дальн
его Востока и сопредельных территорий. Благовещенск,
2003. С. 357.

오클라드니코프, 1959, Окладников А.П. Далекое прошлое Приморья.
Владивосток, 1959. С. 268.

판, 2003, Пан Т.А. Первая маньчжурская столица глазами корейс
кого посланника в 1596 г. // Археология и социокультурн
ая антропология Дальнего Востока и сопредельных терри
торий. Благовещенск, 2003. С. 382.

샤프쿠노프, 1968, Шавкунов Э.В. Государство Бохай и памятники е
го культуры в Приморье. Л., 1968. С. 186-191.

샤프쿠노프, 1990, Шавкунов Э.В. же. Культура чжурчжэней-удихэ
XII-XIII вв. и проблема происхождения тунгусских народо
в Дальнего Востока. М., 1990. С. 55-70.

샤프쿠노프, 2000, Шавкунов В.Э. Средневековые городища южно
й части Приморского края // История и археология Даль
него Востока. К 70-летию Э.В. Шавкунова. Владивосток,
2000. С. 166-173.

Nikitin Y.G., Kliuyev N.A. Ancient Walled and Moated Sites of
Primorye Region — from Bronze Age to Early States. In シンポ
ヴム極東考古學から弥生時代を考る, 2001/12/22. 九州大學大學院人文科
學研究員考古研究室 С. 33-64.

제4장
연해주 동북지역의 고대 교통로

극동 고고학에 있어서 선사시대 및 고대의 교통로에 대한 연구는 거의 없다. 시호테 알린 산맥에 대한 교통로는 중국 사서에 언급되어 있고, 키차노프(1966), 보로비요프(1975), 타스킨(1968), 샤프쿠노프(1968) 등도 이를 인용했다. 하지만 이러한 정보는 만주와 한국과 관련된 것이 더 많다. 연해주와 아무르 지역까지는 거의 언급되어 있지 않다.

때문에 러시아 극동에 대한 고대 교통로 및 도로망에 대한 정보는 러시아인으로 처음 이주한 러시아인이자 군인장교들에 의해서 연구되었다. 아무르 강에서 동해안으로 가는 길은 베뉴코프가 자세하게 기록한 바 있다(베뉴코프 1970).

가장 주목할 수 되는 것은 아르세네프의 연구이다. 그는 시호테 알린 산맥을 여러 번 조사하고 이를 기록했다. 퉁구스-만주족과 고아시아족의 교통로 뿐만 아니라 선사시대와 중세시대의 남아 있는 도로에 관한 것이 망라되어 정리되었다. 그는 고개로 넘어가는 도로가 있으면 반드시 그곳에 성곽이 있을 것이라는 것을 알 정도로 많은 조사를 했고, 그 경험을 기록했다(아르세네프 1950, 베뉴코프 1970).[1] 그의 연구 및 기록은 100년이 지난

---

1) Арсеньев В.К.. Военно-географический и военностатистически
   й очерк Уссурийского края. 190119011 гг.

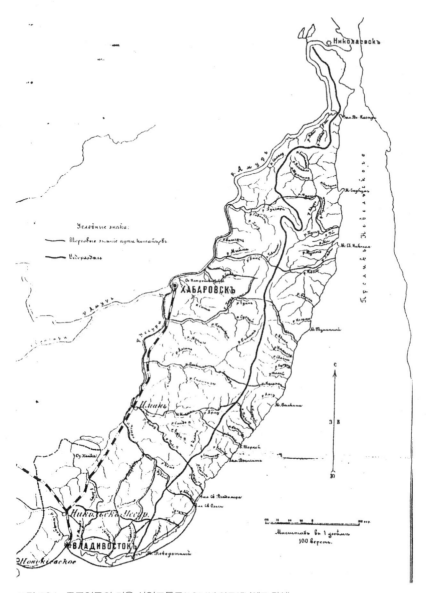

그림 134. 중국인들의 겨울 상업교통로(1914년 아르세니에프 작성)

1970년대 솔로비예프의 『Китайские отхотники и их географич еские названия в Примпрье』에서 아르세네프가 시호테 알린 산맥을 조사하고 발견한 성곽을 사냥꾼이 물물교환을 하던 교통로(그림 134)로 소개했다(솔로비예프 1973).

1. 고고학적으로 판단할 수 있는 교통로

선사부터 발해~여진시기의 교통로에 대한 연구가 적은 것은 이와 관련된 고고학적 유물이 거의 없다는 것도 하나의 이유일 것이다. 교통로는 가족, 종족, 국가 등 각기 다른 인간의 요소 등을 하나로 연결해 주는 가족혈통 시스템이 그대로 표현된 것이다.

행정, 군사, 생계경제 등 어떠한 목적이라도 어떠한 영역에 닿기 위해서는 길이 있어야 통할 수 있다. 당연히 교통로에는 표시가 있어야 한다. 아마도 바위에 그림을 그릴 수도 있고, 도로의 역참이나 중요한 곳에 건물도 표식이 될 수 있다. 도로는 보통 마을 가까이 설치되고, 도시 및 상업의 중심지 등과 관련되어 있다. 그래서 도로에는 감시하고 보호하기 위한 것들이 생길 수 밖에 없다. 도로 자체에는 흔적이 남게 되는데, 돌로 세운 표시나 표식, 터널 등이 있다. 간접적으로는 수레의 부속품-마차 바퀴의 마개 등도 판단의 대상이 된다. 혹은 같은 혹은 다른 종족의 기마병이나 수입된 상품 등을 통해서도 교통로의 존재에 대해서 간접적으로 판단가능하다.

상기한 것은 선사시대 및 고대의 교통로를 복원할 수 있는 흔적으로 도로와 관련된 고고학적 특징이라 할 수 있다. 당연히 교통로는 그 지역의 지형학적 특징과 관련이 많다.

2. 시호테 알린 산맥의 지형학적 특징

시호테 알린 산맥은 해안가를 따라서 북-북-동 방향으로 1,200km가량 뻗고, 8개의 연맥으로 이루어져 있는데, 너비는 300km에 달한다. 가운데 높이는 800~1,000m이고, 가장 높은 부분(2,078m)은 시호테 알린 산맥의 중부지역으로 토르도키-야니 산이다. 연해주의 동북지역은 시호테 알린 산맥을 기준으로 영동과 영서로 나뉜다. 아르세니에프는 시호테 알린 산맥에 22개의 고개가 있다고 했지만, 현재 지도에서는 15개만 확인된다. 산맥의 서쪽 방향으로 흐르는 강(우수리, 이만, 비킨, 호르)은 길고 강류량이 많은데, 산맥에서부터 시작해서 아무르 강으로 흘러간다. 산맥의 동쪽으로 흐르는 강(제르칼나야, 루드나야, 드지기토프카, 세레브랸카, 타요지나야, 케마, 암구, 에딘카, 사마르가, 코피 강)은 짧고 유속이 빠른데, 동해와 타타르 해협으로 흘러간다. 시호테 알린 산맥에는 나지막한 언덕은 없다. 시호테 알린 산맥의 영서지역은 아무르 강과 관련있고, 영동은 태평양과 관련이 있다. 따라서 시호테 알린 산맥의 지형학적 특징은 산과 통하는 러시아 극동지역의 주요 교통로의 방향설정과 관련이 깊다.

3. 해안로

앞서 설명한 고고학 유적은 시호테 알린 산맥의 동북지역에서 강을 따라서 움직이는 육로인 해안로와 뱃길 2개의 교통로가 설명 가능하다. 해안로를 복원할 수 있는 강은 모두 20개로 남쪽의 제르칼나야 강에서부터 700~800km 떨어진 가장 북쪽의 사마르가 강이다. 필자는 지난 35년간 이 지역을 선사시대부터 발해, 여진까지 고대 교통로와 관련된 유적을 연구했다(지도 1, 그림 131).

1) 제르칼나야 강 유역

강은 동해의 만으로 흘러가며, 직선거리로 약 80km가량이다. 지형학적 특징 때문에 연해주에서 아무르 강 유역으로 넘어가는 것은 고개를 통하는 것이 편했다. 베뉴코바 고개는 청동기시대부터 남서쪽과 서쪽을 동쪽과 연결하는 길목이었던 것으로 보이는데, 이 시기의 성곽은 확인되지 않았고 리도프카 문화의 마을유적이 확인된다. 발해의 성은 확인되었다. 고개는 아무르 강 유역으로부터 들어오는 길로서 우수리 강과 지류인 파블로프카(Павловка, Pavlovka) 강도 이곳과 통한다. 서쪽에서부터 들어오는 도로는 우수리 강 유역의 절벽성인 미스-우보르카(Мыс-Уборка, Mys-Uborka), 시부차르(Сибучар, Sibuchar), 벨쵸프스코예(Бельцовскоe, Bel'tsovskoye) 성으로 알 수 있다. 이곳은 아무르 강에서 바다로 가는 길로 가려면 반드시 지나야 한다.

베뉴코프가 이곳을 잘 이용했다. 그는 길 원주민이 지나다니는 길 뿐만 아니라 중국인 사냥꾼 등이 이용하는 길도 잘 알았다. 제르칼나야 강 유역에서 고개에서부터 바다로 들어가는 길은 여러 지점에서 확인되는 청동기시대 리도프카 문화의 마을 유적인 오를노예 그네즈도(Орлиное гнездо, Orlinoye gnezdo), 제르칼나야-카리에르(Зеркальная-Карьер, Zerkal'naya-Kar'yer), 우스티노프카(Устиновка, Ustinovka)-4, 수보로보(Суворово, Suvorovo)-3, 4, 6, 8, 퍄느이 클류치(Пьяный Ключ, P'yanyy Klyuch), 우스티-제르칼노예(Усть-Зеркальное, Ust'-Zerkal'noye)-4, 우스티-제르칼노예 성곽(댜코프 1989) 등으로 보아서 선사시대부터 길이 있었다는 것을 알 수 있다.

그리고 제르칼나야 강의 해안로 표식이 되는 곳은 절벽산지성인 스칼라데르수 성곽이다. 청동기시대부터 마을이 있었던 주변 지역을 감시하고 마을을 보호하는 기능의 역할을 했다. 자연적인 입지 탓에 성벽은 따로 설치되지 않았다.

제르칼나야 강의 하류는 북쪽, 동쪽, 남동쪽으로 여러 지류로 나눠진다. 동쪽은 제르칼나야 강의 본류로 동해로 흘러가는데 우스티-제르칼노예 성이 문지 역할을 한다. 남동쪽은 사도비이 클류치 강과 부루실로프카 강의 상류와 맞닿아 있다. 아르자마소프카(Арзамасовка, Arzamasovka) 강은 동해의 올가(Ольга, Ol'ga) 만으로 흘러간다. 북쪽의 지류는 제르칼나야 강에서 테튜힌(Тетюхин, Tetyukhin) 고개로 남아가가서 루드나야 강의 지류인 모나스트르카 강 계곡까지 이어진다. 이 길은 1950년대에서 1960년대까지도 이용되었던 것인데 지역주민들은 'Богопольская тропа(역자 주. 신의 풀밭길)'이라고 명명하였다. 현재는 걸어 다니거나, 수레, 스키 혹은 말을 타고 갈 수 있을 정도로 좁다.

말갈인들의 길에 대한 존재는 발해와 여진에 대한 역사적 기록에 남아 있다. '수서'에서 7세기 후반의 흑수말갈족에게는 이근행(李謹行)이라는 군인이 있었다. 그의 아들과 함께 중국과의 물자교류를 위해서 석도(石道)를 만들었는데,[2] 시기는 발해건국 이전이라 한다(보로비요프 1975, 샤프쿠노프 1968).

퉁구스-만주 국가인 발해는 지방 행정구역을 포함해서 자신의 전체 영역에 육로를 만드는 것에 아주 능했다. 길은 세금을 걷고, 각 지방 간의 상업활동, 국민과 국가의 경계를 통제하는데 필요할 뿐만 아니라 외교활동, 정치활동, 가까운 국가나 먼 국가 간의 상업 교류나 군사적 목적 등에도 필요하다.

발해의 영역은 북쪽에서 남쪽까지, 동쪽에서 서쪽까지 2,500km로 거의 '방형'이다. 발해의 북동쪽은 바다, 남동쪽은 통일신라, 서쪽은 거란족

---

2) 역자 주. 그러나 이에 대해서는 반대하는 의견도 있다. 구당서 말갈전의 석도는 이근행을 적석도경략대사로 입명했다로 보는 것이 옳다(샤프쿠노프 E.V.(송기호, 정석배 역), 1996).
   샤프쿠노프 E.V.(송기호, 정석배 역), 1996, 『러시아 연해주와 발해역사』, 민음사.

과 국경을 접하고 있었다. 역사서에는 발해의 육상로에 대해서 기록했는데, 신라도, 거란도, 영주도, 일본도가 있다(샤프쿠노프 1968). 중국 역사서에는 여진의 길에 대해서 '여진의 땅에서 시작해서 안출호수(按出虎水) 안추후 유역을 지나 농안부를 건너는데 이것이 원래 자신의 영역이다. 길은 30개 정도가 있다'고 기록되었다(보로비요프 1975).

발해~동하국에 걸쳐서 작동했던 제르칼나야 도로는 베뉴코프스코예, 고르노레첸스코예-1~3, 시바이고우, 보고폴예, 사도비이 클류치, 부루실로프스코예, 제르칼느이, 파디 시로카야 성벽 등이 관련되었고, 전체가 하나의 도로망으로 연결되어 다른 지역과 고립되지 않았다. 서쪽과 남서쪽은 우수리 강과 그 지류인 볼샤야 우수르카 강, 파블로프카 강, 쥬라블레프카(Журавлевка, Zhuravlevka) 강이 연결되어 베뉴코보 고개를 통과하면 커다란 교통로이다. 그곳에는 콕샤로프크코예(Кокшаровское, Koksharovskoye)-1~3, 사라토프스코예(Саратовское, Saratovskoye)-1,2, 우보르카-돌린나야(Уборка-долинная, Uborka-dolinnaya), 쥬라블레프스코예(Журавлевское, Zhuravlevskoye), 오크라인카(Окраинка, Okrainka), 플라호트뉴킨스코예-돌린노예(Плахотнюкинское-Долинное, Plakhotnyukinskoye-Dolinnoye), 플라호트뉴킨스코예-고르노예(Плахотнюкинское-Горное, Plakhotnyukinskoye-Gornoye) 성 등이 자리 잡아서 대규모 교통로가 있었으며 발해 및 동하국과 관련되어 있다.

발해는 대무예(719~737)와 대인수(818~830)가 새로운 영역을 확장하고 그 곳에 솔빈부를 세웠다. 그런데 각기 다른 지역의 주민들을 이주 시키고 정착시키기 위해서 그들을 통제해야만 한다. 다른 어떤 장소보다도 베뉴코보 고개를 통해서 산으로 들어가는 문지 역할을 하는 곳을 통제해야만 했다. 산의 고개마루를 지키기 위해서 여러 성곽이 들어섰고, 군사적 목적 등 때문에 여러 장소에 성곽 뿐만 아니라 사원도 축조하게 되었다. 19세기 말에 아르세니에프는 이곳에 사원이 있었다고 기록한 바 있다.

발해시기와 발해 멸망 후 시기까지 제르칼나야 강 유역에 고르노레첸스코예-1~3, 보고폴예, 사도비이 클류치 성지와 시네고르(Синегорье, Sinegor'ye)-1,2 유적, 우스티노프카 폴랴(Устиновка поля, Ustinovka polya) 취락 유적이 존재했다. 보고폴예 성곽에서 출발한 길은 두 갈래로 나눠지는데, 하나는 북쪽으로 테튜힌 고개로 넘어간다. 이 고개를 통해서 루드나야 강 유역의 모나스트르카 강 쪽으로 갈 수 있다. 다른 하나는 동쪽 방향으로 바다쪽 제르칼나야 항구로 가는 길이다. 바다로 가는 길에는 경계성이 있어서 이 길을 통제한다.

동하국에 편입되었을 때, 시호테 알린 산맥에서 가장 큰 성지 중에 하나인 시바이고우 성지가 축조되었다. 여진족이 베뉴코보 고개를 넘어서 이곳까지 들어왔고, 여진족은 도로를 만드는데 매우 능했다. 그들은 자신들이 만든 일종의 아스팔트를 도로에 깔아서 아주 단단하게 만들었다.

필자는 쿠날레이스코예 성곽에서 이를 뒷받침 할 수 있는 것을 발굴을 통해서 발견한 바 있다. 여러 해 동안 발굴했는데, 궁성지 같은 큰 건물과 성벽 사이에 2~3cm 두께로 매우 단단하게 다진 흙을 자갈돌 위에 깐 것을 발견할 수 있었다.

아마도 여진족은 중국과의 전쟁 이후에 북쪽으로 통하는 육로를 만들었다. 여진족은 다른 퉁구스-만주족(말갈, 만주족, 우데기족, 나나이족)과 마찬가지로 육로를 더 선호한 것으로 생각되지만, 한편으로 강을 따라서 배를 타고 이동하는 것에도 아주 능했다. 예를 들면 우데기족은 1950년대까지 배를 타고 강을 거슬러 올라갔고, 발해인들은 육로와 수로 모두를 이용했다. 여진족은 여름에는 배를 타고 이동하고, 겨울에는 얼어붙은 강 위를 걸어서 이동했다. 여진족에게는 두 수로 사이를 마차를 이용해서 육로로 이동하는 방법이 잘 알려져 있다. 강 상류에서는 말을 이용하기도 한다. 그리고 가장 힘든 곳에서는 소를 이용하기도 하였다. 이것은 고고학적 유물로 남아 있는데 마차 바퀴의 뚜껑 등이다. 수레 이용에 대한 흔적은 퉁구스-만주족의 언어에도 남아 있는데, 몽골어와 여진어의 '마차'는 거의 유사하다. 두 수로를 이동하는 것은 큰 수레를 이용할 수 있고, 강을 빨리 건널 수 있다. 중국에서는 25km마다 역참을 둔다.

하지만 동하국의 여진족은 새로운 영역에서 성 축조를 서둘러야 해서 이런 중국의 방법을 택하지 않았을 것이다. 그러나 성곽 안의 큰 건물에서는 문에 이르기는 '대로'는 반드시 만들었다. 물론 지형적 특징으로 인해서 문의 위치는 바뀔 수 있는데, 앞으로 해결해야 할 과제이다.

종합하면, 제르칼나야 강 유역의 교통로는 동서남북 방향으로 다 통하고 있다. 서쪽에서는 베뉴코바 고개를 통해서 우수리 강 유역과 통하는 길이고, 북쪽에서는 테튜힌 고개를 통한 길, 남쪽은 부루실로프카 강의 상류를 통하는 것이다. 동쪽은 제르칼나야 항구를 통해서 바다로 가는 곳과 통하고 있다.

2) 루드나야 강 유역

루드나야 강 유역은 시호테 알린 산맥의 영동지역인데, 이 강 유역의 서쪽은 볼샤야 우수르카 강의 지류와 맞닿은 곳이다. 강 상류 지점에서 이곳으로 통하는 길이 있지만 산이 높고 험준하기 때문에 이곳에는 고고학적 유적이 없다.

청동기시대 리도프카 문화의 유적[모나스트르카-1~4, 루드나야 프린스탄(Рудная Пристань, Rudnaya Pristan'), 므라모르나야(Мраморная, Mramornaya), 미스 브린네라(Мыс Бриннера, Mys Brinnera), 루체이 페르보마이스키(Ручей Первомайский, Ruchey Pervomayskiy), 달네고르스크-투르바자(Дальнегорск-турбаза, Dal'negorsk-turbaza), 보엔느이 고로독(Военный городок, Voyennyy gorodok), 도조르나야(Дозорная, Dozornaya), 프리모르스카야(Приморская, Primorskaya)-1, 2, 보도라즈젤나야(Водораздельная, Vodorazdel'naya) 유적)]은 이 강의 중류와 하류 역에 위치한다.

이 지역에 접근하기가 쉬운 방법은 유일하게 남쪽에서 오는 곳이다. 테튜힌 고개를 통해서 이 곳으로 들어오면 모나스트르카 강으로 갈 수 있는데, 바다로 가는 아주 적합한 길이다.

루드나야 강의 하류에서 북-북-서쪽으로 방향으로 틀면 높지 않은 리도프카 고개가 있다. 고개를 통해서 내려가면 리도프카 강의 하류까지 이르고, 그 곳에 청동기시대 유적인 리도프카-1 유적과 두브로빈스코예 토성이 있다. 이 시기의 교통로는 리도프카 문화의 마을 유적인 카멘카 유적이 있는 리포보이(Рифовой, Rifovoy) 곶까지 이어지고, 오프리츠닌카(Опричнинка, Oprichninka) 강까지 이어진다. 이곳에 방어기능을 하는 토성이 이를 증명한다.

발해시기 및 그 이후가 되면 이곳의 교통로는 좀 더 복잡해진다. 모나스트르카야 도로는 발해시대와 발해 후 시기의 4개(에스톤카, 모노마호프스코예, 바시코프스코예, 프리스탄스코예) 성곽이 표식으로 남아 있다. 이 도로망의 길이는 60km를 넘지 않는다. 모든 성지는 각기 지점마다 성격이 다르다. 바시코프스코예 성지는 루드나야 하류와 루드나야 항구를 통제하고 지킨다. 프리스탄스코예 성지는 강의 좌안에서 하류 부근과 항구를 지킨다. 이 곳에는 여진족의 유적은 확인되지 않는다.

루드나야 강 유역은 북쪽지류인 모나스트르카 강의 교통로를 통해서 드지기토프카 강 유역으로 통한다. 길은 고르부샤 강을 따라서 나지막한 고르부샤 고개를 넘어서 체레무호바야 강(드지기토프카 강의 오른쪽 지류)의 수원까지 갈 수 있다. 체레무호바야 길은 체렘샤니 발해 성지까지 내려갈 수 있다. 아르세니에프에 의하면 루드나야 강 유역과 드지기토프카 강 유역을 모두 방어하는 고르부샤 고개에 성이 있었다고 한다. 이 성에서 바다까지의 거리는 대략 64km이다.

3) 드지기토프카 강 유역

드지기토프카 강 유역은 시호테 알린 산맥의 동과 서를 연결하는 해서 동해로 들어가는 길목이 있는 중요한 집수구역이다. 이곳에는 2개의 길이 있고, 체레무호바야 집수지에서 하나로 연결된다. 첫 번째 길은 루드나야 강 유역에서부터 고루부샤 고개를 넘어서 체레무호바야 집수지로 들어오는 길이다. 이 강의 중류역에는 체렘샤니 발해 성곽이 위치하고 있다. 또 다른 길은 아무르 강 유역과 관련되었는데, 시호테 알린 산맥의 서쪽과 연결되고 연해주의 대륙과도 연결되는 지점이다. 산의 문지 역할을 하는 곳은 포드네베스느이 성곽이다. 이 길은 볼쇼야 우수르카 강과 이르티스 강과도 관련되어 있으며, 거의 드지기토프카 강의 상류와도 연결된다. 체레무호바야 강 하류는 루드나야 강의 지류와 합쳐져서 드지기트 만의 바다로 들어간다. 이 강 유역의 전체 길이는 70km 정도이다. 이 강의 길에는 발해 성곽과 동하국 성곽이(포드네베스나야, 드지기토프스코예, 쿠날레이스코예, 크라스노예 오제로, 클류치 성곽) 지키고 있다.

왜 드지기토프카 강의 좌안으로 도로가 지나갔을까? 필자는 고개성 산지성인 포드네베스느이 성에서 출발한 도로는 지금도 이 강의 좌안을 따라 지나는데, 지름길이기 때문으로 생각한다. 이 곳에는 드지기토프스코예 성과 쿠날레이스코예 성이 있다. 1970년대 중반까지 쿠날레이스코예 성에서 출발한 길은 드지기토프카 강 하류에 위치한 크라스노예 오제로와 일종의 등대 역할을 한 클류치 성까지 강을 따라서 갈 수 있었는데, 가장 짧은 길이다. 그 길이가 8km를 넘지 않는다. 그 길은 지금도 일부구간이 남아 있다. 클류치 성은 드지기토프카 강의 좌안에 위치하는데, 드지기트 항구를 지키는 역할을 하며, 강의 하류를 통제하고 있다. 선사시대부터 발해시기까지 바다와 가까운 언덕의 아래쪽에 성지를 축조하기도 했는데, 현재는 석호가 확인되는 곳이다.

따라서, 드지기토프카 강 유역의 교통로는 선사시대부터 확인된다. 남쪽의 루드나야 강은 체레무호바야 고개를 통해서 연결되었고, 서쪽은 포드네베스카야 고개를 넘어서 아무르 강 쪽으로 나아갈 수 있었다.

4) 세레브랸카 강 유역

아르세니에프는 하룻밤에 테르네이 항구에서 시호테 알린 산맥을 넘어 아무르 강 유역의 이만 강까지 갔지만 매우 힘들었다고 기록했다.[3] 세레브 랸카 강은 세 곳의 고개에서부터 출발한 강이 하나로 합쳐진다. 시호테 알 린 산맥의 콜룸베 수원지는 볼샤야 우수르카 강의 우안 지류로서, 이곳도 교통로라고 하는데, 의심스럽다. 왜냐하면 첫째로 고개에는 성곽이 없고, 두 번째 주변의 대부분 고고학 유적과 성곽은 세레브랸카 강 유역의 중류와 하류역이나 좌안 지류인 자볼로첸나야 강 유역에 있기 때문이다. 이곳에는 2개의 석성 유적(자볼레첸나야 성과 스미리코프 클류치 성), 세레브랸카 강 하류에는 청동기시대의 마을인 미스-스트라시느이 유적이 있다. 고고 학 유적을 바탕으로 교통로를 복원해 본다면 세레브랸카 강의 하류에서 출 발해서 자볼레첸나야 강 하류를 돌아서 북쪽으로 통할 것이다. 그곳에 사 할린 고개를 넘으면 콜룸베 강에 다다르고, 그 다음 볼쇼야 우수르카 강과 아무르 강까지 갈 수 있기 때문이다.

그런데 아르세니에프는 세레브랸카 강의 하류에서 타요시나야 강의 하 류까지 가는 길도 언급했다. 이 길은 산을 넘어가는 것으로 현재에도 바 다로 통하는 길이다. 터널, 보초시설, 표식 등으로 남아있다는 기록을 남 겼다.[4]

따라서, 세레브랸카 강 유역에는 2개의 육로가 있는 것으로 판단되는데, 하나는 세레브랸카 강의 하류에서 자볼레첸나야 강을 지나 사할린 고개를 통해 아무르 강까지 연결되는 길이고, 다른 하나는 세레브랸카 강 하류에

3) Арсеньев В.К. Путевой дневник № 2. 1906 г. // Архив ПФРГО-О ИАК. Ф. 14, оп. 1, д. 2, л. 20.
4) Арсеньев В.К. Военно-географический и военно-статистически й очерк Уссурийского края. 19011911 гг. Владивосток, [б. г.]. С. 197.

서 타요시나야 강까지 연결되는 길이다.

5) 타요시나야 강 유역

아르세니에프는 벨렘베 강 하류에서 대략 11km 떨어진 곳에 지류인 자비타야(Забытая, zabytaya) 강이 있고, 그곳에 18세기의 도로가 지나는데, 바닷가인 유즈노-우수리스키 지역과 관련한 것으로 기록했다.[5] 길은 탸요시나야 강을 따라서 키예프(Киев, Kiev) 고개까지 이어지고 콜룸베 강의 상류로 나간다. 이 강의 중류역[타요시카(Таежка, Taejka) 1~5]과 하류[우스티-벨림베 유적]에 유적이 있다. 기원전 1천년기 중반의 리도프카 문화(댜코프 2000)에 해당하며 유적이 존재하는 것은 강을 따라서 교통로가 있었다는 것을 입증한다.

따라서 타요시나야 강 유역에는 선사시대부터 시호테 알린 산맥의 영서와 영동을 연결해서 바다까지 이르는 교통로가 있었다. 키예프 고개에서부터 동해 바다로 향한다.

6) 말라야 케마 강 유역

지형적 특징으로 이곳에서는 시호테 알린 산맥이 영서지역과 연결되는 곳이 없다. 이 곳에는 타요시나야 강 하류에서 말라야 케마 강 하류까지 해안을 따라서 있는 교통로가 있다는 것을 성곽이 증명한다. 발해의 성곽으로 보호감시 뿐만 아니라 항구의 역할도 한다. 이 길은 현재까지도 이용되지만, 고대의 교통로가 현대의 도로보다도 더 짧고 빠르다.

말라야 케마 성지로 난 길은 끊어지지 않고 이 강의 북쪽에 위치한 케마 강 하류와 시토르모바야 항구까지 이어져서 북쪽으로 계속된다.

---

5) Арсеньев В.К. Военно-географический и военно-статистический очерк Уссурийского края. 19011911 гг. Владивосток, [б. г.]. С. 197.

7) 케마 강 유역

　지형학적 특징으로 인해서 시호테 알린 산맥의 영동지역에서 고립된 곳이다. 서쪽으로는 접근하는 길이 없으며, 케마 강의 상류로 접근할 수 있다. 하지만 아르세니에프는 홍호자(Хунхýзы, 紅鬍子, 紅胡子)[6]와 싸울 때, 시호테 알린 산맥의 수계 중에서 우데기 족이 이용하던 케마 강의 서쪽을 통해서 아르무 강으로 들어갔다고 기록했다. 케마 강의 수계에서는 시호테 알린 산맥을 넘어가면 말라야 스베트로보드나야(Малая Светловодая, Malaya Svetlovodaya) 강으로 연결되고, 거기서 비킨 강 상류로 이어진다. 발해 때 케마 강의 지류인 탈니코바야 강에서 방어역할을 하는 곳이 우스티-일모 성곽이다. 이곳에서 나오는 길은 스토르모바야(Штормовая, Shtormovaya) 항구가 있는 바다까지 이어진다. 항구에서는 해변을 따라서 북쪽으로 갈 수 있는 해안로가 있다. 항구와 해안가에는 켐스코예-돌리노예 성곽과 켐스코예-모르스코예 성곽이 2기가 있다. 매 해 강을 건널 수 있는 곳이 바뀌어서 케마 강을 건너는 것은 힘들다. 강의 가장 하류보다 약간 위쪽에서 건넜다. 강을 건너기 위해서는 배나 말이 필요한데, 발해인과 여진족은 배로 운반하는 것에 아주 능했다.

　따라서 케마 강 유역에는 2개의 길이 있었다. 하나는 시호테 알린 산맥을 넘어서 아르무 강과 비킨 강으로 들어가는 것이다. 다른 하나는 수로(뱃길)로 남쪽에서 북쪽으로 이동하는 길이다.

---

6)　역자 주. 홍호자는 러시아의 극동, 한국, 몽골 등에 19세기 말에서 20세기 초까지 퍼져 있었으며 주로 중국동북지역(만주)에서 활동하던 무장강도를 통칭한다. 하지만 이 개념에 대한 범위가 매우 넓은데, 러시아영토 내에서는 이들 구성에 중국인은 거의 없었다. 뒤에는 중국인도 포함되었다. 호비(胡匪), 도비(盜匪), 마적(馬賊) 등으로 중국문서에 남아 있다.
https://ru.wikipedia.org/wiki/%D0%A5%D1%83%D0%BD%D1%85%D1%83%D0%BB%D1%8B

8) 페세르나야 강과 페르바야 우툐스나야 강 유역

케마 강에서부터 이 강의 하류까지 북쪽으로 13~15km 떨어져 있다. 청동기시대 교통로에는 우툐스노예 토성과 미스 알렉산드라 2중벽이 남아 있다. 발해시기의 유적은 야수 성곽이다.

이 지역 교통로를 처음 연구한 사람은 아르세니에프로 고대의 교통로는 강을 넘을 수 있는 여울 근처에 성을 지었던 것으로 판단했다.

성곽은 주로 교통로의 바로 옆이나 그곳에 가까운 곳에 위치한다. 당연히 이 곳에는 육로와 해안가로 이어지는 교통로가 있었는데, 성이 도로가 있던 시기 의 것인지 아니면 도로가 다른 성과 관련된 것인지 알 수 없다.[7]

암구 강의 하류까지는 70~80km 떨어졌는데, 이 도로는 바다와 거의 붙어 있고 편평하다. 현재도 해안가 언덕은 매우 습한 흙으로 전부 풀로 뒤덮여 있는데, 지나기 힘든 곳이다. 이곳으로 지나는 뱃길은 20세기 말까지 이용되었다.

9) 암구 강 유역

암구 강 유역은 다른 강 유역과는 달리 시호테 알린 산맥의 영동과 연결되지 않고, 서쪽으로 가는 고개도 없다. 마시모프카 강 상류에서 끝난다. 암구 강의 지형적 특징에 따라서 언덕을 넘어서 해안가를 따라서 올라가는 교통로가 있었다. 청동기시대에는 이 도로에 있던 유적이 소프카 류브비(리도프카 문화층), 쿠댜, 데두스킨 클류치, 미스 테플리이(리도프카 문화층)가 있고, 중세시대에는 소프카 류브비(여진 층), 미스 테플리이(말갈

---

7) Арсеньев В.К. Путевой дневник. 19081909 гг. № 3 // Архив ПФР ГО-ОИАК. Ф. 14, оп. 1, д. 12.

층), 말라야 카리마, 카라만스키 흐레베트 유적 등이 있다. 이 길은 지보피스나야 강 하류까지 가장 짧은 길인데, 9km를 넘지 않는데 하루에 갈 수 있는 거리이다.

아르세니에프는 여행기에 다음과 같이 기록했다.

> 암구 강에서 쿠수누(Кусуну, Kusunu) 강까지 길이 있고, 절벽에서 바다를 볼 수 있다. 이곳에는 고대의 도로가 있다. 수혈이 있는데 그 너비가 큰 걸음으로 300걸음 정도 되고 깊이는 약 4.3m 정도 된다. 또 다른 길은 산으로 올라가는 것이다. 확실히 고대의 도로는 소욘(현재명: 지보피스나야 강) 강으로 이어진다. 성이 있는 곳은 교통로이기 마련이다.[8]

따라서 케마 강 하류에서 암구 강 까지의 청동기시대부터 발해까지 이용되었던 교통로는 바다를 따라서 이어졌으며, 바다와 인접한 강의 하류에 성이 축조되었다. 성 간의 거리는 일정하지 않은데, 바다로 들어가는 강의 하류에 주로 입지하기 때문이다. 때때로 성지 사이의 거리가 9~15km도 있고, 훨씬 더 벌어진 것도 있다. 산지성은 먼 곳을 감시하거나 관찰하는 방어시설용이고, 해안가 평지성은 항구로 이용되었을 것이다. 그리고 암구 강 유역에는 시호테 알린 산맥의 서쪽으로 들어가는 문 역할을 하는 고개가 없고, 교통로는 해안가 육로뿐이다.

10) 지보피스나야 강 유역

세셀레프카 강, 세바스탄노프카(Севастьяновка, Sevast'yanovka) 강은 지보피스나야 강과 연결된다.

아르세니에프는 현대의 지보피스나야 강의 하류에 소욘스코예, 세셀레

---

8) Арсеньев В.К. Путевой дневник. 1907 г. № 3 // Архив ПФРГО-О ИАК. Ф. 14, оп. 1, д. 8, л. 80.

프스코예, 지보피스노예 성 3곳이 있는데, 고대의 항구역할과 같은 곳으로 추정했다.

암구 강에서부터 시작된 해안 육로는 이 강까지 청동기시대부터 발해 및 여진시대까지 모두 이용되었다. 이곳에 위치한 3개의 성은 강의 하류를 통제하면서 보호-방어하는 역할이고, 바다로 들어가는 항구와 같은 역할이다. 해안 육로는 계속해서 북쪽으로 마시모프카 강와 소볼레프카 강 까지 이어진다. 지보피스나야 강 유역에는 동해안을 따라서 올라가는 교통로가 있었다.

11) 소볼레프카 강 유역

시호테 알린 산맥의 영동지역과 걸쳐있지만 고개 역할을 하는 곳이 없다. 유일하게 말갈 성이 있는데, 강의 하류 해안가에 위치하고 있고 해안가의 교통로를 통제하는 역할을 한다.

12) 쿠즈네쵸바 강 유역

시호테 알린 산맥의 동쪽 사면에 걸쳐 있다. 서쪽은 비킨 강의 지류인-제바(Зева, Zeva)와 볼샤야 스베트로보드나야(Большая Светловодная, Bol'shaya Svetlovodnaya) 강과 통한다. 그러나 서쪽으로 넘어가는 고개는 없다. 이 강의 하류에는 강 하류에서 바다까지 약 3km 떨어졌는데, 리도프카 문화층과 발해 문화층이 발견된 성이 1기 존재한다.

이곳에도 북쪽으로 에딘카 하류까지 연결된 해안도로가 이어진다. 이 길은 부르릴바야 강 하류에서는 오아시스 성곽이 표지가 되고, 더 북쪽에 있는 페야 강 하류에는 우스티-페야 성곽으로 통한다.

아르세니에프는 다음과 같은 기록을 남겼다.

쿠즈네쵸바 곶에서 북쪽으로 가는 길이 있는데, 오로치 족은 그 곳으로 걸어

다니지 않고 말을 타고 다녔다.[9]

오로치 족을 포함한 퉁구스-만주족은 여름에는 강을 건널 때는 배를 타고 다니고, 겨울에는 스키를 타고 다녔다.

13) 예딘카 강 유역

강의 상류는 시호테 알린 산맥의 동쪽 사면에 걸쳐있고, 서쪽 사면과도 가까워서 비킨 강의 지류로 통한다. 서쪽으로 흐르는 작은 시내가 있는데 그 곳이 영서로 넘어가는 고갯길이다. 사마르가 강과 비킨 강에는 우데기 족이 이용한 길로 알려져 있다.

예딘카 강의 하류에는 말갈 문화와 관련된 성곽이 한 곳 알려져 있다. 이 곳의 교통로를 이용하면 시호테 알린 산맥에서부터 아무르 강 하류의 타타르 해협까지 다다를 수 있다.

14) 사마르가 강 유역

시호테 알린 산맥의 서쪽과 동쪽 경사면을 연결하며, 고대부터 사람이 살았던 흔적이 있다. 강의 하류에 청동기시대 사마르가-6 토성이 발견되었다. 또한 타타르 해협으로부터 들어오는 길을 방어하는 고르-크루글라야 라고 하는 자연방어시설이 있다. 사마르가 강은 지류가 많아서 강이 어디로 통하는지 알기 어렵다. 육로인 해안로와 수로가 서로 엉켜져 있다. 배로 어느 지점까지 이동하고 이후에는 육로를 따라서 고개를 넘어가는 것이다. 아직까지 연구가 많지 않다.

---

9) Арсеньев В.К. Военно-географический и военно-статистический очерк Уссурийского края. 1901-1911 гг. С. 197; он же. Путевой дневник. 1907 г. № 3 // Архив ПФРГО-ОИАК. Ф. 14, оп. 1, д. 8, л. 80.

시호테 알린 산맥의 영서지역에서 출발 한다면 온 장소로부터 배를 타고 이동했다면 어떤 장소까지 해안로로 가야만 한다. 만약에 해안을 따라서 북쪽으로 이동한다면 사마르가 강 하류에서부터 해안로를 이용해야 할 것이다. 남쪽 예딘카 강 하류로 간다면 나자로프카(Назаровска, Nazarovska) 강 하류까지 배를 타야 할 것이다.

따라서 시호테 알린 산맥의 중부 영동지역에서 선사시대부터 교통로는 고고학적으로나 민족학적으로 보아서 교통로가 있었을 것이다. 해안육로는 동해안을 따라서 타타르 해협까지 이어진다. 또한 시호테 알린 산맥의 고개를 이용해서 제르칼나야 강, 드지기토프카 강, 세레브랸카 강, 타요시나야 강, 케마 강, 예딘카 강, 사마르가 강 유역의 교통로가 각기 지나가는데, 이는 산맥의 서쪽과 동쪽을 연결된다.

4. 뱃길(수로)

필자는 고대의 바닷길은 바다와 만나는 강 하류에 항구로 사용하기 좋은 곳에 축조된 성곽을 통해서 알 수 있다고 판단한다. 시호테 알린 산맥의 중부지역에서 확인된 고대 성곽을 지도에 표시하면 제르칼나야 강에서부터 사마르강 강의 하류까지 600~650km에 가까운 바닷가 길을 복원할 수 있다. 물론 이런 바닷길은 바다에서 해안으로 이동할 수 있는 뱃길을 이야기한다. 극동의 동해 교통로를 복원한다는 것은 엄청난 일이지만 앞으로도 해결할 것이 매우 많다(그림 135).

1) 청동기시대의 교통로

동해의 제르칼나야 강에서 타타르 해협의 사마르가 강까지 모두 15기의 토성 및 석성(우스티-제르칼노예, 두브로빈스코예, 클류치, 미스 스트라시느이, 우스티-벨렘베, 켐스코예-스칼리스토예, 우토스노예, 미스 알렉산드라, 소프카 류브비, 쿠댜, 데두스킨 클류치, 미스 테플리이의 중간층, 소용스코예의 아래층, 지보피스노예, 사마르가-6) 유적(댜코바 2005)이 확인된다.

모두 강의 하류에 축조되는데, 이는 리도프카 문화 가운데서 쿠날레이스코예 그룹으로 드물게 확인되는 것이다. 가장 남쪽은 제르칼나야 강 하류의 우스티-제르칼노예 성곽이다. 이곳에서 북쪽으로 약 80~90km 떨어진 곳에 두브로빈스코예 성이 위치한다. 여기서 다시 북쪽으로 80~90km 떨어진 곳에 디지기토프 강 하류에 클류치 성이 축조되었는데, 상층은 발해, 아래층은 청동기시대이다. 클류치 성에서 북쪽으로 55~60km 떨어진 곳에 세레브랸카 강의 하류에 미스 스트라시느이 토성이 있는데, 항구역할을 했던 곳이다. 여기서 북쪽으로 30~40km 더 가면 타요시나야 강의 하류의 우스티-벨렘베 성이 있다. 20~30km 떨어진 곳에 켐스코예-스탈리스토예 석성, 20~25km 떨어진 곳에 페르바야 우툐스나야 강과 페세라 강의 하류에 우툐스코예 토성과 미스 알렉산드라 2중벽이 있다. 북쪽으로 70~80km 떨어진 암구 강 하류의 소프카 류브비(아래층), 쿠댜 토성, 데두스킨 클류치 성벽이 축조되었다. 미스 테플리이 토성은 암구 강에서 북쪽으로 3km 떨어진 곳에 아주 작은 만에 위치하고 있다. 북쪽으로 10~15km 떨어진 곳에 소용스코예 토성(아래층)이 있다. 해안으로부터 얼마간 떨어져 있지만, 육로로부터 강의 하류로 들어오는 길목을 지키기에는 별 어려움이 없었을 것이다. 북쪽으로 6~7km 떨어진 곳 타타르 해협 방향으로 사마르가-6 토성이 위치한다. 바다에서 얼마 떨어져 있지만 성에서는 사마르가 강의 하구와 해안교통로를 잘 지켜 볼 수 있었다. 그리고 지보피스나야 강과 사마르가 강 사이에는 새로운 성이 있을 가능성은 충분하지만 현재까지 조사된 바는 없다.

상기한 성은 곶 위에 위치하면서, 해안로와 강의 하류를 모두 방어 및 통제하는 기능을 한다. 대체적으로 단일 문화층이다. 우스티-제르칼노예 성

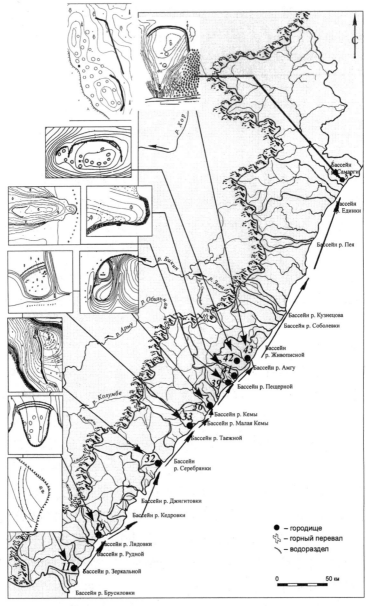

그림 135. 연해주 동북지역의 청동기시대 성 분포도(11-우스티 제르칼나야, 19-두브로
빈스코예, 32-미스 스트라시느이, 33-우스티 벨렘베, 36-켐스코예 스칼리스코
예, 39-우툐스노예, 41-미스 알렉산드라, 42-쿠댜, 43-데두스킨 클류치)

에서는 가까운 곳에 있는 제르칼노예-4 유적, 두브로빈스코예 성에서는 리도프카-1 유적을 방어한다. 미스 스트라시느이 토성 뒤에는 세레브랸카 평지성이 있고, 암구 강 유역에는 리도프카 문화 유적이 있으며, 사마르가-6 토성은 사마르가-5 마을 유적을 조망하기 위해서 높은 곳에 축조되었다(그림 135).

가장 중요한 기능은 해안육로 및 항구를 감시하는 것이다. 대치상황은 육지의 적 뿐만 아니라 해적의 가능성도 생각해 볼 수 있다.

해적 활동을 한 종족에 관해서 역사 기록이 남아 있다. 그들은 바다에서만 활동하지 않고 육지에서도 해적질을 하였다. 우스티-제르칼노예, 클류치, 미스 스트라시느이, 켐스코예-스칼리스토예, 소프카 류브비, 미스 테플리이, 지보피스노예, 사마르가-6 유적은 해안육로와 뱃길을 모두 감시한다. 당연히 상업적 항구에는 지역생산물과 지역 주민들이 이용하는 수입물품 등이 있었고, 고고유물로 남아 있다. 예를 들면 이 지역에서 유명한 녹색 마노의 석재를 사고 팔았다. 항구 역할을 하는 성은 앞서 방어역할을 하는 성곽 중 클류치 토성을 제외하고 모두 해당된다.

특히 연해주의 남부 바닷가는 얀콥스키 문화인 등이 장악했고 동시기의 내륙에 거주하던 리도프카 인들과는 문화차이가 있는데, 고고학 유적에서 두 문화가 동시에 발견되기도 한다. 시호테 알린 중부의 영동지역 해안가에는 리도프카 인들은 거주하고, 얀콥스키 인의 흔적은 없었다.

하지만 쿠날레이코예 그룹의 유적들은 기원전 1천년기 중반에 양 문화의 접촉이 있었다는 것을 입증하고 있다. 발굴된 유적에서 출토된 토기에 얀콥스키 문화 중기와 리도프카 문화 특징이 함께 발현되기 때문이다.

리도프카 문화인들이 해안육로를 교통로로 이용했다는 것은 이 시기의 토성이나 석성으로 입증되지만, 직접 건조한 배는 확인된 바 없다. 하지만 아마도 연해주 남부 해안가에 거주하던 얀콥스키 인들의 배를 이용했으며, 혹은 다른 문화도 배를 이용했을 가능성도 있다. 리도프카 문화 중에는 일본 구주 지방에 리도프카 문화 토기 특징이 나타나는데, 그들이 건너간 것이 틀림없다. 하지만 거주한지는 알 수 없다.

따라서 기원전 1천년기 중반 청동기시대 리도프카 문화에는 연해주의 동해와 타타르 해협까지 정확하게는 제르칼나야 강의 하류에서 사마르 강 하류까지 교통로 역할을 하는 해안육로가 있었다. 강으로부터 들어가고 나가기 쉬운 항구시설로 편리한 장소에 위치한 토성과 석성이 이를 입증하며 그곳과 주변 지역을 모두 통제하였다.

2) 발해~여진시대의 교통로

시호테-알린 산맥의 영동지역 중부지방에서 청동기시대와 발해~여진시대 뱃길이 다를 가능성은 거의 없다. 첫 번째는 지형학적인 특성상 교통로가 바뀌었을 가능성도 없고, 두 번째 성이 바닷가에 위치하는 이유는 바로 항구로서의 역할 때문이다. 당연히 주민들은 이웃한 지역과 접근성이 좋은 곳을 택했을 것인데, 비단 교통로 뿐만 아니라 상업적 교류, 외교적인 교류, 적의 침입 방지의 목적을 위해서도 이러한 곳을 통하는 교통로가 있었고 이를 고고학 유적이 증명한다.

북위시대(386~534)에 말갈인의 길에 대한 기록이 있는데 강을 이용한 수로이다. 477년에 오계(烏鷄)의 외교관은 담판을 쉽게 짓기 위해서 말 500필을 선사하였는데, 그는 먼저 길이 얼마나 복잡한가에 대해서 설명을 하였다. '먼저 강의 상류를 배를 타고 건넜는데, 배안에 물이 차서, 다시 육지에 내려서, 무렌강을 건너서, 호란 까지 걸어서 왔다(보로비요프 1994)'라는 기사가 있다. 퉁구스-만주족 국가 발해는 바다의 해상활동을 아주 활발하게 하였는데, 배와 큰 합선도 있었다. 장슈안(1960)이 쓴 『Мореход ство в древнем Китае』에서 발해는 무역배와 군함 등이 많았다고 기록되었다. 중국에서 발해로 가는 길은 등주(登州) 서항(西港)에서 출발해서 동북방향으로 대사도(大謝道)(현재: 장산열도)와 구흠도(龜歆島)(현재 砣磯島)를 지나서 북쪽의 오호해(烏湖海)(오호해에서 북쪽으로 있는 바다)를 건너서 도리진(都里鎭)(여순과 가까운 곳)와 마석산(馬石山)(현재 老鐵山)

까지 간다. 여기서부터 동쪽으로 배를 타고 남쪽으로 청니포(靑泥浦) 항구(현재의 대련만 부근), 도화포(桃花浦), 행화포(杏花浦)(대련만에서 동쪽으로 류리하의 하류까지로)까지 건넜다. 그리고 석인왕(石人汪)(현재 石城道에서 북쪽에 있는 해협)에서 고타만(藁駝灣)(현대의 鹿島에서 북쪽으로 大洋河의 하류), 오골강(烏滑江)(현대의 丹東 부근)을 걸쳐 남쪽으로 압록강 하류까지 간다. 다음 방향은 압록강 강의 상류와 발해 왕성(王城)(현대 흑룡강성의 녕안현에서 남서쪽으로 70km 떨어진 곳)에서 육로를 따라서 가는 것이 발해의 길이고, 다른 길은 신라로 가는 것이다(쟝슈안 1960).

발해인이 바닷길을 이용한 것은 항상 평화적인 목적만이 아니었다. 732년에 발해의 무왕은 당나라의 큰 항구 등주를 공격하기를 명했고, 수군이 배를 타고 가서 그 곳을 쑥대밭으로 만들었다. 발해의 배는 노를 저어서 가는 것인데, 이를 이용해서 정기적으로 일본으로 사신을 파견하였다. 727년에 발해의 무왕은 일본에서 보낸 외교 사절단을 받아 들였고 이 관계는 920년까지 지속되었다. '발해는 29명의 사신을 파견하고, 일본은 6명을 파견하였다. 796년에 비극적인 일이 일어났다. 홋카이도에서 발해 사절단이 거의 모두 죽임을 당하는 일이 벌어졌다. 보통은 발해의 동경성에서부터 일본으로 사절단을 보냈다(보로비요프 1994)' 동경성은 바다와 가까운 곳이기 때문이다.

그러나 샤프쿠노프는 러시아 연해주의 남부로 현재의 엑스페드치야 만과 가까운 크라스키노 항구에서부터 '일본도'가 시작했다고 보았다. 그 곳은 발해의 항구이자 염주현의 중심부이다. 이곳에서부터 출발해서 한반도 동해를 따라서 가다가 남동쪽으로 돌면 쓰시마 섬과 이끼 섬으로 발해의 배가 갈 수 있다(발해와 러시아 극동의 종족 1994).

연해주 중부 영동지역의 뱃길의 존재는 그간 지역학계에서 등한시 한 주제이다. 문제는 뱃길에 대한 기록이 없기 때문이다. 또한 이 주제와 관련해서 아르세니에프 연구 이후에는 아무도 관심이 없었고, 필자가 다시 연구하기 시작했다.

발해 및 여진시대의 성곽은 동해로 들어가는 강의 하류 혹은 바다의 석호에 위치하고 있다. 연해주 영동지역과 북쪽 타타르 해협까지 뱃길이 있다는 사실이 입증되었다. 제르칼나야 계곡에는 발해와 멸망 이후의 성곽(보고폴예, 고르노레첸스코예-1~3) 등이 있고, 마을 유적(시네고르예-1,2, 우스티노프스키예 폴예 등)도 있지만 강 하류에 방어하는 성곽은 없다. 활발한 해상 활동은 루드나야 만의 북쪽에서도 확인되는데, 이 만을 지키는 바시코프스코예 성으로 알 수 있다. 평지성인 프리스탄스코예 성은 바다와 가까운 강의 하류에 위치하면서 항구의 역할을 했다. 그보다 북쪽의 드지기토프카 강의 하류에 위치한 클류치 성은 교통로를 통제하며, 남쪽과 연장되는 뱃길을 연장한다. 발해시기에 바다에서 2km가량 떨어진 곳에 크라스코예 오제로 성이 위치한다. 시호테 알렌 산맥의 포드네베스노이 고개를 넘으면 드지기트토프카 만까지 오는 육로가 있다. 크라스노예 오제로 성곽은 이 곳의 항구 역할을 했을 것이다. 이 주변은 바닷물이 들어오는 뻘인데 발해시기에는 해수면이 상승해서 바다가 성 가까이 위치했을 가능성이 있다. 이 보다 북쪽 발해의 뱃길은 말라야 케마 강과 케마 강 하류에 축조된 말라야 케마, 켐스코예-모르스코예, 켐스코예-돌리노예 성으로 이어진다. 방어용보다는 부두와 같은 역할이었다.

말라야 케마 강으로 오는 해안 육로는 탈니코바야 강의 하류에 위치한 우스티 일모 성에서부터 출발해서 연결되었을 가능성이 있고, 길을 통제 방어했을 것이다.

이보다 더 북쪽 켐스코예-모르스코예와 켐스코예-돌리노예 성이 있는데, 스토르모바야 만과 케마 강 하류의 입구를 지키고 있으며 또한 시호테 알린 산맥의 동쪽 경사면에서부터 내려오는 육로를 지키고 있다. 계속해서 이어지는 뱃길은 북쪽의 야수 성지를 지나서 암구 강의 하류에서 방어기능을 한다. 암구 만에는 발해나 여진의 성이 없는데, 가장 이른 시기의 말갈문화의 것인 미스 테플리이 성이다. 바다로 튀어나온 곳 위에 위치하는데, 이는 해상로를 통제하고 있고 직접적으로는 뱃길을 살핀다. 암구 강에서 발해시대 성으로 알려진 것은 없다. 대신 동하국시기의 것이 있는데, 여진 족은 주변 전체 지역을 내려다 볼 수 있는 소프카 류브비 성곽이다. 해안육 로와 뱃길을 지키는 역할이며 국경을 지키는 곳이다. 이곳에는 시호테 알 린 산맥으로부터 넘어 오는 육로가 없지만 여진족들은 이 지역을 연해주 남 쪽에서부터 올라와서 뱃길을 이용했거나 혹은 시호테 알린 산맥의 서쪽에 서부터 포드네세브느이 고개와 드지기토프까 유역까지 넘어 갔을 가능성도 있다. 북쪽 해안로로 이어진다. 이동을 위해서는 말이 필요했는데, 그들은 우수리스크 주에서 풀을 베어가면서 길을 만들었을 것이다.

세레브랸카 강 유역, 말라야 케마와 케마 강 유역에는 여진의 유적이 없 고 암구 강 하류에서 보인다. 이곳에 위치한 말라야 카리마 성과 카라만스 키 흐레베트 성도 동하국의 북쪽 경계에 있는 성으로 해안육로와 뱃길을 방 어한다. 아마도 암구 강 북쪽에서 여진 유적이 앞으로 확인될 가능성은 있 지만, 지보피스나야 강 유역, 쿠즈네쵸바 강 유역, 에딘카 강 유역, 사마르 가 강 유역 등에서 현재까지는 알려지지 않았다.

암구 강 북쪽에는 지보피스나야 강 하류까지는 바닷길이 있고, 소욘스코 예 성곽이 이를 증명한다. 이것과 연결되는 중세시대 바닷길의 지점은 우 스티–소볼레프스코예 성곽으로 말갈의 것이다.

발해 이후의 뱃길은 연해주 동북지역에서부터 타타르 해안가까지 아주 활발하게 이용되었다. 강 하류에는 배가 닿는 항구로 추정되는 말갈의 성 (미스 테플리이, 우스티–소볼레프카)도 축조되었다. 해안가를 스스로 통 제하고 누군가 이 곳으로 들어오려고 해서 이를 방어하기 위한 기능도 있 다. 아마도 1천년기 즈음에는 고구려인, 일본인 그 다음은 발해인이었을 것이다. 이곳 말갈영토에는 상업적 목적 뿐만 아니라 영토 확장을 위해서 발해인이 들어왔을 것이고, 해상활동이 활발했을 것으로 생각된다.

- 시호테 알린 산맥의 중부 영동지역에 입지한 청동기시대부터 발해, 말 갈, 여진시대의 고고유적들로 보아서 교통로가 있었다는 것을 알 수 있

다. 그 거리는 낮기간동안의 이동가능한 거리를 재고, 다시 이를 요일로 계산한다. 예를 들면 요양에서 말갈의 땅까지 기록에 의하면 대략 2,700km이다. 요녕 천산산맥을 따라서 이 길의 거리는 53일 정도 걸린다. 이 거리는 대략 4단계 정도로 나누어서 계산된 것인데 13+7+15+18일을 합한 것이다(보로비요프 1994).

연해주 중부 영동지역 동해부터 타타르 해협까지 영동과 영서를 넘는 육로가 강을 따라서 형성되어 있다. 제르칼나야 계곡, 드지기토프카 계곡, 세레브랸카 계곡, 타요즈나야 계곡, 케마 계곡, 에단카 계곡, 사무르가 강 계곡 등을 통해서 산에서부터 내려오는 길이 있다. 청동기시대부터 발해를 걸쳐 여진시기까지 뱃길은 연해주 제르칼나야 만에서 사마르가 강 하구까지이다. 이 구간에서 배를 대기 쉬운 곳으로 강 하류와 바다가 만나는 곳에는 항구시설이 있었다. 해안과 주변의 영토를 방어하기 위한 방어와 감찰시설 역할을 했다.

참고문헌

아르세네프, 1950, Арсеньев В.К. По Уссурийскому краю. М., 1950.

베뉴코프, 1970, Венюков М.В. Путешествия по Приамурью, Китаю и Японии. Хабаровск, 1970.

보로비요프, 1975, Воробьев М.В. Чжурчжэни и государство Цзинь (Х в. — 1234 г.). М., 1975. С. 379.

보로비요프, 1994, Воробьев М.В. Маньчжурия и Восточная Внутренняя Монголия с древнейших времен до IX в. включительно. Владивосток, 1994. С. 118120.

『발해국가와 러시아 극동의 종족』, 1994, Государство Бохай и племена Дальнего Востока России. М., 1994.

댜코프, 1989, Дьяков В.И. Сихотэ-Алинь в эпоху бронзы. Владивосток, 1989. С. 1130.

댜코프, 2000, Дьяков В.И. Приморье в раннем голоцене. Владивосток, 2000.

댜코바, 2005, Дьякова О.В. Городища и крепости Дальнего Востока. Владивосток, 2005.

키차노프, 1966, Кычанов Е.И. Чжурчжэни в XI в.: Материалы для этнографического исследования // Древняя Сибирь. Вып. 2: Сибирский археологический сборник. Новосибирск, 1966.

솔로비예프, 1973, Соловьев Ф.В. Китайские отходники и их географические названия в Приморье. Владивосток, 1973.

타스킨, 1968, Таскин В.С. Материалы по истории сюнну (по китайским источникам). М., 1968. С. 177.

장슈안, 1960, Чжан Сюань. Мореходство в древнем Китае. М., 1960. С. 21.

샤프쿠노프, 1968, Шавкунов Э.В. Государство Бохай и памятники его культуры в Приморье. Л., 1968. С. 137.

제5장

연해주 동북지역 성(城) 유적과
고고학적 함의: 교통로

　연해주 동북의 타이가 지역에는 20개의 강이 흐르고 있고, 지형적인 입지에 따라서 산, 평지, 곶 56기의 성 유적이 현존한다.

　러시아 극동에서 가장 오래된 모습의 성은 곶 위에 설치된 것이다. 평면 형태와 그 내부 구조로 보아 매우 단순하다. 성벽의 위치나 크기도 지형적인 입지에 따랐는데, 불룩하게 튀어나온 곶의 가장 좁은 부분에 성벽을 쌓았고, 2~3면은 절벽을 그대로 이용해서 별도의 성벽이 축조될 필요가 없었다.

　러시아 연해주와 아무르 강 유역의 청동기시대와 발해~여진시대에 존재했던 성 유적은 극동에서 뿐만 아니라 유럽에도 많이 퍼져 있다. 러시아 극동은 한국의 동북지방 및 중국 동북지방과 맞닿아 접경을 이루고 있다. 이 지역에는 선사시대부터 항상 많은 종족, 제국과 국가들 간의 충돌이 있었고, 이곳으로 구 종족을 몰아내고 새로운 종족이 들어오려고 했다. 민족이나 정치적인 변화가 있었다. 당연히 역사적으로도 연해주와 아무르 지역에도 평화롭던 그렇지 못하든 간에 이주가 있었던 건 확실하다. 원주민은 적으로부터 대응해야 했기 때문에 자신의 경계를 세우고, 보호하고 방어했다. 그렇지 않으면 다른 조용한 곳으로 피신을 하곤 했는데, 우데기족, 나나이족 등은 그렇게 한 것으로 생각된다. 그 외에도 지역 주민들 간에도 항상 평화로운 것은 아니었다. 이러한 과정이나 사건들로 하여금 각 지역에 고고학적인 방어건축물이 남게 되었다.

1. 청동기시대 리도프카 문화

러시아 연해주 청동기시대의 리도프카 문화는 연해주 전체에서 우수리 강 유역에서 파르티잔 강 까지 북쪽에서 남쪽으로 약 800km 퍼져 있다(다코프 1998). 연해주와 아무르 강 하류의 곶 성은 고고학적으로 청동기시대에 해당되는데, 대략 기원전 1천년기 후반에 해당되며, 리도프카 문화와 관련있다. 리도프카 문화를 영위한 사람은 직접적으로 고아시아족과 관련이 있을 것으로 여겨진다.

러시아 연해주와 인접한 중국에서 성은 이보다 이른 시기부터 축조되었다. 이 시기에 중국에서는 두 개 형태의 성이 존재했는데 평면형태가 바둑판형으로 행정관청이 있는 도성과 교통로를 따라서 축조된 상업의 중심으로 이용되는 성이다. 리도프카 문화는 러시아 극동에서 볼 때 연해주의 남쪽에서 기원한 문화인데, 이주된 것이 확실하다. 하지만 아직까지 정확하게 어디에 분포했던 것인지는 밝혀지지 않았고, 연해주와 아무르 원주민들에게 곶 성만을 전했다. 리도프카 문화인들은 중국의 복잡한 성 축조 기술은 없었다. 아마도 새로운 땅에서 적응하던 초기에 너무나 평화로웠기 때문에 이러한 것들이 필요하지 않았거나 혹은 그와 같은 성 축조기술이 없었을 가능성도 있다.

리도프카 문화는 주로 내륙에 분포했는데, 강 주변에서 확인되기도 하지만, 바닷가의 곶 위에서도 확인된다. 리도프카 문화의 중심 분포지는 아직까지 정확하게 밝혀지지 않았지만, 이 지역의 북동이나 동쪽의 어디와 관련된 것으로 생각된다. 연해주에서 리도프카 문화는 동북지역의 이주결과로 보인다. 이 문화의 중간시기에는 동쪽으로 이동하는 가운데 한 무리가 일본에도 영향을 미쳤을 가능성이 있는데, 이는 토기가 이를 증명한다. 아마도 이런 움직임은 한반도와 관계가 있을 것인데, 여기에 관해서는 좀 더 세밀한 연구가 필요하다.

그런데, 리도프카 문화의 마지막 단계에서는 이 지역이 평화롭지 못한 상태였다는 점에 주목할 필요가 있다. 강이 바다로 흐르는 해안가를 따라서 방어시설은 필요에 의해서 축조되었을 것으로 해석할 수 있다.

현재는 곶 위에 설치된 청동기시대 토성이나 석성이 11기 있다. 우스티-제르칼노예, 두브로빈스코예, 미스 스트라시느이, 우스티-벨렘베, 켐스코예-스칼리스토예, 우툐스노예, 미스 알렉산드라, 데두스킨 클류치, 쿠댜, 사마르가-6, 케드로프카 유적 등이다. 이 지역에서 기원전 1천년기 후반에 아주 급박한 상황이 있었는데 그것은 동해안의 동북지역 뿐만이 아닌 것으로 생각된다(그림 135). 리도프카 문화의 곶 성은 연해주의 내륙에서도 확인되는데, 체르냐치노-3 유적이 대표적이다.[1]

연해주 북부의 동북지역에서 리도프카 문화의 성은 그 지형적인 특징으로 보아서 해안가를 방어해주고 있다. 누구로부터?

이를 설명할 수 있는 것은 얀콥스키 문화인인데, 당시 연해주에 존재했던 유일하게 바다생활을 하는 사람들이다. 즉 그들의 주요 생업은 어로와 해산물을 채집하는 것이다. 브로댠스키 박사의 연구에 의하면 동해안의 많은 패총도 그들이 남겨 놓은 것으로 생각된다. 해안가를 따라서 남쪽에서 북쪽으로 얀콥스키 문화인들이 이동하면서 리도프카 문화인과 접촉했을 것이고, 연해주 북부의 동북지역에 남겨진 리도프카 문화의 여러 유적은 이들로부터 자신을 방어하는 기능을 한다.

그런데, 고고학유물에 의하면 그들의 접촉은 항상 마찰이 있었던 건 아니다. 블라고스로벤노예-3, 쿠날레이스코예 성지, 파얀느이 클류치, 노보고르드제프스코예 등 유적에서는 리도프카 문화와 얀콥스키 문화의 토기 특징이 모두 나타나는 것이 이를 증명한다(댜코프 1998, 볼딘·댜코바·시

---

1) Никитин Ю.Г. О результатах археологических исследований в О ктябрьском районе и на Николаевском городище Приморского кр ая в 1997 г. // Архив ИА РАН. Р-1, № 21 377.

도렌코 2002, 댜코바·시도렌코 2002).

아직까지는 리도프카 문화의 곶 성이 어떻게 발전했는지는 구분되지 않
는다. 오직 성벽은 흙에 작은 돌을 섞어서 축조한 토성 벽이 주를 이루며,
아주 단순한 문을 만들었다는 것이 성 축조기법의 전부이다. 그러나 연해
주 북부 동북지역의 곶에 입지한 성은 청동기시대에도 해안가를 따라서 교
통로가 있었다는 점을 증명해 준다는 점에서 아주 중요하다. 그 흔적은 제
르칼나야 항구에서 북쪽의 사마르가 강 까지고, 그 중 일부 구간은(예를
들면 우스티-벨렘베에서 암구까지) 현재까지도 이용되고 있다는 점이 주
목된다.

2. 철기시대 폴체 문화

폴체 문화의 사람들도 곶 위에 성을 축조하였다. 극동에서 폴체 문화
의 유적 입지에 관한 것은 확실히 규명된 바는 없다. 폴체 문화의 유적
은 아무르 강의 중부와 하류에 퍼져 있고, 연해주의 서쪽, 남쪽과 동쪽
에 퍼져 있다. 폴체 문화의 상한은 리도프카 문화가 마지막 존재 존재했
던 시기까지 올라가며, 마지막 시기는 말갈 문화가 시작된다. 폴체 문화
의 성곽 유적으로 알려진 곳은 콘드라티예프스코예(Кондратьевское,
Kondrat'yevskoye), 케드로프스코예(Кедровское, Kedrovskoe) 성
이 알려져 있는데, 평면형태가 오각형에 가깝다. 메드베제프 박사는 이 문
화의 마지막 단계는 8~10세기 정도로 보고 있다.[2] 폴체 문화의 곶 성도
발달과정에 대해서는 현재까지 연구된 바가 없다. 폴체 문화 유적의 지형

---

2)   Медведев В.Е. Отчет о работах Амуро-Уссурийского отряда в
     1984 г. // Архив ИА РАН. Р-1, № 10 237.

적인 특징으로 보았을 때 기본적인 교통로는 아무르 강이고, 그 중에서도 시호테 알린 산맥의 서쪽에서 기원해서 동쪽으로 가는데, 아무르 강의 지류인 우수리 강이 그 교통로의 제일 처음 단계였을 것이다.

3. 철기시대 크로우노프카 문화

크로우노프카 문화는 청동기시대 리도프카 문화가 끝나는 시점부터 시작해서 폴체 문화가 시작될 시기에 존재했던 문화로, 연해주 중세시대의 시작인 말갈 문화의 시작과도 관련이 있다는 견해가 있다. 크로우노프카 문화의 성곽은 페트로프 섬의 곶 위에 자갈로 벽을 쌓은 성지가 알려져 있는데 그것이 유일하다(브로댠스키 1965).

4. 말갈 문화

역사서에 기록되어 있는 말갈이라는 종족은 고고학적인 유적으로 볼 때 아주 넓은 지역에 퍼져 살았다. 북한의 동북지역, 중국 동북지방, 러시아의 극동과 홋카이도와 사할린에도 일부가 살았던 것으로 알려져 있다. 시간적으로 보아서 말갈 문화는 10세기부터 13~14세기까지이다. 연해주 중세시대의 퉁구스-만주족(그 중 일부는 말갈족)이 이 지역에 나타나게 된 것은 중국의 역사서와 여러 책에 기록되어 있다. 이상한 얼굴을 한 사람들이 나타났고, 곧 모든 곳에서 보게 되었다는 기록이 있다(샤프쿠노프 1959). 당연히 극동에서도 이런 사건은 획기적인 사건이었고, 세 국가-발해(698~926), 여진(1115~1234), 동하국(1217~1234)가 탄생하게 된 것도 관련이 있을 것이다.

말갈 문화의 유적은 극동에서 현재까지 확인된 유적 중에서 가장 많다. 연해주에서만 모두 70여 개의 유적이 알려졌으며 그 중 대부분은 성터와 무덤 유적이다. 아무르 지역에서도 이 보다 적지 않다. 그 중에서도 곳 성 (사카치-알리안, 우툐스노예, 타로프스코예 등)이 아주 많이 공간되거나 문서 기록소에 보관되었다(노빅코프-다우르스키 1961, 댜코바·샤프쿠노 프 1975, 댜코바 1998). 연해주의 동북지역 타이가 산지에는 말갈의 곳 성은 5개가 알려져 있다. 미스 테플리이, 우스티-소볼레프스코예, 쿠즈네 쵸프스코예, 오아시스, 에딘킨스코예 등이다(그림 136).

말갈인은 어느 시기까지는 자신의 고유한 성지를 축조했다. 역사서에 기록되었듯이 말갈인은 중국-돌궐족-고구려인의 전쟁에 수천 기마병으로 참가했고, 다양한 방어물을 축조했다. 말갈 곳 성은 고대의 성벽 축조기 술과는 차이가 있다. 어떤 성에서는 아주 복잡한 구조의 문지를 만들기도 하였다.

곳 성의 변화를 가져오게 된 계기는 발해와의 접촉이었을 것이다. 발해 의 영역 확장에 대한 반발로 그럴 필요가 생겼기 때문이다. 고고학적으로 는 우스티-소볼레프스코예 성곽이 이를 보여준다. 즉 트로이츠코예 유적 에 살던 말갈인은 곳 성이라는 기본적인 특징은 유지 했지만, 이 성의 평 면형태는 중국의 것을 모방한 발해 방형평지성의 것을 취하고 있기 때문이 다. 이 유적에서 출토된 말갈 토기의 형식으로 보아서 9세기 이상은 올라가 지 못한다. 말갈인에게 아주 강한 기마병이 있다는 점을 고려할 때도 당시 극동 전체에서 교통로가 많은 변화가 있었을 것이다.

5. 발해

발해시기에 축조된 성곽은 그 형태가 아주 다양한데, 이 지역에 복잡한 시기가 있다는 것을 말해주고 있다. 발해는 698년에 건국되어서 퉁구스-

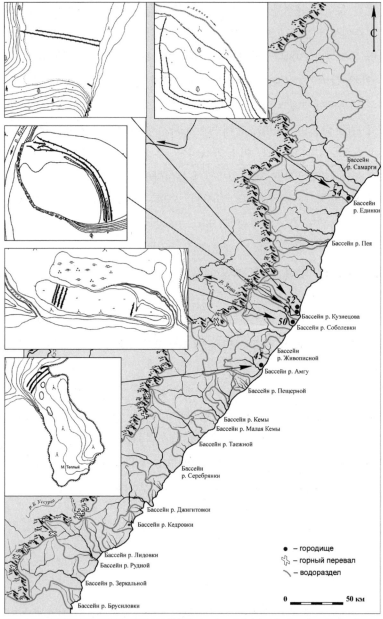

그림 136. 연해주 동북지역의 말갈성 분포도(45-미스 테플리이, 50-우스티-소볼레프카, 51-쿠즈네쵸프, 52-오아시스, 54-예딘카)

만주족인 말갈족을 영입하고 연해주의 일부와 북한, 중국 동북지방까지 넓은 영토를 거느린 국가이다(『발해국가와 러시아 극동의 종족』 1994).

발해를 구성하는 민족은 고구려인, 말갈인, 중국인 등이다. 발해의 마지막 시기에 평지성이 축조되었으며 연해주 동북지역에서 연질의 말갈토기와 함께 녹로를 돌렸고 인화문이 찍힌 회색조의 발해토기가 함께 출토된다. 인화문은 발해토기의 특징이자 아무르 여진 문화(부루실로프스코예 성지, 사도비이 클류치 성, 드지기토프스코예 성)에서도 나타난다(그림 137). 연대는 대략 9~10세기로(댜코바 1993), 아마도 발해가 존재했던 시기 가운데서도 가장 성한 시기로 생각된다.

현재 연구된 바로는 발해영토에서 가장 뚜렷한 경제활동은 농업이다. 아주 평화로웠을 것인데, 처음 성곽을 축조하면서 원주민들은 직업군인들에 대해서 알았을 것이다. 또한 연해주 동북지역 해안가에 위치한 중국식 성곽과 함께 고구려식 석성도 함께 이용되었다. 고구려식 석성은 항구로 들어오는 문이나 강의 하류 등에 위치해서 감시와 방어의 역할을 한다. 하지만 석성에서도 말갈토기가 함께 출토된다.

발해의 마지막 시기는 평화롭지 못하였는데, 동아시아 국가와 민족 간의 치열하던 시기이기도 하다. 이런 분위기가 연해주와 아무르 지역에서도 영향을 받지 않을 수 없었고, 이 때 종족이 뒤섞이게 되었을 것이다. 아마도 발해 멸망 이후인 10세기 이후에 평면형태 방형의 평지성이 곶 위(모노마호프스코예, 우스티-일모 성지)에 설치되는 현상도 이때 일어났던 것으로 보인다. 방어하기에 가장 적합한 성은 10~12세기에 나타난 다각형 성곽이다.

그런데 이 기간은 현재까지도 연해주 동북지역 뿐만 아니라 전체 연해주에서도 많이 연구되지 않았다. 현재는 여진의 유적이 연해주 북부 동북지역까지는 확인되고 있지 않고, 그 국가의 경계도 이곳까지 미치지 못했다는 정도만 이야기 하고 있는 실정이다.

6. 동하국(1217~1234)

여진이 무너질 당시 그 국가의 경계에는 많은 지방 정치체가 나타나게 되었다(이블리예프 1993). 산지성 가운데서 성벽이 전부 둘러지지 않은 개방형은 동하국 시기에 축조된 것이다. 연해주에서 동하국의 성곽은 모두 24기[크라스노야르프스코예(Краснояровское, Krasnoyarovskoye), 스몰린스코예(Смоляниновское, Smolyaninovskoe), 스칼리스토예(Скалистое, Skalistoye), 샤이긴스코예(Шайгинское, Shayginskoye), 라조프스코예(Лазовское, Lazovskoe), 노보네진스코예(Новонежинское, Novonezhinskoye), 예카테린노프스코예(Екатериновское, Yekaterinovskoye), 유르코프스코예(Юрковское, Yurkovskoye), 콕샤로프크코예-고르노예(Кокшаровское-горное, Koksharovskoye-gornoye), 플라호트뉴킨스코예, 노보고르예프스코예(Новогордеевское, Novogordeyevskoye), 노보파크로프스코예(Новопокровское, Novopokrovskoye), 스토고프스코예(Стоговское, Stogovskoe), 아나니예프스코예(Ананьевское, Anan'yevskoye), 이지베스토프스코예(Известковое, Izvestkovoye), 스클랴예프스코예(Шкляевское, Shklyayevskoye), 고르노후토르스코예(Горнохуторское, Gornokhutorskoye), 두보바야 소프카(Дубовая Сопка, Dubobaya Sopka), 세르바코프스코예(Щербаковское, Shcherbakovskoye), 키시네프스코예(Кишиневское, Kishinevskoye), 스테클뉴하(Стеклянуха, Steklyanukha)-3, 시바이고우, 쿠날레이스코예, 소프카 류브비]이다(그림 137).

그중에 3개-시바이고우, 쿠날레이스코예, 소프카 류브비는 앞에서 이미 소개했던 성으로 연해주의 동북지역에 위치하며 동하국의 국경에 있던 성이다. 동하국은 매우 짧은 기간(17년간) 존재했던 국가로 항시 전시상황이

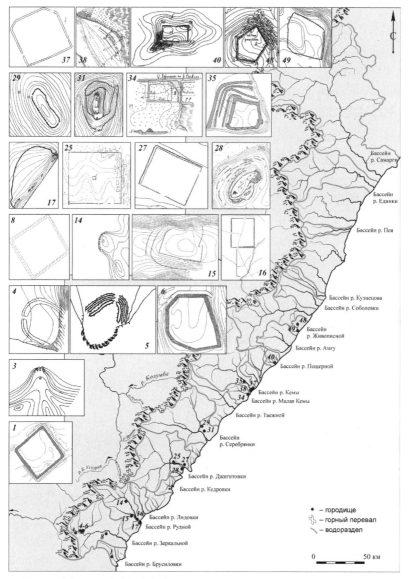

그림 137. 연해주 동북지역의 발해 성 분포도(1-부루실로프카, 3-데르수 자연방어시설, 4~6-
고르노레첸스코예 1~3, 8-사도비이 클류치 성, 14-달네고르스키 성 자연절벽 성, 15-모
노마호보, 16-에스톤카, 17-바시코프스코예, 25-드지기토프카, 27-크라스노예 오제로,
28-클류치 성, 29-자볼레첸냐, 31-스미르코프 클류치, 34-말라야 케마, 35-우스티-
일모, 37-켐스코예-돌리노예, 38-켐스코예-모르스코예, 40-야수, 48-세셀로프스코예,
49-소욘)

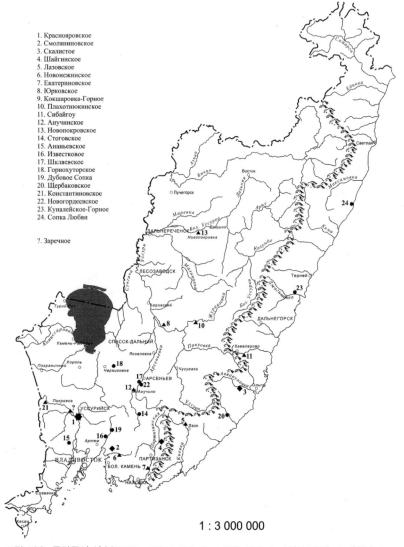

1. Краснояровское
2. Смоляниновское
3. Скалистое
4. Шайгинское
5. Лазовское
6. Новонежинское
7. Екатериновское
8. Юрковское
9. Кокшаровка-Горное
10. Плахотнюкинское
11. Сибайгоу
12. Анучинское
13. Новопокровское
14. Стоговское
15. Ананьевское
16. Известковое
17. Шкляевское
18. Горнохуторское
19. Дубовое Сопка
20. Щербаковское
21. Константиновское
22. Новогордеевское
23. Куналейское-Горное
24. Сопка Любви

?. Заречное

1 : 3 000 000

그림 138. 동하국의 성 분포도(1-크라스노야르, 2-스몰린노프카, 3-스칼리스토예, 4-샤이가, 5-라조, 6-노보네진카, 7-예카테리노프카, 8-유르코프카, 9-콕샤로프카-고르느이, 10-프라호튜킨스코예, 11-시바이고우, 12-아누치노, 13-노보포크로프카, 14-스토고프키이, 15-아나나예프카, 16-이즈베스토프카, 17-시클랴예보, 18-고르노후토르스키이, 19-두보마야 소프카, 20-세르바코프키이, 21-콘스타티노프카, 22-노보고르디예프카, 23-쿠날레이카-고르느이, 24-소프카 류브비)

었는데, 이러한 점은 성곽에 그대로 반영되고 있다. 여진은 원주민의 특징적인 성을 그대로 두지 않고 중국, 거란과 또 다른 전통 등을 혼합한 새로운 성곽을 축조하였다. 여진의 국가인 동하국은 주민들의 물건과 재산 등으로 보아서 문화적으로는 아주 다양하지만, 너무나 짧은 존속 기간 탓에 정치 민족적 교류와 전통 확립은 어려웠다(댜코바 1993).

연구자들은 크라스노야르스노예, 샤이긴스코예, 아나니예프스코예 성에서만 몽골족의 흔적이 남아 있다고 한다. 곳곳에 화재 난 흔적과 성벽이 파손되고, 버릴 수가 없는 많은 양의 장신구 등이 전쟁의 흔적으로 남겨졌다. 아마도 이곳은 전쟁이나 군사상 요지로써 몽골인들은 이곳을 유린했을 필요가 있었을 것이다.

따라서 연해주의 동북지역 중부 타이가에 위치한 산지성이 존재했던 장소와 시간은 동북아시아에서 그 역사에서 빠질 수 없는 부분이고, 고아시아족과 통구스-만주족 사이의 운명과 같은 장소였고, 중요한 역할을 했다고 할 수 있다.

참고문헌

브로댠스키, 1965, Бродянский Д.Л. Укрепленное поселение культ
уры раковинных куч на острове Петрова // 8-я конференц
ия молодых ученых Дальнего Востока (АН СССР. Дальнев
ост. фил.). Владивосток, 1965. С. 56-58. (Тез. докл. и соо
бщ. Секция обществ. наук).

볼딘·댜코바·시도렌코, 2002, Болдин В.И., Дьякова О.В., Сидоренк
о Е.В. Новогордеевское городище как источник для пери
одизации культур Приморья // Проблемы средневековой а
рхеологии Дальнего Востока: происхождение, периодиз
ация, датировка культур. Владивосток, 1990; Сидоренко
Е.В. Куналейское городище. Комплекс эпохи палеометал
ла // Археология и культурная антропология Дальнего Во
стока. Владивосток, 2002. С. 134-141.

『발해국가와 러시아 극동의 종족』, 1994, Государство Бохай и племена
Дальнего Востока России. М., 1994; Розиа ёнхэчжуа ва па
льхэ ёкса (Приморский край России и история Бохая). Сеул,
1996.

댜코프, 1998, Дьяков В.И. Приморье в эпоху бронзы. Владивосток,
1998.

댜코바, 1998, Дьякова О. В. Мохэские памятники Приморья. Влад
ивосток, 1998.

댜코바, 1993, Дьякова О.В. Происхождение, формирование и разв
итие средневековых культур Дальнего Востока. Ч. 1-3. В
ладивосток, 1993. 10.

댜코바·시도렌코, 2002, Дьякова О.В., Сидоренко Е.В. Древние и с
редневековые культуры Северо-Восточного Приморья (по
материалам Куналейского городища) // Актуальные проб
лемы дальневосточной археологии. Владивосток, 2002.

댜코바·샤프쿠노프, 1975, Дьякова О.В., Шавкунов Э.В. Новый памятник железного века на Нижнем Амуре // СА. 1975. № 3. С. 170; Сапунов Б.С., Зайцев Н.Н. Средневековые городища Амурской области. Проблемы этнокультурной истории Дальнего Востока и сопредельных территорий. Благовещенск, 1993. С. 112-120.

이블리예프, 1993, Ивлиев А.Л. Изучение государства Восточное Ся в КНР // Новые материалы по археологии Дальнего Востока России и смежных территорий. Владивосток, 1993. С. 8-17. 11.

노빅코프-다우르스키, 1961, Новиков-Даурский Г.С. Историко-археологические очерки. Статьи. Воспоминания. Благовещенск, 1961. С. 7-70.

샤프쿠노프, 1959, Шавкунов Э.В. Приморье и соседние с ним районы Дунбэя и Северной Кореи в I-III вв. н.э. // СО АН СССР, Дальневост. фил. им. В. Л. Комарова. Труды. Серия историческая. Т. 1. Саранск, 1959. С. 66.

맺음말

러시아 극동의 발해~여진시기의 연구 주제 중 가장 흥미로운 것은 성 유적과 관련된 연구이다. 이를 통해서 극동 중세시대 연구에서 복잡하고 무거운 주제를 해결할 수 있는 방법을 제시할 수도 있다. 이 주제는 퉁구스-만주족의 문제, 국가 탄생과 관련된 것, 거란족의 등장과 같은 문제에 접근할 수 있다. 연해주에는 현재에 150여 기 이상의 성이 알려져 있고 연해주 북부의 동북지역에서는 56기 정도 존재한다. 연해주에서 성이 처음 등장한 시기는 청동기시대 리도프카 문화의 것으로 기원전 1천년기 후반이다. 중세시대 성곽은 말갈 문화, 발해 문화, 여진 문화[금나라 시기(1115~1234)와 동하국(1217~1234)]와 관련이 있다. 퉁구스-만주족의 중세시대는 성 연구를 통해서 이 지역의 역사적 상황을 알 수 있다.

1. 청동기시대 방어물

러시아 극동의 남부지역[1])에서 가장 오래된 성의 모양은 곶 위에 설치된

---

1) 역자 주. 러시아 극동은 러시아의 가장 동쪽 끝인 캄챠트카 반도를 포함한 개념이다. 연해주는 극동의 전체에서는 남부지역에 속한다.

성이다. 평면형태는 아주 단순하며 길게 뻗은 곳에서 가장 좁은 부분에 성벽을 세워서 막는 것이다. 성벽을 설치하지 않은 다른 곳 2~3면은 절벽으로 떨어지는 곳으로 자연입지를 아주 잘 이용했다. 이와 유사한 성은 청동기시대뿐만 아니라 중세시대까지도 연해주와 아무르를 포함해서 유럽 전 지역에서 확인된다.

시호테 알린 산맥의 중부 영동지역에서는 청동기시대 11기의 성곽이 확인되었다. 우스티-제르칼노예, 두브로빈스코예, 케드로프스코예, 미스 스트라시느이, 우스티-벨렘베, 킴스코-스칼리스토프카, 우툐스노예, 미스 알렉산드라, 데두스킨 클류치, 쿠댜, 사마르가-6 유적 등이다. 곳 성의 평면형태는 매우 단순하다. 그리고 아직까지 내성과 보루 등도 확인된 바 없고, 단지 성벽을 쌓아 자연적 입지만을 이용한 것이다. 단구면은 길게 뻗어 있는데 그 상면에 주거지를 설치하였다. 자연적인 단구면을 이용한 곳으로 인공적으로 편평하게 만들거나, 돌로 돌리거나 하였다. 성의 면적은 각기 차이가 있는데, 가장 큰 미스 스트라시느이 유적으로 28,000㎡, 가장 작은 우스티-제르칼나야와 지보피스나야 성으로 1,500㎡이다.

성벽을 축조하는 방법은 재료에 따라서 두 개 정도로 구분하는데 단순하다. 돌을 흙에 섞어서 혼합한 것으로 토성벽(미스 스트라시느이, 쿠댜, 우스티-제르칼노예, 두브로빈스코예, 우스티-벨렘베, 사마르가-6)과 돌로만 쌓은 것(데두스킨 클류치, 켐스코예-스칼리스토예)이 있다. 선사시대의 돌로 쌓은 구조물들은 특별하게 가공되지 않고, 돌을 그대로 이용한 것이다. 돌의 크기는 대체로 30×40, 40×50, 35×60cm로 각기 다르고, 모양은 대체적으로 장방형이 많다.

현재 잔존하는 청동기시대 리도프카 문화의 성 유적 중에서 석성벽은 중세시대의 것과는 확연하게 차이가 있다. 발해~여진시기의 석성벽은 이끼로 덮였고, 성벽은 한줄, 이중, 삼중 등 다양하고, 특히 돌과 흙을 섞어서 만드는 성벽에는 반드시 해자가 있다. 그 해자의 깊이는 0.5~1~1.5m로 다양하다. 성벽의 높이는 최소 0.3~0.5m에서 최대 1.5~3m로 다양하다.

청동기시대 유적 가운데서 토성과 석성이 함께 확인되기도 하는데, 우스티 벨렘베 유적이다. 외벽은 돌과 흙을 섞어서 축조 토성벽이지만, 내성은 돌로 쌓은 석성벽이다. 사마르가-6 유적과 미스 스트라시느이 성벽의 가장자리 마무리는 돌로만 이루어지는 경우도 있다. 돌은 외부에서 반입된 것이 아니라 절벽의 아래 혹은 가장 꼭대기에서 가져오더라도 주변에서 구할 수 있는 재료를 이용하였다.

청동기시대 토성이나 석성의 문너비 1.5~2m 정도로 대체로 유적에서 1개가 확인되는데, 우토스노예 성에서 2개인 경우도 있다. 방어용으로 축조되었다. 미스 스트라시느이 성벽의 절개면을 정리해 본 결과 목책이나 말뚝 같은 흔적이 남아 있었다. 문은 단일 혹은 이중문이 였고, 열고 닫을 수 있었을 것으로 판단된다. 문에서부터 도로가 뻗은 경우도 있는데, 현재까지도 수레바퀴 자국이 약하게 남아 있다. 우스티-벨렘베 유적이나 미스 스트라시느이 토성에서는 고대 따라서 현재까지도 오솔길로 고대에서부터 다니던 오솔길이 현재에도 확인된다. 문의 크기는 말과 수레가 지나갈 수 있을 정도이다. 마시모프카 마을유적에는 현재에도 이 마을을 둘러싸고 있는 문이 있는 환호시설이 있으며, 문과 그 문을 통하는 길이 확인되었다.

시호테 알린 산맥의 중부의 곶 성은 고아시아족 중에서 리도프카 문화의 쿠날레이 그룹 중에 일부 사람들이 살았던 것으로 추정되며 그 시기는 기원전 10세기 가량이다. 이러한 성은 지역민이 만들어 낸 재지적인 것이다. 아주 단순하지만 이 시대의 전쟁이나 경쟁관계에서는 충분히 그 역할을 했을 것으로 생각된다. 그리고 리도프카 인들은 방어를 위해서 입지선정에 능했고, 한 줄 혹은 2줄의 석성을 쌓거나 혹은 돌을 섞어서 만든 토성벽을 축조할 수 있었다. 문 옆에는 마치 '새의 둥지'처럼 활을 쏠 수 있는 시설을 설치해 두었다. 하지만 이 시기의 성에 관해서는 앞으로 더 연구해야 할 것이 많다.

2. 중세시대의 군사건물

극동 중세시대는 퉁구스-만주족의 역사로 부를 수 있다. 말갈족은 이곳으로 대규모 이동하였고, 그 결과로 극동 전체에 퍼지게 되었는데, 발해(698~926), 여진(1115~1234), 동하국(1217~1234)의 재건에도 참여하게 되었다. 이러한 역사적 사건은 말갈 문화, 발해 문화, 연해주 여진, 아무르 여진 문화의 고고유적으로 발현되었다. 연해주 여진 문화는 금나라(1115~1234)와 동하국(1217~1234)을 포함한다. 이 지역의 성은 바로 이러한 문화들과 직접적인 연관이 있다.

1) 말갈 문화

10세기에 말갈인은 리도프카 문화인들처럼 곳에 성을 축조하였다. 유적은 대체로 삼면이 자연적인 방어망이 되는 절벽이나 높은 암벽 위에 입지한다(미스 테플리이, 우스티-소볼레프카, 쿠즈네쵸프카, 오아시스, 타로프카, 이즈베스토프카, 노보셀레세프카, 베트카 유적). 이러한 유적들은 물과 가까운 곳으로 강이나 시냇가 위에 있는 절벽 위에 설치되었다. 하지만 청동기시대 리도프카 문화와 말갈의 곳 성은 입지선정은 유사하지만 성벽축조기술은 다르다. 말갈인은 돌이 섞이지 않은 순수한 토성벽을 쌓았다. 발해의 성과는 달리 보조벽도 없고 문을 방어하는 시설도 없으며 성벽의 외부에는 해자가 설치되어 있다.

자연입지를 이용하기 때문에 아주 단순한 구조로 장대가 설치되지 않았다. 또한 영토나 먼 곳을 관찰하기 위한 치, 보루 등도 확인되지 않았다. 청동기시대처럼 성벽자체는 목책 시설을 했을 가능성도 있지만 고고학적으로는 확인된 바가 없다. 성의 평면적은 크지 않고 대략 20,000㎡를 넘지 않는다. 아무르 강 하류의 말갈족으로 분류되는 나이펠트 그룹과 트로이츠코예 그룹에서도 축조된 것으로 알려졌다.

그런데 비슷한 시기에 고구려인이나 중국인들에게 훨씬 발달된 성곽 축조 기술이 있었다는 것을 잘 알고 있었고, 그것들을 본받고 싶어 했다. 이에 대한 증거는 중국 역사기록에 남아 있다. 복잡한 군사-정치적 상황들은 단순한 시설물들로 육로와 바닷가 교통망을 통제한다는 것이 어려웠다는 것을 알았을 것이고, 다른 민족들이 사용하는 방어시설들에 관심을 가졌을 것이다.

2) 발해시기

순수한 말갈의 성과는 차이가 크다. 발해의 영향을 받은 퉁구스-만주족은 새로운 기술로 성을 축조하게 되었는데, 곶이 아닌 산과 평지를 입지선정 해서 새로운 2가지 형태의 성을 축조하게 되었다. 하나는 산성이고 하나는 평지성이다.

기본적으로 평지성은 편평한 곳으로 물이 침범하지 않는 높은 범람원에 설치되는 것이 일반적이다. 평지성은 평면형태로 방형과 다각형으로 구분된다. 방형의 성지는 부루실로프스코예, 사도비이 클류치, 에스톤카, 프리스탄스코예, 체쳄샤니, 드지기토프스코예, 크라스노예 오제로, 말라야 케마, 비소코예(Высокое, Vysokoye), 사인바르스코예(스테클뉴하-1), 스테클뉴하-4, 파블로스코예(Павловское, Pavlovskoye), 사마르카-크라드비세(Самарка-кладбище, Samarka-kladbishche), 로바노프카(Лобановка, Lobanovka)-2, 므노고우골니예-보고폴예(Многоугольные-Богополь, Mnogougol'nyye-Bogopol'), 쳄스코예-돌리노예(Кемское-Долинное, Kemskoye-Dolinnoye), 크라스킨스코예(Краскинское, Kraskinskoye), 오크라인카, 노보포크로프스코예(Новопокровское, Novopokrovskoye)-1, 로반노프카(Лобановка, Lobanovka)-1, 오트라넨스코예(Отраднен ское, Otradnenskoye), 니콜라예프스코예(Николаевское, Nikolayevskoye)-1, 2, 마리야노프스코예(Марьяновское,

Mar'yanovskoye) 등이 있다. 방형성은 내성과 보루 등이 없는 단순한 성과는 확연하게 차이가 있다. 내성의 바닥을 단단하게 다졌으며, 들여쌓기 기법으로 축조된 우물과 인공으로 만든 연못 등도 있다. 성벽에서 치는 확인되지 않았다. 하지만 발해 성에 치를 설치하는 것이 잘 알려져 있다. 연해주 북부 동북지역 발해의 성벽은 다듬지 않은 돌을 비스듬하게 들여쌓는 것이 특징이다. 이러한 기술은 고구려 전통의 것이다. 발해의 평지성 구조는 말갈 성보다 훨씬 복잡하다. 성벽은 돌이 혼합된 흙으로 쌓는 것이 아주 대표적이다. 드물지만 연해주 동북지역에서는 크라스노예 오제로, 드지기토프스코예 성곽이 판축기법으로 쌓은 곳도 있다(크라스노예 오제로 성, 드지기토프카 성).

성의 높이는 최소 0.5~1.5m~최대 2m로 차이가 있다. 문은 너비 2~5m로 절개된 단순한 구조인데, 구조물에 대해서는 알려진 것이 없다. 하지만 기록에 의하면 단순한 문과는 차이가 있다. 평지의 방형성에서는 자주 보조벽과 해자가 확인되는데, 보로비요프는 이것이 하수구의 역할과 방어역할 둘 다 기능이 있다고 보았다.

방형성과 다각형 성을 축조한 것은 특별한 건물로, 특히 군사적인 목적이 있는 것으로 보인다. 이를 위해서는 올바른 입지를 선정하고 성을 네모 반듯 하게 짓기 위해서는 특별한 설계 기술이 있어야 한다. 그리고 성벽을 올리기 위해서 대지를 다지고, 성벽을 올리는 기술도 필요하다. 뿐만 아니라 성벽의 문을 내기 위해서 절개하고, 문을 만들고, 그곳을 통해서 도로도 설치해야만 한다.

말갈인 스스로 이러한 기술이 있었던 것으로 보기는 힘들다. 아마도 방형성과 다각형 성곽을 축조하기 위해서 발해인 전문가를 모셔서 건조물들을 지었을 것으로 생각된다. 그 기술 중 돌을 들려 쌓는 기술이나 흙과 돌을 섞어서 쓰는 기술 등은 고구려의 것이다. 방형으로 정확하게 재는 것과, 성벽의 방향이 동서남북 방향과 일치하는 것, 성벽의 상면을 흙으로 덮는 것 등은 중국 당나라의 기술로 생각된다. 연해주의 성곽 가운데서 곶 위에도 방형성이 축조되는데, 문을 만드는 것이 훨씬 복잡하고 성벽도 두껍게 만든다.

고구려 기술로 지어진 방어시설은 클류치, 스미르코프 클류치, 자볼레첸나야, 야수, 세셀레프카 성으로 봉우리 위에 지어진 석성이다. 성벽을 쌓아올릴 때 어떤 부합물도 사용하지 않는다(클류치, 스미르코프 클류치, 자볼레첸나야, 야수, 세셀레프카 성지). 성벽 축조시 자연석 중 큰 돌을 이용해서 너비 2~6m로 쌓은 경우가 있다. 피라미드처럼 하단에서 상단으로 가면서 들여쌓기 했고, 성벽의 가장 상단은 편평하게 쌓았는데, 아주 단단하다. 성벽의 높이는 돌의 크기에 따라서 정해졌으며, 각 층마다 돌의 크기가 정해진 것으로 보인다. 돌은 대체적으로 장방형으로 모서리가 죽은 것을 많이 사용되었는데, 다양하다. 돌의 가장자리는 얇고 단순하다. 내성벽의 하단에는 계단식으로도 축조되어 있다. 돌의 각층은 가로와 세로로 봉합되어 있을 만큼 매우 단단하게 쌓았다. 돌들이 수직과 수평으로 봉합되면 벽은 아주 단단해진다. 때때로 큰 돌 사이에는 작은 돌을 넣어서 더 단간극을 줄이면서 더 밀집도가 높아졌다. 성벽은 전체적으로 수직이지만 점점 안쪽으로 들어가서 경사지게 쌓였다. 만약에 성벽이 편평한 곳에 축조되었다면 경사는 80~85°가량인데, 경사가 큰 것은 75° 정도이다. 벽의 높이는 1m에서 6~7.5m까지 곳에 따라서 차이가 심하다(스미르코프 클류치 석성). 문은 2~5m의 단순히 성벽이 절개된 것으로 매우 단순하다. 성벽에는 '둥지'같이 돌을 타원형으로 둘러서 만든 공간이 있는데, 그곳에서 숨어서 활을 쏘기 위한 공간으로 생각된다.

석성을 축조하는 기술은 아주 높은 성의 축조기술로 다른 것과는 확연하게 차이가 있다. 연해주에서 발견되는 석성은 그 기술이나, 성의 입지로 보아서 고구려 전통의 성으로 생각되며, 고구려의 석성과 그 성격이 아주 유사하다. 고구려 석성 전통은 7세기 이전에 만들어지니 것으로 연해주에서는 발해인에 의해서 재현된 것으로 생각된다. 고구려의 멸망 이후 그 유민들이 발해로 들어왔는데 그들 중에서 도로와 국가의 경계를 방어하는 군인 혹은 군사적 목적으로 일하던 유민이 남겼을 가능성이 있다. 현재까지도 한국과 중국에서 비슷한 기술로 축조된 성이 남아 있다. 중국인들도 석성의 기술은 한국의 것이라고 한다. 그리고 현재 몽골에도 가축을 위해서 방형으로 울타리를 흙을 쓰지 않는 순수한 석벽을 만들곤 한다.

시호테 알린 산맥의 영동에 위치한 판축 기법으로 성을 쌓은 것은 모두 발해 것으로 크라스노예 오제로, 드지기토프스코예 성이 대표적이다. 발해의 성 가운데 성벽을 판축기법으로 쌓은 성이 확인되는 점은 다음과 같이 설명할 수 있다.

1. 오래 전에 고구려는 판축기법의 축조기술을 중국으로부터 받아들여 알게 되어 자신의 성을 쌓을 때 이용하였고, 발해 건국 시에 연해주를 새로운 영역으로 편입하는 과정에 연해주 북부의 동북지역에 남겨놓았다.

2. 발해의 동북지역에 성 중 일부는 중국 성의 축조기술을 따라서 판축기법을 사용했다.

3. 그러나 시호테 알린 산맥의 영동에 위치한 성 유적은 발해보다 늦은 기간으로 보이는 성이 축조되었다. 이 때는 성 축조 기술이 전쟁의 목적으로 아주 활발하게 이용될 때이다.

4. 끝으로 중국의 영향은 발해 내의 말갈 및 여진 주민들에게 영향을 미치게 된다. 발해 멸망후에 중국은 발해의 영토를 법으로 영입하게 된다. 중국은 말갈인과 통합해서 그들을 군사적으로 중요한 관직을 주었다.

극동의 10세기 3분기는 매우 군사적으로 혼란스러웠고, 발해의 군사건축물들이 발달한 시기였다. 발해가 평화로웠던 시기는 행정관청이나 상업용 성지 등 복잡하지 않은 평지성들이 주를 이루었다. 바닷길과 해안로의 교통망을 통제하기 위해서 고구려 전통의 석성을 지었다.

발해의 마지막 시기와 발해 멸망 후 아주 방어적인 목적이 철저한 성들이 축조되는데, 평지에는 설치되지 않고, 높은 곳에 설치되었다. 그 뒤의 성들은 발해의 것이 아니라 신생한 국가의 것이었다. 하지만 그때까지도 발해의 군사적 전쟁건축물들은 높은 수준의 것이었고, 고구려-중국의 전통과 함께 기초적인 기술로 이용되었다.

3) 여진족의 동하국

통구스-만주족 군사 건축물의 절정은 동하국(1217~1234)이 세운 산성이다. 이 성들은 아주 단단한 땅콩과 같아서 공격용 사다리, 4개의 바퀴가 달린 움직이는 방패, 불구멍이 있는 금속 투석기와 일종의 대포, 불화살, 수 킬로미터 떨어진 곳에서 점토벽을 뚫을 수 있는 화살 등의 엄청난 공격용 무기가 있던 몽골족에게 조차도 이 성은 단단한 존재였다. 동하국은 이런 어마어마한 어떤 힘으로 상대에게 대항할 수 있었을까?

연해주에 산성이 축조된 것 자체가 극동에서 이 기간에 아주 복잡한 정치적 상황이 있었음을 보여준다.

동하국은 금나라가 다시 몽골의 영향권 아래에 있었을 때 아주 어려운 기간 동안 국가의 경계에 세워진 나라이다. 동하국은 자신들의 영토가 침입당하자 원래 여진족들이 살던 고향을 지키기 위해서 국가를 세울 필요가 있다고 판단하고, 국가를 세웠으나, 그다지 인정받지는 못하였다. 금나라 제국이 있던 기간에 여진족은 극동지역에서 전통을 이어나갔다. 각기 다른 종족 들이 살고 있는 군사용 집락촌을 통제해 왔던 것을 그대로 이어갔다.

그래서 이러한 점 때문에 동하국의 산성이 왜 원주민의 것을 제외하고 중국, 한국, 소그드 등 여러 민족의 전통을 이어왔는지를 알 수 있게 한다(바실리예프 1857). 새로운 영토를 통제하기 위해서는 도로를 짓고, 통신망을 장악하고, 경계가 되는 성벽 뿐만 아니라 산성 등을 축조해야 한다. 그런데 이를 위해선 군대가 있어야 하고, 식량과 물이 있어야만 운영할 수 있다. 도로를 따라서 우편국이 설치되는데 이것들의 거리는 하루에 걸어서 도착할 수 있는 거리여야만 한다.

만주지역에서 동하국은 중국 학자들은 4급의 도시로 나누고 있다. 일급도시 京과 이를 보충하는 京이 있다. 상경은 개원(開原)이라는 곳으로 개원지역의 중심지였다. 상경 이외에 2경이 있었는데, 남경과 북경이 있었다(王愼榮·趙鳴岐 1990). 중국 역사서의 기록에 의하면 동하국의 상경은 개원시로 연해주 극동의 우수리스크 시 부근에 있는 크라스노야르 성이 이와 상응한다. 몽골군인들이 동하국까지 쳐들어 왔을 때 남경에서 큰 전투가 있었고, 이 전쟁 후에 도시는 폐허가 되었다. 또한 개원까지 쳐들어왔고 동하국은 거의 폐허가 되었다(王愼榮·趙鳴岐 1990). 개원시는 1233년에 몽골군에 점령당했다. 그러나 鳥居龍藏도 자신의 저서 『동북아시아의 여행기록』에서 '원나라 때 이 성을 고쳐서 다시 재사용하였다'고 밝혔다(王愼榮·趙鳴岐 1990).

연해주 북부의 영동지역 산지성으로 동하국의 행정시스템을 알 수 있다. 이 성이 존재한 지역은 개원지역의 일부로써, 각기 다른 지위를 가지고 있었고, 용도에 따라서 이름도 달랐다. 그 중에 시바이고우와 쿠날레이스코예 성이 있다. 소프카 류브비 성곽은 동하국의 경계를 표시하고, 해안육로와 뱃길을 통제한다. 항구를 지키는 역할은 카라만스키 흐레베트 성에서 수행했을 것이다. 각 성에서는 자급자족 할 수 있는 시스템을 갖추었다.

여진의 군사적 시설인 산지성은 고구려 산성을 아주 많이 닮아 있다. 또한 중국의 도성 기술과 거란의 방어기술 등도 그대로 표현되었다. 성은 산에서 내려오는 차가운 강의 지류가 모여서 집수되는 곳의 산위에 축조된다. 산성의 입지는 말과 소를 사육해서 자급자족하는 시스템을 갖추기 위해서 중요하다.

산성의 평면적 특징은 산성의 입지에 따라서 달라진다. 성은 성벽으로 둘러싸여 있고, 내부는 3부분으로 나눌 수 있다. 방형의 보루는 크기가 20×20m으로 성지에서 가장 위험한 부분이다. 평면형태 타원형으로 폐쇄된 내성이 있다. 이 곳에는 궁성이 존재하는데, 대체로 성의 북쪽에 위치하고 있다. 생활 구역은 인위적으로 편평하게 바닥을 다져서 장대시설이 갖춰있고, 이곳에는 아주 단순한 장방형의 주거지가 온돌 시설이 남겨진 채로 설치되어 있다. 성의 내부는 쿠날레이스코예 성을 참고로 할 수 있다. 한 층

짜리 단순한 치가 있었을 것이다. 문은 양쪽에서 열고 닫는 식으로 남쪽으로나 있고, 그곳을 통해서 길이 뻗어 있었다.

당나라의 건축 기술과 유사한 점들이 많다. 도시가 세 구역으로 나누어지고, 북쪽은 황제가 머무는 방형의 공간이다. 동, 서, 남벽의 폐쇄된 벽으로 구분된 공간은 행정관청과 높은 관료들을 위한 공간이었다(『건축의 역사』 1971).

특히 연해주의 산지성에는 하수도 시스템과 관련해서 특별히 신경을 썼는데, 산에서 흐르는 시내 옆으로 지나가는 인공 집수시설을 돌로 만들었다. 연못, 우물, 하수도 등이 다양한 하수시설이 확인된다. 적들과 대항할 때 물 공급 문제를 해결하기 위해서 만든 시설들로 보인다.

여진족의 성은 오랜 적이었던 몽골군에 대항하기 위한 것이었다. 몽골군들은 전쟁과 관련된 무기들을 다루는데 아주 능하였고, 토성벽을 뚫을 수 있는 화살 등도 가지고 있었다. 그래서 성을 축조할 때 아주 두텁게 축조할 필요가 있었고, 여진족들은 판축기법으로 성벽을 쌓았다. 산의 자갈과 흙을 혼합해서 한 층 한 층 겹겹이 쌓아 올렸는데, 이 때 사용된 흙은 비중도가 아주 높은 것이고, 최상부에 돌을 덮기도 하였다. 시바이고우 성에서는 내성의 일부 벽에 돌로 쌓은 것도 확인된다. 위험한 쪽에서는 높이 8m에 달하는 성벽을 세우기도 하였는데, 이는 유일한 경우이다. 성벽 안쪽에는 흙으로 쌓은 너비 35cm 정도의 계단이 있다. 성벽의 기저부 너비는 20m이다. 여진성 내부 구조가 거의 남아 있지 않다는 것은 유럽의 성과는 다르다. 몽골족은 전쟁기술로 판축기법으로 쌓은 벽을 부수지는 못했다. 아직까지는 여진족의 유적에서 판축기법으로 쌓은 벽이 무너진 채로 확인된 예는 없었다.

성에는 문을 축조하는 기술도 필요했다. 쿠날레이카 성곽에서는 문을 보호하는 보호벽이 설치된 경우도 있고, 시바이고우 성곽처럼 타원형 옹성시설을 하는 경우도 있다. 같은 옹성시설이지만 타원형이 아닌 방형옹성을 설치하는 샤이긴스코예 성과 플라호툰킨카 성도 존재한다. 성 축조시 가장 취약한 부분은 양쪽 성벽이 모아지는 모서리 부분인데, 이곳에는 치를 설치하거나 관찰대를 설치한다. 시바이고우 성곽에서는 장방형의 치에 돌이 집석된 채로 확인된다. 아마도 2층 구조였을 것인데, 투석기를 설치하기 위한 것으로 보이며. 장방형의 건물지도 종종 확인된다. 일정한 간격을 두고 돌을 쌓은 것은 목책 시설일 가능성도 있다.

동하국은 몽골족과 전쟁 시에 여러 가지 기술들을 집합해서 방어구조물인 성을 축조했고, 그 국가는 17년간 존재하였다. 시호테 알린 산맥의 타이가 산림지대에서 30여 기의 자급자족형 산지성이 존재하는데, 이는 국가의 경계를 표시하고 항구를 방어하며 해안육로와 뱃길을 통제하는 역할을 하고 있다.

4) 만주의 성

동하국과 금나라가 몽골에게 패한 후 16세기 말까지 여진족은 여러 부족으로 나눠졌다. 금나라 여진족은 명나라의 영토 안에서 누루하치가 여진족을 통일해서 봉국을 세웠다.

1587년에는 누루하치가 허투하다 산의 솔리알라 언덕 위에 불아랍(佛阿拉) 주변에 성을 쌓고 처음으로 근거지로 삼았다(판 2003). 성벽의 길이는 5.6km에 달하는데, 그 중에서 내성은 대략 90cm 정도만 돌로 축조되었고, 나머지는 통나무이다. 총안 사이에 방어벽, 치, 해자도 확인되지 않는다. 문의 위쪽에는 멀리 바라보는 망대만이 있을 뿐이다. 내성 벽은 외성처럼 총안의 방어벽은 없지만 치는 있다. 내성에는 황제의 친척들이 살고, 외성 안에는 오직 관료와 그들의 친척만이 산다. 전체 성안에는 황제의 수행원과 군인들만이 오직 살 수 있었다(판 2003).

불아랍(佛阿拉)에 대한 설명은 판이 한국의 역사서에서 만주와 한국의 군사용 건물에 대해서 비슷한 구조물에 대해서 설명하고 있는 것을 참고로 설명했다.

이를 통해서 본다면 고구려, 여진, 이른 만주족을 걸쳐서 성은 천년동안에 걸쳐서 변해왔다는 것을 알 수 있다. 토석혼축벽을 대신해서 통나무로 벽을 만들고 내면에는 회칠을 했다.

그러나 여러 시기의 각 민족들의 건물은 발전했으나, 고유의 전통은 그대로 이어져 왔다. 특히 성의 입지선정과 관련된 것이다. 고구려 산성, 동하국과 이른 시기의 만주족들은 모든 방면을 관찰 감시하는 것이 가능한 높은 산에 성을 축조했으며, 돌을 이용했다는 것이다. 성벽에 치와 망대를 축조하는 것, 문지 등도 유사하다. 상기한 특징은 고구려를 시작으로 해서 여진으로 이어지며 만주의 성 축조기술의 전통이라고 할 수 있다.

5) 퉁구스-만주족의 성에 대한 언어학적인 기원

언어학적으로는 퉁구스-만주족인 나나이, 오로치, 오로키, 울치, 우데게, 솔론, 만주족, 니기달 족들은 마을을 뜻하는 언어에는 약간씩 차이가 있다. 나나이족과 솔론은 호토(хото), 니기달은 호톤(хотон), 오로치와 오로키, 나나이족은 호퉁[(호톤-)хото(н-)], 오로키족은 홋토[(홋톤-)хотто(н-)]이라 하고, 모두 '도시, 마을'을 뜻한다.

만주족의 호톤은 도시로, 토성벽이나 석성벽, 목채 등을 둘러 싼 곳을 뜻하는데, 도성을 의미하기도 한다. 헤첸(хэчэн)은 도시로 높은 성벽으로 둘러 싼 곳을 뜻한다. 헤첸 호톤(хэчэн хотон)은 도시, 헤첸 우란(хэчэн улан)은 성벽과 해자, 헤첸 구발리(хэчэн гували)는 도시와 교외, 도시와 교외가 있는 정주하는 곳, 헤첸 칼카(хэчэн калка)는 경계를 뜻한다. 여진족에게 도시를 뜻하는 단어는 헤이-세-니(hei-ce-ni)(콘스탄티노바 1971)이다.

따라서 거의 모든 퉁구스-만주족 오로치, 오로키, 울치, 우데게, 솔론, 만주족, 니기달에게는 그들의 언어에 '도시'라는 개념이 있고, 만주족에게는 구체적인 도시의 개념이 있다. 그것은 돌 혹은 나무로 쌓은 성벽과 해자가 있는 곳으로 경계의 성벽을 의미한다.

모든 말갈족이 성을 축조했던 것은 아니라는 것은 이미 앞에서 살펴보았다. 특히 전쟁과 관련되어서는 많은 언어 개념들이 몽골족에게 영향을 받은 것으로 생각된다. 그러나 여진족과 만주족도 도성 뿐만 아니라 고구려나, 거란, 중국인들에게서 전쟁을 대비한 방어 건축물인 산지성 축조 기술을 받아드렸을 것이다.

참고문헌

러시아어

바실리예프, 1857, Васильев В.П. История и древности Восточной части Средней Азии от X до XIII века. СПб., 1857. С. 210-211.

王愼榮·趙鳴岐, 1990, Ван Шэньжун, Чжао Минци. Дунся ши (История Восточного Ся). [Б.м.], 1990. С. 304. 234.

『건축의 역사』, 1971, Всеобщая история архитектуры. Л.-М., 1971. С. 349.

콘스탄티노바, 1972, Константинова О.А. Тунгусо-маньчжурская лексика, связанная с жилищем // Очерки сравнительной лексикологии алтайских языков. Л., 1972. С. 224-256.

판, 2003, Пан Т.А. Первая маньчжурская столица глазами корейского посланника в 1596 г. // Археология и социокультурная антропология Дальнего Востока и сопредельных территорий. Благовещенск, 2003. С. 383.

일본어

鳥居龍藏, 1924, 『人類學及人種學上より見たる 東北亞細亞: 西伯利, 北滿, 樺太』 (東京: 岡書院), 203~204.

• 지은이 _

올가 바실레브나 디야코바(Ольга Васильевна Дьякова, Olga Vasilievna Dyakova)

  1949년 알타이 주에서 태어났다. 1972년 노보시베리스크 대학의 고고학민속학 전공으로 졸업했고, 1980년에 『Раннесредневековая керамика Дальнего Востока СССР как исторический источник(IV-X вв.)(소련 극동의 4-10세기 중세시대 토기연구)』로 역사학박사, 1990년에는 『Происхождение, формирование и развитие средневековых культур Дальнего Востока СССР(по материалам керамического производства)(소련 극동의 중세시대의 기원, 형성, 발달)』로 국가박사를 취득했다. 1972년부터 러시아과학아카데미 극동분소 역사·고고·민속학 연구소에서 근무했고, 1994년부터 동 연구소에서 아무르 고고연구소를 직접 운영했으며, 현재까지도 왕성하게 연구하고 있다.

• 옮긴이 _

김재윤

  1976년 경남 하동에서 태어나 부산대학교 고고학과에서 학부와 석사를 졸업하고 러시아과학아카데미에서 역사학박사사학위를 취득하였다. 한국연구재단의 박사후과정, 학술연구교수 등 프로젝트를 수행하고 부산대학교에서 강의전담교수로 재직하고 있다. 러시아 연해주 뿐만 아니라 한반도북부와 인접한 동북아시아의 선사시대를 연구하기 위해 매년 러시아와 중국으로 오가고 있다. 주요저서는 『고고학으로 본 옥저문화』, 『철기시대 한국과 연해주』, 『접경의 아이덴티티: 동해와 신석기문화』가 있고, 역서는 『러시아 연해주와 극동의 선사시대』, 논저로는 「서포항 유적의 신석기시대편년 재고」, 「평저토기문화권의 신석기후기 이중구연토기 지역성과 병행관계」, 「평저토기문화권 동부지역의 6500~6000년 전 신석기문화 비교고찰」, 「소하연문화의 재고찰」, 「2012년 환단고기 역주본, 고고학적 비판」 등이 있다.

러시아 연해주의
성(城) 유적과
고대 교통로

초판인쇄일   2019년 6월 25일
초판발행일   2019년 6월 30일
지 은 이   올가 바실레브나 디야코바(O.V. D'yakova)
옮 긴 이   김재윤
발 행 인   김선경
책 임 편 집   김소라
발 행 처   서경문화사
            주소 : 서울시 종로구 이화장길 70-14(204호)
            전화 : 743-8203, 8205 / 팩스 : 743-8210
            메일 : sk8203@chol.com
등 록 번 호   제1994-000041호
ISBN   978-89-6062-216-6   93000

정가 24,000